進化経済学

基礎

江頭　進
澤邉紀生
橋本　敬
西部　忠
吉田雅明　編

日本経済評論社

目　次

はじめに　iv

第 1 章　進化経済学とは何か　1

1.1　進化経済学とは何か　1
1.2　進化経済学のはじめの一歩　6
　コラム①　"evolution" の語源と進化　9
1.3　進化経済学のめざすもの　10

第 2 章　モデルと相性問題
──進化経済学はどうして一から経済学をはじめるのか　13

2.1　モデルを扱う社会科学　13
2.2　「本質」を捉えるというのはどういうこと？　15
2.3　経済社会の「本質」とは何か　16
2.4　基本モデル仕様との相性　18
2.5　この章のまとめ　22
補論　経済学の実在性の基礎はどこにあるのか？　25
　コラム②　批判的実在論とは？　33

第 3 章　進化経済学から見えてくる世界　37

3.1　複製子と相互作用子による制度進化の記述
　　：サーキットブレーカーを例として　37
　コラム③　「進化」という日本語　44
3.2　会計制度と金融市場の共進化　45
3.3　日本の航空産業と産業政策の共進化　50
3.4　複製子と相互作用子によるバブルの形成・崩壊の説明　54
　コラム④　歴史学派　62

第4章　基礎概念　63

4.1　不可逆的時間と人間の合理性　63
　コラム⑤　マーシャルと経済生物学　68
4.2　進化―複製子と相互作用子―　69
4.3　知識　81
4.4　制度　88
　コラム⑥　ソースティン・ヴェブレンと進化論的経済学　97
4.5　緩衝装置とゆるやかな結合系　98

第5章　進化経済学のモデル　107

5.1　進化経済学の基本了解　108
5.2　進化経済学の基本モデル仕様　111
　コラム⑦　多様な進化はなぜ可能なのか　120

第6章　進化経済学の対象　139

6.1　コミュニティ（共同体）　139
6.2　貨幣の生成と機能　151
6.3　分散的市場　163
6.4　貨幣と複製子・制度　169
　コラム⑧　ハイエクの自生的秩序論　176
6.5　資本主義（市場経済）　177
6.6　会計　190
6.7　ルールと法　205
6.8　産業およびイノベーション　212
6.9　国家経済（開発・成長）　216
6.10　国際経済・世界経済（国際貿易と国際金融）　222
6.11　移行経済　230
　コラム⑨　ネルソンとウィンターによる復権　239
補論　価値と価格　241

第7章　進化経済学と政策　265

7.1　制度生態系　265
7.2　四つの政策：内なる制度と外なる制度による分類　268

7.3 「社会工学」：マクロ経済政策　275
7.4 　進化経済学的なマクロ経済学入門　276
　　　コラム⑩　ルーカス批判　281
7.5 　制度改革：補助金、特区、社会運動　282
7.6 　メディア・デザイン　287
7.7 　進化主義的制度設計と地域ドック　290

参考文献　299
索　　引　305

はじめに

　本書は、進化経済学の基本的な考え方、概念定義、基礎理論、適用例、政策論について、体系的に解説したテキストの基礎編である。学部生でも読めることを目指して書かれているが、大学院生レベルを要求する部分もある。これは、修士論文を執筆する大学院生を念頭に置いて刊行される予定の応用編と合わせて、進化経済学の体系的な入門・解説書をなすものである。

　本書の提示する進化経済学は、わたしたちが暮らす経済社会の複雑さ、巨大さにたいして、わたしたち自身の能力がきわめて限られたものであることを正面から受け止める。そして、一度行ったことは、たとえそれが望ましい結果に結びつかなくとも取り消せないということも基本的な事実として認める。これら2点（人間の能力の有限性と時間の不可逆性）をわたしたちの世界のリアリティを形成する基本的な前提とした上で、次のように問う。それでもなぜこの経済社会が通常は破綻せず運営され、その中に暮らすわたしたちが日々の生活を何とかやっていけるのか、そしてさらに、なぜこの経済社会は進化していくのか。そうした進化する経済社会にたいして、わたしたちはいかに働きかけていくことができるのか。本書は、こうした基本的な問いに答えるために、経済学の体系を新たに構築しようと試みたものにほかならない。

　日本で進化経済学会が作られたのは1996年。それは既存の経済学の枠組みに根本的な疑問を感じていた、多様な学問的背景をもつ人々の合流点であった。それをただの異業種交流会に終わらせず、そこに経済社会を捉えるための体系的な学問を打ち立てるために、進化経済学会は年次大会に加えて、進化経済学ハンドブック、英文誌 *EIER*（*Evolutionary and Institutional Economics Review*）の刊行等、様々な発信を行ってきた。それは、独自な視点を明確にし、議論を深化するためのものであり、また、文理の学融合を目指したものであった。だが、進化経済学が新分野であり、多様性を大きな旗印としていたがゆえに、整合的な学問体系を提示するのは容易なことではなかった。その中で、本

書の執筆グループは、既存の経済学に取って代わりうる体系として進化経済学を打ち立てることに本格的に取り組もうと決心した。そのためには、方法論として健全な土台に立ち、理論としても一般性と整合性を備え、しかも、十分な展開可能性を秘めた学問的体系を、オルターナティヴとして提示しなければならないと考えた。その後、10年以上にわたる議論を重ね、ようやくここに一つのかたちとすることができた。

　しかしながら、その作業は、異なる学問的背景と実践的領野を持つ執筆者たちにとって、当初の想定をあまりに超える時間を要した。それは各自が蓄積した研究を持ち寄るだけの仕事ではなく、「新しいもの」を創り出す作業だったからである。本書および続編の執筆予定者が集まっての研究会や編集会議は幾度か持たれた。しかし、基本概念をどう定義すべきかといった疑問から始まった議論は、各自の研究に資するところ大ではあったが、収束点はなかなか見出せそうになかった。そんな折の2007年、執筆予定者の一人、木村誠志氏が37歳という若さで夭折した。彼のあまりにも早すぎる死に一同言葉を失ってしまった。われわれの作業自体が、有限能力と不可逆的時間の中で実行されていることを痛感させられたのはこの時である。以後、当初の編集担当であった西部忠・吉田雅明に、江頭進・澤邉紀生・橋本敬を加えた5人で集中的に議論を重ね、テキストブックの完成を目指すことになった。それでもなおここまで出版が延びてしまい、進化経済学会をはじめとする関係者の皆様、日本経済評論社ことに編集者の谷口京延氏には、ご助力を感謝するとともに、ご迷惑をおかけしたことをただ申し訳なくお詫びする次第である。

本書の構成

　本書の構成を説明しよう。

　進化経済学とは何かを説明するのに、「～というものではない」というネガティブな定義から入る書物は多い。これは既存の経済学への批判としての誕生を思えば自然なことではある。しかし本書は「～というものである」というポ

ジティブな定義を打ち出し、それに基づいた体系を示すことに力を注いだ。経済学についての知識や先入観のない学部生を読者として想定しているためでもあるが、より重要な理由は、独立した新たな学問体系としての進化経済学の姿を示すことを目指したからである。

そのために、第1章では、「わたしたちの能力はきわめて限られていて、しかも行ったことは取り消すことができないのに、どうしてこの複雑で巨大な経済システムは破綻せずに動作できるのか、また、どうして進化できるのか」という進化経済学という学問の最初の問から出発し、この学問の全容を平易に紹介する。それに続く第2章では、進化経済学を従来の経済学の延長線上に築くことができない理由を、基本モデルと視点の相性問題から説き起こし、科学方法論の現代的な流れを批判的実在論にいたるまでたどりながら、進化経済学が基盤とすべき方法論的立場を考察する。

第3章は、第1章で説明した進化経済学にたいする理解を深めるための補助線として、複製子や相互作用子という概念によってどのような経済の現実や現象が説明できるのかを説明している。その上で、第4章は、改めて進化経済学の基礎概念を詳細に定義・解説することで、進化経済学の基本的特徴を明らかにしようとした。ここで進化経済学の議論の展開に欠かせない、不可逆的時間、複製子、相互作用子、制度、進化等の概念についての理解を深めてほしい。

第5章は、進化経済学の基本モデルを解説する。ここまでに言葉で説明してきた、進化経済学の主体、その主体が構成する経済社会とはどのようなシステムなのか、できるだけシンプルなモデルを提示してその動作のメカニズムを把握してもらうことが第5章の目的である。けれども、基本モデルの段階では、第4章で提示した基礎概念のすべてをカバーすることはできず、その意味では第5章のモデルは本書の提示する進化経済学の構想全体よりも狭い像となってしまっている。

それにたいして、進化経済学の対象を解説する第6章は、第4章の議論をさらに展開した先にどのような事項が論じられるのか、より大きな像を示している。第6章は、貨幣、市場、資本主義、産業とイノベーション、国家経済、国

際経済、移行経済など既存の経済学が説明してきた主題を進化経済学的な視点と概念から解き明かしていくとともに、経済学では従来扱われていないコミュニティ、会計、ルールと法、倫理といった学際的ともいえる主題にたいして進化経済学的なアプローチを試みている。ここでは、第4章で見た基本概念からどのように議論が深まり、広がっているのか注意深く読み進めてほしい。

最後に来る第7章は、進化経済学における政策は従来の政策とどう違うか、それはどう整理されるかを議論した上で、制度変更や制度設計を伴う新たな政策の可能性（地域ドック）が提示されている。本章はまた、第5章の基本モデルの先の応用として扱うことができるマクロ経済政策と、第6章の理論的展開を踏まえた制度変更への働きかけとしての実践的政策とが再び合流する地点となっている。

本書の使い方であるが、第1、2、3章は入門編として構成されている。したがって、学部初年次で、もっとも短い時間で進化経済学の全容を把握したいならば、この3つの章と第4章の基礎概念から選択的に読んでいただければと思う。学部上級年次で、モデル重視で学習するのであれば、第1、2、4、5章と第7章のマクロ経済政策の節の順で、また、貨幣、市場経済、資本主義を通観した上で、地域通貨や地域ドックなど進化経済学的な政策にいたる包括的議論の把握を目指すのであれば、第1、2、4、6、7章のラインを軸に適宜他の章あるいは節を組み合わせていただきたい。なお、第2章は方法論を主題とする章として、他の諸章からやや独立な内容となっている。ここは経済学における、あまりに科学哲学の流れを踏まえない議論を改めることを意図した部分でもあるので、進化経済学にかかわらず社会科学全般の基本として、ぜひ読んでいただきたい。

2010年4月　　　　　　　　　　　　　　編者　江頭　進
　　　　　　　　　　　　　　　　　　　　　　澤邉紀生
　　　　　　　　　　　　　　　　　　　　　　西部　忠
　　　　　　　　　　　　　　　　　　　　　　橋本　敬
　　　　　　　　　　　　　　　　　　　　　　吉田雅明

本改訂版は、誤字脱字などを訂正しただけでなく、旧版では明示的に扱っていなかった「価値・価格」を第6章補論で論じた。

　旧版には従来の経済学の中心課題であるべき価値・価格論がないことが本書の理論的欠落であるとの批判が寄せられていたので、それに応えるための増補である。

　今回も日本経済評論社の谷口氏には短期間での改訂作業で大変お世話になった。ここに記して謝する。

　　2015年1月

第1章　進化経済学とは何か

1.1　進化経済学とは何か

　本を読んでいて、ふと時計を見るともう夜中の1時。「なんかちょっとお腹がすいた。」そう思って、僕は下宿を出た。坂道を大通りまで降りていくと、コンビニの明るい光が飛び込んでくる。「やっぱ焼き鮭ハラミだな。」

わたしたちの経済システム

　わたしたちが日々の暮らしの中で行う消費行動には、多くの人々の様々な行動が関わっている。たとえば、コンビニでおにぎりを買うというちょっとした行動をとってみても、米を生産する農家、農家が使うトラクターなどを作っているメーカー、お米を運ぶ運送会社、おにぎり工場、包装フィルムを作る会社、POSシステム、バイト管理のためのマニュアル、クレジットカードや電子マネーで支払う仕組みなど、じつに多くの会社やそこで働く人々の活動の連携が背景にある。おにぎりの横の棚にある菓子パンにも、同様に多くの人々の活動が背景にあることが想像できるだろう。さらにコンビニにある他の様々な商品にも、商品ごとに様々な活動の連携がある。このようにわたしたちの生活はきわめて巨大で複雑な活動の網の目によって支えられている。

　この複雑な網の目は同じ状態でずっととどまっているわけではなく、日々その姿を変えている。その変化は、戦争や革命、体制崩壊といった大変革のときでなくとも常におきている。それは進化しているのだ。たとえば一昔前ならば、

コンビニでお金を出しておにぎりを買うなど、多くの人にとって想像も出来ないことであった。おにぎりはおかあさんに握ってもらうか、買うといっても店の中で食べるのが普通であった。おにぎりを手に入れるための方法が違うならば、それを支える活動の網の目も変わっている。

このように、おにぎりを食べるというちょっとした行動の背景にも、時代とともに移り変わってきた巨大で複雑なシステムがある。これを「経済システム」(economic system) と呼ぶことにしよう。

経済システムをささえているもの

この経済システムにはお互い顔も見たこともない多くの人が参加しているが、そのすべてをまとめて調整している人はいない。したがって、そのままにしておいたらこの経済活動の網の目は崩壊しかねないように思える。にもかかわらず、この経済は、わたしたちがそれほど不自由なく暮らしていけるような秩序やまとまりをおおむね保っている。これは驚くべきことではないだろうか。

この秩序やまとまりはある程度の安定性を保つ一方で、緩やかに、ときに激しく変容する。そのことがわたしたちの暮らしに活力を与えることもあるし、逆にそれを困難なものにすることもある。このように経済システムは、不思議な生命力をもち、ダイナミックな秩序を備えている。

進化経済学は、このような経済システムの複雑でダイナミックなあり方を率直に受け容れた上で、その動作の仕方を問うことから始まる。

能力が限られている人間、繰り返せない時間

まず、全体を調整しなくてもこの経済システムは大丈夫かと不安になる根拠を確認しておこう。心配のタネは2つある。

一つ目は、このシステムを支えているわたしたちは全知全能の神やスーパーマンではなく、きわめて普通の人々だから、ということだ。人々は、たとえシステムを安定的に動かそうと意図したとしても、巨大なシステムの全体を見渡すことはできないし、将来の動きを見通すこともできない。それどころか自分

自身の行動さえ、後悔しないように決めることもできない。身の回りの限られた範囲で情報を集めたとしても、いちばんよい行動が何かを発見する能力もない。たとえよりよい行動がわかっていても、そうし続ける意志の力もないことは、胸に手を当ててみればよくわかる。だから、日々出会う人々だけに限っても、自分の行動と他の人の行動とが衝突したり矛盾したりしないようにすることなどできないし、ましてやシステム全体を思い通りに動かすなどということは望むべくもない。つまり、人間の能力には明らかに限りがあるのだ。

　二つ目は、われわれの行動は一度行ってしまうと取り消しがきかない、つまり時間は逆戻りさせられないから、ということである。人々の能力が有限であるだけでなく、外部の環境があり、相手がいる行動において、それぞれの判断で行われる行動が取り消し不可能ならば、行動のタイミングや考慮時間までも厳しく制約されることになる。能力が限られていればこそ、周到に情報を集め、慎重に行動を選びたいけれど、それでは何もできなくなってしまう。

　それにもかかわらず、まがりなりにもこのシステムは動いているし、その中で人々がなんとか暮らしていけていることは、まったくもって驚くべきことではないだろうか。

「社会的な仕組み」

　では改めて問おう。巨大で複雑な経済システムがときとして急激な変容を遂げることがあるにもかかわらず、なぜ、いかにして崩壊することなく維持されていくのか？　また、維持されつつもなぜ、そして、いかにして変容していくのか？　この問いの答を一般的なかたちで直接求めることは難しい。そこでこの問いを、少しかたちを変えて問うことから始めよう。

　崩壊することなく維持されていくのであれば、それを可能としているなんらかの仕組みがこの経済システムにはあるはずではないか。そこでこれをひとまず「社会的な仕組み」と呼ぶことにして、それはどういうものか考えてみよう。

　先ほどの例でいえば、気軽におにぎりを買うためには「コンビニエンスストア」があらかじめ必要だし、利益を得て販売することを目的としておにぎりを

作る生産者や企業がなければならない。また、注文があれば速やかにおにぎりを商品として出荷する仕組み、おにぎりの品質を落とさずに仕入れ先から店舗まで搬送してくる流通網、……も必要だ。それに、そもそも「お金を出せば商品と交換できる」という約束ごとが成立していなければいけない。こうした様々な「社会的な仕組み」があって、はじめて気軽におにぎりが買える。このような「社会的な仕組み」が、のちに影響するような行動の重要な部分を支えていればこそ、不可逆な時間の中で、限られた能力しかない人間が行動しても、わたしたちの経済システムは破綻せずに動いている。

大きなものから小さなものまで

おにぎりを買うために必要とされたのは、コンビニという場、その背後にある流通システムというより大きな規模のもの、そしてさらに経済全体で使われる貨幣という大がかりなものまで、様々なレベルにあることを見た。その一方で、「社会的な仕組み」には仲間うちだけで通用するようなちょっとしたものもある。たとえばクラスのみんなで居酒屋に入ったとき、何を注文するか個別に相談を続けていたら時間ばかりがどんどん過ぎてしまう。そこで「とりあえずビール、人数分ね」と店の人に告げ、料理のメニューを回せば、乾杯までは無事たどりつくことができる。わたしたちがいつの間にか身につけている慣習とも言えるこのような行動のパターンも、「社会的な仕組み」の一つである。つまり「社会的な仕組み」というのは経済全体を覆うような大規模なものから、仲間うちの約束や工夫などの小規模なものまで、様々な規模と範囲のものがある。

ルールが束になって「社会的な仕組み」を支えている

　　……さて、コンビニにやってきた。お腹が空いたー！　や、焼き鮭ハラミ発見っ！　さあ食べよう。（こら、待たんかい、と店員が駆け寄る）

こうした「社会的な仕組み」は何によって有効に機能することができるのだ

ろうか。たとえばコンビニでの買い物を支えている網の目、とくにその一部であるコンビニ店舗を例にとって考えてみよう。店内には、いろいろな目的を持っている人がいろいろな行動をしているように見えるが、実はそうではない。おにぎりやお菓子、あるいは本、花火などいろいろなものが置いてあるが、それをいきなり取って食べたり、本を破いたり、花火を打ち上げたりすることは許されないだろう。立ち読みする場合でもいちおう買おうとしているというタテマエで許容される範囲があるはずだ。コンビニとは、わたしたちが買い物をする場所であり、許容される行動もそれに付随するものの範囲に限られている。お腹がすいていてそこにおにぎりが置いてあっても、コンビニでは支払いを済ませるまでは食べてはいけないことになっている。コンビニという社会的な仕組みでは、許される行動やしかるべき振る舞い方がルールのように決まっているのである。逆に、コンビニではなく家庭では、お腹がすいていてそこにおにぎりが置いてあれば、それを食べても問題ない。むしろ、おにぎりを作ってくれた母親にお金を払ってから食べようとしたならば、「どうしたの？」と言われるに違いない。つまり社会的な仕組みがあるところでは、その場に応じた所定のルールが存在する。ルールといっても、社会的な場や仕組みを固有に特徴づけるのは、ただ一つのルールというよりも、むしろ多くのルールの組み合わせ、「ルールの束」であることに注意してほしい。

　逆に、このようなルールがまったく存在しなかったとしたらいったいどうなるかは想像するに難くない。コンビニは大混乱に陥り、コンビニはもはやコンビニでなくなってしまうであろう。

　したがって、このようにコンビニを一つの社会的な仕組みとして成立させているものとして重要なのは、店構えやきれいな内装、笑顔で対応してくれる店員といった目に見える物体や人間というよりも、むしろ、その場に固有のルールの束であり、そのルールの束に人々が従っているということである。

ルールはコピーされる

　また、ちょっとお腹がすいて、コンビニでおにぎりを買う場面に戻ってみよ

う。そもそも、この小腹が空いたときにコンビニでおにぎりを買うという行動パターンをあなたはどうやって身につけたのだろうか。それは誰かに勧められたのかもしれないし、他の人の行動のまねをしたのかもしれない。いずれにしても、まったくのオリジナルな行動ということはないだろう。こうしてみると、わたしたちの行動の多くはすでにだれかのまねや教えられたものであり、一定のやり方に従ったものであることがわかる。このように定型化された行動は、人から人へとコピーして伝達できるものであることがわかる。なお、貨幣による取引のような大規模な社会的な仕組みでは、それに従う主体が多いので、ルールの束が広い範囲でコピーされているということを示している。

1.2 進化経済学のはじめの一歩

　ここまで、わたしたちの経済システムの運行を支えているものについて考え、ルールの存在に行き着いた。じつは進化経済学の大きな特徴は、このルールの束の存在とそれに従って人々が行動することを出発点として、社会の様々な出来事を考えていくところにある。ルールという視点に立つとき、社会を支えている個人や組織はどのように捉えることができるだろうか。

進化経済学の捉える「主体」

　最初に重要な二つの概念を定義しておこう。まず、コピーしたり伝達したりできる一つ一つのルールを**複製子**（replicator）と呼ぶ。そして、それらのルールを活用して行動するものを**相互作用子**（interacter）と呼ぶことにする。進化経済学が採用する「主体」の基本的なイメージとは、多くの複製子をもち、それらを状況に応じて組み合わせて利用することで社会の中で活動する相互作用子である。

　ここで相互作用子は、個人であることもあるし、個人の集合であるグループ

や組織、さらに個人や組織を含んだ政府や国家であることもある。それぞれの場合、複製子は、個人がその考えや行動を決める性格、クセや習慣であったり、集団や組織の約束や規則であったり、さらに裁判の判例、国家の法、外交上の慣習などとなる。相互作用子の能力はそれぞれの場合に応じて限られている。組織は個人の能力を超える部分もあるが、意思決定に伴う調整に労力を要するなど、かえって劣る場合もある。国家にしても同様である。いずれにせよ、相互作用子の能力は有限である。

制度とはなにか

複製子をもった相互作用子というのが進化経済学の捉える「主体」の基本的なイメージである。こうした多数の主体によって社会は構成される。能力の限られた主体は行動に際して、身の回りの限られた範囲の情報をもとに、複製子に照らして行動を決め、実行する。その実行された行動はまた、他の主体が行動に際して参照する情報となる。このようにして一つの主体は他の主体へ、それらの主体はさらに他の主体へと影響を与え、また影響を与えられることになる。こうして時間を通じて展開していく主体間の**相互作用**によって生じたものが、経済システムの中の様々な出来事である。主体は様々な状況に直面し、行動を調整していくとともに、参照すべき複製子自体も修正されていくだろう。その際、他者の行動を参考にして、自らの複製子を修正する場合もある。そういう過程で安定的に共有されるようになったルールが、先ほどから「社会的な仕組み」と呼んできたものを構成している。反対側から見るならば、複製子が多くの人に共有されるようになることでわたしたちの社会は秩序を維持しているのである。このように多くの人に共有されている複製子や複製子の束を**制度**とよぼう。不可逆な時間の下で、有限な能力しかもたない個々の主体は、そうした制度に従って行動している。制度を含めたこれらの行動の全体が経済システムである。

進化とはなにか

　ここまで進化経済学の名前にもなっている「進化」の意味するところについて、あえて触れてこなかった。それは「進化」を説明するための概念準備が整っていなかったからである。しかし、わたしたちは主体、複製子、相互作用子、制度、経済システムという基本的な概念を見てきた。ここで進化経済学における「進化」を定義しよう。

　ルールとしての複製子が行動を通じて変化し、その変化した複製子が社会的な規模で定着した結果として、制度が変容する。そのとき社会の多くの主体の振る舞いが変わり、主体の相互作用の帰結としての経済システムの振る舞いが変わる。主体の参照するルールの変化が、他の多くの主体に選択されて伝播することで制度が変化し、そうして変化した制度によって、経済システムの振る舞い方（経済システムの状態変化を規定するパターン）が変わる。さらに、経済システムの振る舞い方の変化が、制度の維持や変容、またルール（複製子）の変化や伝播に影響を及ぼす。この、複製子の変化から始まり経済システムの振る舞いの変わり方自体の変化まで、またその変化が制度やルールに影響を与える、一連の過程全体が**進化**なのである。このため、進化には、相互作用過程の中で、複製子が変異し複製され普及するということが含まれなければならない。したがって、複製子が変化しない限りにおいては、たとえ主体の振る舞い——振る舞い方ではなく——が外生的ショックによって変わり、経済システムの変化がマクロ的に見られたとしても、それは進化とはいえない。進化とは、主体の内なる変化と社会システムの変化が連環して進行する過程なのである。

　たとえば、1970年代の日本では、コンビニはそれほど一般的な存在ではなかった。ある時、住宅地の真ん中にコンビニが建てられ、人々がその利便性に気がつく。それまでは午後7時の商店の閉店時間に合わせて生活のリズムを作っていた人々が、24時間自分の都合がいいときに日用品を手に入れることができるようになった。人々がコンビニを頻繁に利用するようになると、徐々に人々の活動時間も長くなっていく。深夜でも食料品を簡単に手に入れることができ

るというこのシステムのおかげで、夜更かしする人が増え、たとえばそれまで考えられなかったほど深夜番組の視聴率が高くなる。夜中に新作のアニメ番組が放送されることなど、一昔前では考えられなかったことだ。それに合わせて、コンビニ以外の店も夜間に向けて営業時間を延長するようになり、経済構造や成長率が変化することになった。このような、各主体の行動を決める複製子の変化が社会全体の変化に結びつき、そしてまた各主体の複製子の変化をもたらすような過程が進化である。

　ところで、世の中にはいろいろな人がいるし企業もある。いろいろな商品やサービスにも満ち溢れている。それだけではなくて、ものの考え方や生活なども一通りではない。そして、それぞれがまた進化する構造をもつ。そしてそれらは互いに他とのかかわりの中で進化していく。たとえば、深夜の時間帯の放送番組に対する放送局の考え方、それに刺激された人々のライフスタイルの変化、そして、そのライフスタイルに合わせたコンビニの商品戦略の変化というように、いくつもの要素が互いに他を適応すべき環境としながら、変化を続けることになる。このような相互作用に基づいた並行した進化を**共進化**と呼ぼう。

コラム①　"evolution" の語源と進化

　"evolution" の原義は「巻物を広げること」の意で、発展や進歩などを意味するものではない。この語は "development"（展開、発展、発育）と同じく、ラテン語で回転することや運動一般を意味する *volvere* という動詞に由来する。この動詞に接頭辞が付いた *evolvere* と *unevolvere* という一対の動詞は、それぞれ「前方への運動」と「後方への運動」を意味するが、より具体的には、巻物を開いたり巻き戻したりする動作を示している。つまり、"evolution" という語は、巻物にすでに書かれてあることを明らかにするために開かれるというように、ある特定の方向をもつ予め定まった運動の展開に関連づけられていた。

　それゆえ、19世紀前半まで生物学用語としての "evolution" は、個体の発生（発育・成長・転形）の過程を意味していた。当時、ビュフォンらの前成説（preformation theory）が大きな影響力を持っており、完成個体の形態や構造が胚の中に予め潜勢的に存在し、それが個体発生において次第に顕れてくると主張されていた。"evolution" という語が使われたのは、この過程が巻物を広げることに似ていると

考えられたからであった。しかし、生物の進化は現代進化論では変異、遺伝、淘汰という三つの過程からなる複合的なメカニズムであり、前成説はもとより、獲得形質の遺伝も否定されている。このように"evolution"の原義が現代進化論の考え方と矛盾するということは興味深い。

なお、中国の老荘思想の一つ「荘子」にも前成説的な進化論に相当する考えが見られる。これがライプニッツから、ニュートン、ビュフォンへ、そしてチャールズ・ダーウィンの父であるエラスムス・ダーウインへという経路で影響を与えたとも考えられている。世界の哲学や思想が意外に早い時期から相互に影響を与えあっていたことは確かである。

日本では明治時代に"evolution"が「進化」と訳されたため、それがより良い方向へ進むという意味を持った「前進」「進歩」「進展」などの同義語であると考えられがちである。だが、そのラテン語の原義は「巻物を開く」ことにあるのだとすれば、「操化」「展化」と訳す方が忠実だったという意見もある。だが、日本語の「進化」の語の原義（コラム③）を考えると、さらなるねじれが生じている。中国で「進化」に相当する語は「演化」だが、この方が意味的にはバイアスがないかもしれない。

1.3 進化経済学のめざすもの

冒頭で述べた、巨大で複雑な経済システムとは、この「進化する経済システム」のことである。進化経済学は、私たちがその中で暮らしている経済システムとはまさにそのような絶えざる変容の過程に生きているシステムであると捉え、その中での私たち自身と社会について考察するものである。とくに、複製子と相互作用子という概念を足場にして、ある程度の安定性をたもちつつ変化している制度とその上に成り立つ経済活動を含む、進化する経済システムの全

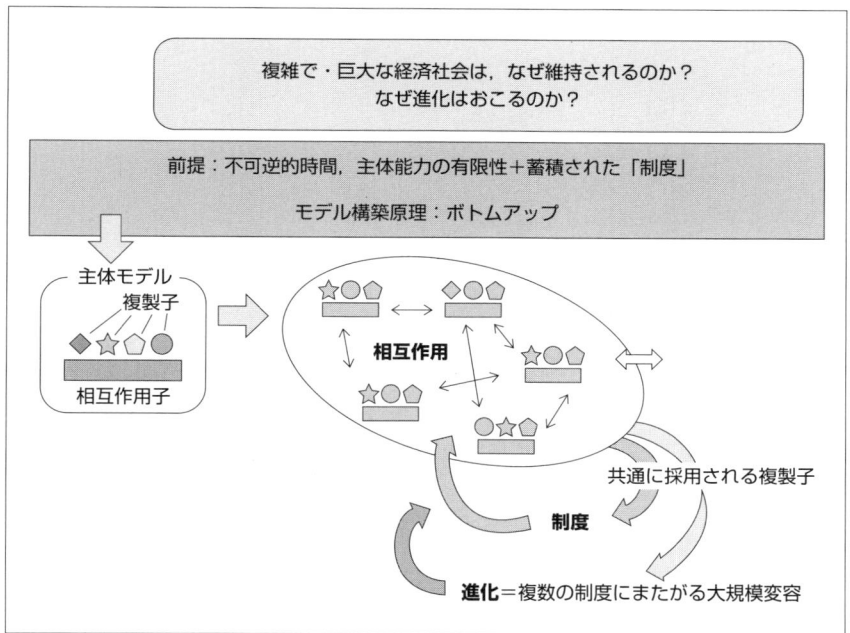

fig.1-1　進化経済学の全体像

体を理解することを目指す。一定の環境に最適な適応を示すものとしてしか経済システムを見ようとしてこなかった従来のアプローチを改め、主体内部のルールを変容させ、制度変化を通じて環境そのものをも変容させていくダイナミックなシステムとして経済を捉えようとするのである。

最後に、進化経済学の全体像をもう一度まとめておくと fig.1-1のようになる。

進化経済学の出発点は、複雑で巨大な経済社会が、その中で生活しているわたしたちがそれほど不自由なく暮らしていける程度には秩序を維持しているのはなぜか、またそのように秩序を維持しながらも進化を続けているのはなぜか、という問題意識にある。お互いに会ったこともない多くの人が複雑に絡み合って成り立っている経済社会が、それなりに秩序を維持しているだけでも驚きなのに、それがさらに進化していることは驚異というほかない。安定でありなが

ら変化しているという表面的には両立しがたい特徴を現代の経済社会は持っている。

　このような現代社会の成り立ちと可能性を理解する進化経済学が、分析の前提として持つ現実理解は、「不可逆な時間」「主体能力の有限性」と「制度」の存在である。進化経済学は、わたしたちが後戻りできない時間のなかで生活しているという現実や、わたしたち人間の能力には限界があるという現実を、分析の大前提においている。

　生身の人間のおかれた歴史的な制約条件や能力の限界を大前提として認めた上で、進化経済学はボトムアップなアプローチでもって、巨大で複雑な経済社会の成り立ちを理解しようしている。複雑で巨大な経済社会の全体像をトップダウン的にいきなり理解しようとするのではなく、複雑で巨大な経済社会であっても、そのような経済社会がわたしたちのような人間ひとりひとりの考え方や行動からできつつあるモノゴトとして理解するというのがボトムアップなアプローチの意味である。

　進化経済学では、経済社会の秩序が維持されつつ進化する姿を理解するために、経済社会の仕組みが複製子によって構成されていると考える。その複製子を活用して活動する相互作用子が、相互作用を繰り返すことで社会経済が成り立っている姿を描くというのが進化経済学におけるモデル分析の基本原理である。わたしたちのような個人や企業のような組織といった相互作用子が繰り広げる相互作用が、共有された複製子たる制度によってどのように可能となっているのか、また、そのような相互作用を通じて複製子や制度がどのように進化するのか、進化経済学はボトムアップなアプローチで理解しようとしているのだ。

　進化経済学は、社会をこのように捉え、また捉えるための枠組みを提示することを目的とした社会科学である。

第 2 章　モデルと相性問題——進化経済学はどうして一から経済学をはじめるのか

2.1　モデルを扱う社会科学

　経済学には200年以上もの歴史があるのに、どうして進化経済学は経済を扱う学問体系を一から構築しなければならないのだろうか。その理由は、モデルを扱う学問としての性質に深く関わっている。

　進化経済学もこれまでの経済学同様に、経済を「モデル」を用いて体系的に考察しようとする特徴をもっている。進化経済学が対象とするのはあくまでも経済社会についてのモデルだが、ここではすこし一般的に考えてみたい。

　ある対象を研究しようとするとき、まずその対象を注意深く観察することから始めるだろう。すると、対象にはいろいろな性質（属性）があることがわかってくる。その中から、**これは対象の全体像を捉える上では欠かせない属性だと思えるもの**があれば、それを**対象の基本属性**、あるいは「本質」として絞り込み、それ以外のところはできるだけ省略（捨象）する。こうして「本質」を中心にして対象の全体像をできるだけクリアに把握しようという作業の結果として得られる、研究対象を概観するもっともシンプルな像が、「モデル」である。

　どうしてわざわざ「モデル」を用いるかということを考えてみよう。対象を理解し、説明することが（そして、可能ならば、その振る舞いを予測し、制御するということが）、学術的な研究においては重要である。「理解する」とは、対象をシステムとしてまとまったものとして解釈するということである。また、

「説明する」とは、対象がどういうときにどう振る舞うかを述べるということである。このようなことを行うためには、まず対象がどのように捉えられているのかが明確になっていなくてはならない。それができていなければ、他人に説明の内容を伝えることもできないからである。しかし、研究対象をひたすら観察して、その様々な属性をこと細かに列挙したからといって、それでは対象を「理解」したことにはならない。属性の中には互いに矛盾する性質のものもあるだろう。それらをただ列挙してみても何が何だかわからないからである[1]。見出された属性が一つの全体として、どのようにまとまっているのか、どのように連関して振る舞うのかを把握してこそ理解といえる。理解するためには対象の統一的な全体像を描く必要がある。そのために、一番大切だと思う属性を見極めた後は、それに基礎を置いて、研究者が対象を一つのまとまったシステムとしてどのように把握したのかを明解に示すものとして、モデルを作るのである。

　モデルといっても、自然言語によって記述されるだけのものもあれば、記号、画像、立体像によるもの、数式で表現されたもの、アルゴリズムとコンピュータ・シミュレーションで表現されたものなど、様々な表現手法・形式がありえる。どの表現手法が適切であるかは、対象をどのように捉えそれをどのように伝えたいのか、また何をしたいのかによる。ただし、少なくとも対象の、関心の向けられた性質・属性をカバーしていなければならない。

　たとえば、対象の形状を伝えたいなら画像や立体像がいいだろう。登山計画を練ったり説明したりする場合に、目的山域の地図や立体模型があればとても役に立つ。その地図や立体模型は、その山域への山行を繰り返してその記録を反映させ修正していけば、さらに充実したものとして共有されることになるだろう。また、対象が二つの属性の度合いによっていくつかの様相を示すものと思われるようならば、その二つの属性を2軸にとったグラフがモデルとして相応しいだろう。経済学では対象の数量的把握を目指すことが多いため、モデルも数理的表現を用いることが多くなる。数理的表現を用いると、自然言語だけ

でモデル化するよりも、様々な属性とその属性をもつことの帰結の論理的な整合性を容易に確かめられるという利点がある。また、要素の特性を明示した上で、それらの構成するシステムの振る舞いを考察するのであれば、機械モデルや、コンピュータ・シミュレーションはそれに適した表現方法といえるだろう。

2.2 「本質」を捉えるというのはどういうこと？

　先に研究者が対象を注意深く観察し、一番大事と思うところを「本質」だと考えて、それに焦点を絞ってモデルを作ると書いた。では、本当にただ注意深ければ、研究者は対象の「本質」を適切に捉えることができるのだろうか。「本質を捉える」という作業の意味を考えてみよう。

　モデル、たとえば、戦艦大和のプラモデル（これもモデルである）の場合で考えてみよう。制作者は戦艦大和という対象の勇姿を伝えることに関心を持ち、大和のいくつかの属性のうち、形状をもっとも重要な属性とみなしたとしよう。その形状に関する資料を集めて設計図を作り、金型を作って、プラスティックという加工しやすい材質でモデルを完成させる。ここでは戦艦大和の形状が「本質」として捉えられ、実際の大きさとか材質とか機能というのは捨象されている。しかし、形状を本質としたのは、対象の勇姿を伝える、という関心があったからで、ただ対象およびそれに関する資料の純粋な観察のみによるものではない。

　もう一つ、今度は駅から大学までの案内図の場合を考えてみよう。この場合、モデルの制作者は、それを見た人にわかりやすく道順を伝えることに関心をもち、実際の距離や途中にある様々な建物などは省略し、持ち運びに便利なサイズの紙の上に、道順を簡潔に示した図が作られることになる。ここでも、ただ対象（駅と大学を含む地域）の純粋な観察だけでなく、制作者の関心がモデル

作りを主導していることがわかるだろう。

こうしてみると、「本質を捉える」という作業は、ただ対象を注意深く観察すればよいというものではないことがわかる。モデルを作るひとの目的・関心がまずあって、その観点から対象を注意深く観察するという作業がこれに続き、そこで対象の様々な属性が見出され[2]、それら属性のうちのどれを選べば対象が一つのまとまりとして見えてくるかという考察が行われ、その上でようやく具体化されるものだ。観察しているうちに関心が変わってきて、それに伴って観察の観点も変わってくるかもしれないが、ともあれこうした試行錯誤を通じてであれ、モデルを作る人の目的・関心が何であるかが明確にならなければ、作業は先に進まない[3]。

2.3　経済社会の「本質」とは何か

しかしながら、実は上の例、戦艦大和や案内図の場合はまだ事情は単純といえる。というのは、まず対象の存在がはっきりしているからだ。戦艦大和は実際に具体的なかたちを持って存在していたし、駅から大学までの土地がモデル作成者と独立に存在していること自体は否定しがたいからだ。それに加えて、関心の選び方としても、勇姿を伝えるために形状を表現するとか、お客さんが到着できるように道順を伝えるというのは、比較的受け入れられやすい選択であろう。

では対象が「経済」とか「経済社会」の場合はどうだろうか。まず、経済社会の存在は疑えるだろうか。私たちはこの社会でいろいろなものを生産しているし、日々の暮らしの中でいろいろなものを消費しているし、これらを疑ってみても始まらないから、これは奇妙な問いかけのように思われるだろう。しかし問題は、何をもって「経済社会」というかということである。それは、ある人が会社に行って仕事をし、給料をもらっている、といった個別事例ではない。

また、個別事例の網羅的集成でもない。それは、私たちがその中で、様々な具体的な経済活動を行っている社会を一つの動作機構・調整機構をもったまとまり、すなわちシステムとして捉えようとする際の「概念」なのである。したがって、どのようなものとして社会を見ようとしているかによって、観察される事象、経験される出来事の意味がまったく変わってしまうのだ。つまり、経済学が理解しようとするものは、客観性の高い存在物のようにそのあり方について比較的見解の相違の生じにくい対象ではなく、上記のような概念であるために、「経済社会」とは何かという問題はなおさら難しいのである。

経済学における「本質」の選択

　上で明らかになってきたことは、「経済社会」の在りよう自体も、社会をどのように捉えようかという視点から独立ではありえないということである。ここで話題を経済学に戻そう。

　経済学はこれまでどのような視点から経済社会を捉えようとしてきたのだろうか。

　まず経済学の中でもっともポピュラーな視点は、「限られた資源の下で、人々の合理的な選択から生まれる秩序」として経済社会を捉えようというものである。この視点から経済社会を見ようとするとき、合理的な選択とは考えられないものはモデル化の際に捨象される。人間が時としてとる非合理的な行動は捨象して、合理的な主体、とくに予算や資源などが限られた状態の下で効用や利潤の大きさが最大になるよう行動するという意味で合理的な主体のみを考えることを出発点とする。その上で、こうした主体の意思決定に基づく行動が、システム全体を通じて、お互いに整合的になる状態を考える。そうならない状態も十分考えられるのだが、それはいずれは合理的な主体の行動によって覆されるものとして、社会の取り得る状態としては捨象する。かくして、合理的主体の意思決定がお互いに整合的になる状態をもって、経済社会を描く基礎にするのである。こうしてできた代表的な理論が、今の経済学の主流となっている新古典派経済学の骨格となった一般均衡理論である。

もう一つ別の視点を説明しよう。今度は「社会の生産・消費活動がその基盤を含めてある安定した状態で継続されていること」に焦点を当てる。そのためには消費される様々な商品は、その分、生産され補填されなければならない。さらに、その生産のために投入される商品もまたちょうど生産されて補填されなければならない。また、生産のためには商品のみならず労働も投入されなければならないし、生産のための資金も誰かの手元に蓄えられ再投入されなければならない、ということまで考えれば、このような生産 – 消費システムを維持するためには、労働力を供給する人たち、資本を保持・投入する人たちの存在も必要になる。これらの条件を満たすものとして経済社会はあるのだと考えてモデル化して得られた理論が、ケネーに始まり、リカード、マルクス、スラッファらの名前とともに支持されている再生産論である。

　これらのほかにも経済学の歴史をみれば、それぞれの学派に経済社会を一つのまとまりのあるシステムとして捉えるための視点があって基礎概念が形成され、その学派の性質を決めていることがわかる。これをその学派の「基本了解」と呼ぶことにしよう。その上で、基本了解にしたがって経済社会をより明解な、場合によっては数量的把握も可能にするような表現手法が選ばれ、その学派が分析を行う基礎となるモデルがつくられている。これを「基本モデル」と呼び、その仕様のことを「基本モデル仕様」と呼ぶことにしよう。そこで進化経済学はどのような視点・関心（基本了解）をもち、それからどのような基本モデル仕様をもつのか、ということが問題になるのだが、その前に一つ、触れておかねばならない重要なポイントがある。

2.4　基本モデル仕様との相性

　研究者が自己の関心や観察の繰り返しから対象の様々な属性を認識し、対象をまとまった一つのシステムとして成り立たせる属性としての「本質」を選ぶことで、基本了解が形成される（このプロセスを「アブダクション」と呼ぶが、

詳しくは補論で触れる)。この段階で「本質」から外れた対象の属性はいったん捨象される。そして基本了解に具体形を与えるべく表現手法が選択され、基本モデルがつくられる。当然ながら、基本了解よりも基本モデル仕様の方が、様々な概念はより厳密に定義され、対象の表現の仕方や範囲もより限定されたものになる。

　上で「「本質」から外れた対象の属性はいったん捨象される」といったが、捨象された属性でも、基本モデル確定の後の段になって、モデルを拡張することで考察や表現の対象として復活することもある。

　たとえば放物運動モデルを作る際、ニュートン力学では、物体に働く力が物体の運動（＝位置の時間変化）を決めるという基本了解になっている。放物運動モデルを作る際、物体に働く力としてまずはもっとも大きな影響をおよぼすであろう重力加速度だけを考慮する。しかし、たとえば砲弾の軌道を描くとき、それではリアリティに欠ける。砲弾は左右対称の放物線にしたがって飛行するのではなく、次第に水平方向の速度は低下し、遠距離の場合には着弾時には垂直に近い方向から落下するからである。けれどもこの点は速度の成分に対してその逆方向に加わる力、空気抵抗を導入するようにモデルを拡張すれば、容易に取り扱うことができる。つまり、いったんは捨象されていた空気抵抗も、モデル拡張時には十分考慮されることになる[4]。

　しかし、もしここで、飛ばされるものが自らの意思で飛べるものであったらどうなるだろうか。たとえば砲弾ではなく鳩だったらどうだろう。鳩が射出された時に死ななかったとしたら、射出されて少し時間が経てば我に返り、自らの意思で飛行できるようになる。彼らはときには餌を求めたり、ときには休息の場を求めたり、砲弾とは異なる事情の下で飛行コースを決めていくだろう。つまり、鳩の動きに関心があるならば、放物運動モデルではなく、また別の基本了解から始まって、別の基本モデル仕様をもったモデルが追究されなければならないのである。

　対象の属性の中には、基本モデルを拡張しても考慮に入れることができないか、あるいは、きわめて不十分な取扱いしかできないものもある。すなわち、

基本モデル仕様とどうにも相性の悪い属性もあるのだということを確認して、経済社会のモデルに話を戻そう。

経済学の基本モデル仕様と属性の相性問題

前に少し触れたように、主流の経済学では、人間の選択の合理性とそこから生まれる秩序に関心の焦点を合わせ、人間の合理性を、制約条件の下での効用や利潤などの目的関数の最大化というかたちでモデル化する。買い物をする場合だったら、財布の中身という予算制約の下で、自分が満足と思う度合いが一番大きくなるような商品の組み合わせは何かを考えて買い物をする、という具合である。また、そのような主体の行動が、価格に代表されるシグナルを通じて互いに整合的になる状態として、社会の秩序をモデル化する。人々の行動が上のようにモデル化されるなら、値段によって商品を買おうとする人や売ろうとする人は増えたり減ったりする。このような調整が十分に行われる社会を想定するならば、その行き着く究極の先には、ちょうどすべての商品の売られる数と買われる数がつりあった状態が考えられるから、それにいたる途中を飛ばしてその状態を定式化し、これを経済社会のモデルにしようというわけである。

通常の経済学を勉強して、すっかりその中でものごとを考えていると、経済社会のあらゆることがらが、このモデルとその拡張で取り扱うことができるように思いがちになる。ことに主流の経済学では、基本了解をそのままに、表現手法をゲーム理論に置き換えることによって、人々の間の駆け引きの行われる入り組んだ状況も取り扱うようになったため、その基本モデル仕様に対する信頼がとても強い。しかし、そのような基本モデル仕様、さらにそのもととなる基本了解にとっても、やはり相性の悪い属性というものはあるということは知っておかなければならない。

たとえば、「制約条件下の最適化行動」という意味では合理的ではない人間行動は、通常私たちの経験でよく観察される。これを主流の経済学の基本モデル仕様の拡張によって取り扱おうとすれば、特異なかたちの効用関数を最大化しているとみなしたり、長い目で見たらはじめてわかるような隠れた効用関数

を最大化しているとみなしたりすることになる。あるいは、一時的に制約条件の一部しか認識されないという想定を入れてみれば、最適化行動から外れたように見える行動の取扱いもある程度はできる。しかし、これは主体を孤立した単体として扱うかぎりにおいて可能なやり方である。上記のような特殊な想定をした主体が社会全体からは例外的なものとみなせて、あまり社会の状態に影響しないのならばよいだろう。しかし、こうした外れた主体の方が多いような経済社会を描こうとするときはこのやり方は通用しない。なぜなら、社会で一般的に見られるものならば、もはや例外処理ではすまなくなるからである。

　これに対して、第1章で見たように、進化経済学では主体の能力は有限であることを出発点にし、行動ルール（複製子）にしたがう満足化行動や定型行動と呼ばれる行動モデルを一般的な経済主体のモデルとして採用する。そうなると価格というシグナルに対していつも同じ反応を返すとはかぎらないため、各商品の需要関数・供給関数を導き出すという、経済学の通常の社会表現手法そのものが使えなくなってしまう。

　また、わたしたちの日常に見られるように、いったん行ったことがらは取り消すことができず、時間が不可逆である、という進化経済学の基本属性（時間の不可逆性）も通常の経済学の仕様にはとても相性が悪い。というのは、途中を飛ばして調整が十分行き着く先の究極の状態を定式化するという手法にとって、途中で生じたことが経済システムの振る舞いに痕跡を残しては具合が悪い。最適化行動という条件を満たさない行動はもとより、最適化行動であっても、商品の売られる数と買われる数が一致しない不均衡価格に基づいて行動が実行されてしまってその後に影響を与えるなら、市場均衡の前提条件としての初期の資源配分が変わってしまう上に、行動の順序によって社会の落ち着く先もコロコロと変わってしまうため、せっかくの市場均衡モデルが使えなくなってしまうからである。そこで従来は、「そのような行動は短期的には生じても、長期的にはとり続けられないし、社会に痕跡を残すことはない」と仮定し、取り扱うにしても一時的な現象であるとして例外処理をしてきた。けれども、時間の不可逆性を経済システムの基本属性と考えるならば、すべての行為はシステ

ムに痕跡をとどめてしまうので、そのような扱いでは対応しきれないことがわかるだろう。

このように、もし既存の経済学の基本モデル仕様と相性の悪い属性を重視するならば、研究者は自前の基本了解を設定し、基本モデルを最初から作っていかなければならない。進化経済学が従来の経済学を拡張するという大人しい戦略を採らず、経済学の基本設計からやりなおすというラディカルな戦略を採らざるを得なかった理由はここにあるのだ。

2.5 この章のまとめ

では、いま述べたことをfig.2-1にまとめつつ、もう一度振り返ってみよう。

ある対象があって、それを研究しようとするとき、漠然とその対象を眺めていても何も始まらない。まずは、自分の関心[5]に基づいて、研究対象の観察や省察を通じて、その対象のいろいろな属性の中から、対象を一つのシステムとして把握するためのポイントはこれだと思うもの（本質＝基本属性）を選び出さなければならない。しかし、「本質はこれこれだ」と言っただけでは、「ふうん、そう？」で終わってしまう。だから、それに基づいて研究対象の全体像を描き出すとどういうことになるのか、他人に伝えられるように、明確に示さないといけない。そこで、適切な表現技法を選択し、研究対象のもっともシンプルな像である基本モデルを構築する。

表現技法の選び方として、対象の「かたち」を重視するなら立体像、量的把握も可能にしたいなら数理モデル、動作を重視するなら機械モデルやアルゴリズム、というように、どういう関心の下にその属性を本質として選んだかをよく考えて選ばないといけない。表現をより明確なものへと絞り込んでいく作業は、半面では、表現しようとしたものが含みえた属性を削り落としていく作業でもある。その明確化あるいは削ぎ落としの作業が、意図したものであるのか、それともある表現技法の選択によって余儀なくされたものか、注意する必要が

第2章　モデルと相性問題——進化経済学はどうして一から経済学をはじめるのか

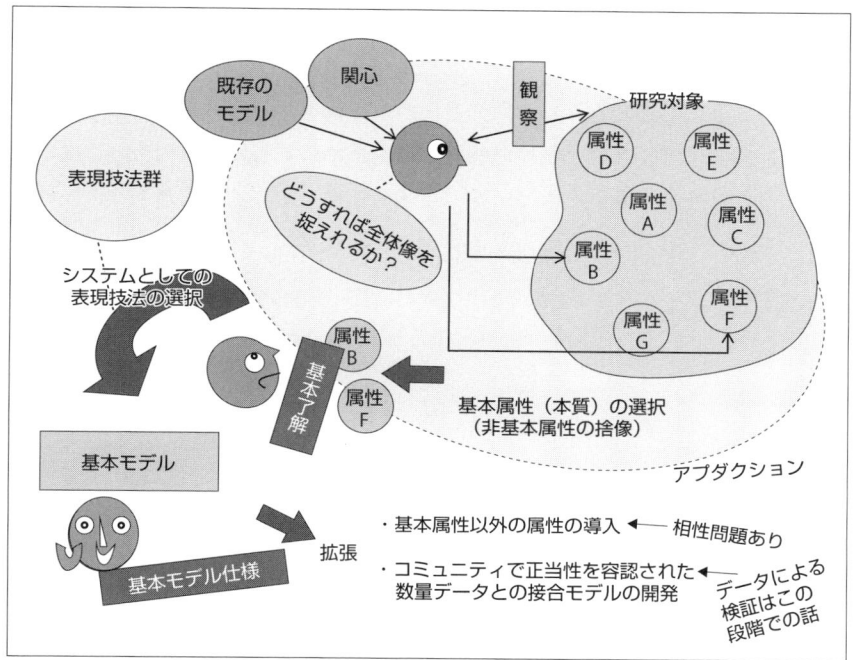

fig.2-1　基本モデル仕様ができあがるまで

ある。それと同時に、選んだ表現技法の特性を十分に活かしているのかについても心を配る必要がある[6]。

　なお、このモデル化の作業には、その属性を選択したことの論理的帰結や、属性の定義の曖昧な点など、本質の選択の段階ではまだ気づかなかったことがらがはっきりするという御利益もある。

　こうして基本モデルができあがると、研究対象がどのように捉えられるのかがはっきりする。それとともに、対象をどのようには捉えられないのかもはっきりする。これが基本モデル仕様である。基本モデル仕様が明確になれば、基本属性以外に対象のもちうる様々な属性のうち、基本モデルの拡張によってリアリティを持つものとして扱えるもの、扱えないものがはっきりする。つまり、基本モデル仕様と対象の様々な属性との相性が決まるのである。これが研究対

象を把握し、その分析へと進んでいくためのスタートラインだ。

　研究対象のある属性に注目して研究しようとするとき、既存の基本モデルを拡張することで対応できれば、研究者間のコミュニケーションは取りやすい。しかし、基本モデル仕様と属性の相性が悪いために拡張による取扱いでは十分なリアリティを持てないときは、基本了解の転換とそれによる基本モデルの再構築から始めなければならない。これが進化経済学の既存の経済学に対して置かれた状況であることを確認して先に進もう。

補論　経済学の実在性の基礎はどこにあるのか？

　基本了解・基本モデル仕様が大きく異なる経済学は相互に通約することができないというなら、関心の異なる人たちの間では経済についての議論そのものが成立不可能に思えてくるだろう。そうだとすると、次のような問いが生じてくる。異なる基本了解を超える、経済学の科学としての客観性までは望まないにしても、経済学の対象である経済社会の実在性（リアリティ）やそれを前提としてモデルの現実妥当性を判断する基準の有無を論じることはまったくできないのだろうか。また、実際に、理論としての経済学の消長を左右しているものは何だろうか。

　そこで、経済学、もっと一般的に「科学」はそもそもどのように社会に受容され、その信憑性はどのように評価されているのかについて考えてみよう。

　経済学という一社会科学の客観性について考えるには、そもそも「科学」とは何かというより一般的な問いを避けることはできない。しかしこれはアリストテレスの昔に遡ることになるので、そこは省略して近代科学から始めよう。

　F. ベーコンは、三段論法では一般的な命題を前提にして、特殊な命題の成立を導くのであるから、これでは知識が増えることはないと考え、予断や臆断を排し、経験の蓄積によって知識を向上させる帰納主義を唱導した。帰納とは、経験や観察から知識をとりだすための方法であるが、経験による知識のチェックという意味もある。それは、ガリレオをはじめとする人々の手によって実験というかたちに高められ、ニュートンによる古典力学の成功は近代科学の一つの頂点を示すものと考えられた。こうした近代科学の展開を踏まえ、20世紀初めの論理実証主義者たちは、知識はどのように高められるのかについて、「すべてのXはYである」という形式の命題（全称命題）からなる仮説から厳密に演繹された経験的命題の真／偽がよく制御された実験においてテストされ、その命題が反駁されないのならば、この検証を経てより確かなものとなる、と考えた。

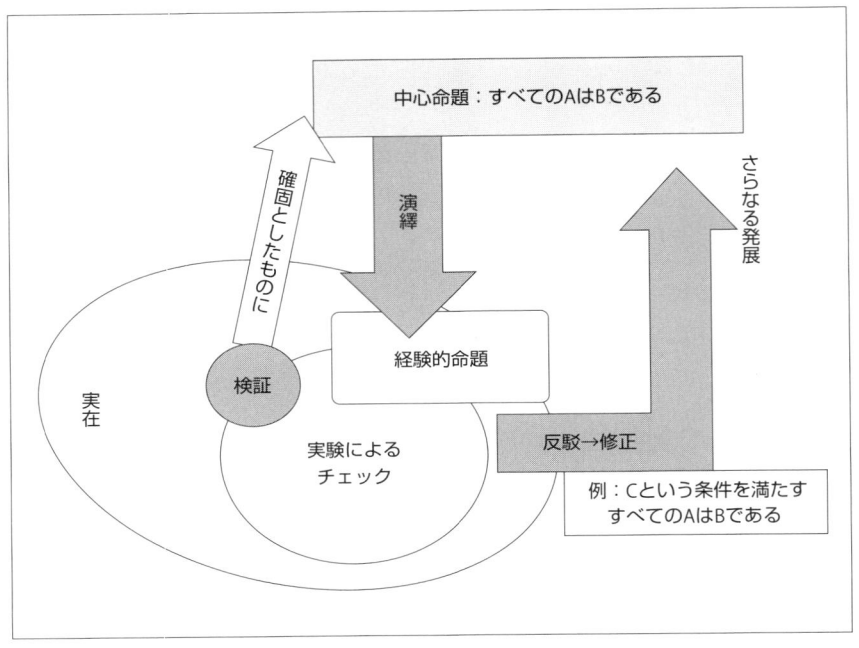

fig.2-2　素朴な科学観

　けれども全称命題はたった一つの反例を提示することによって覆されてしまう。100羽までの白鳥が白くても、101羽目の白鳥が白い保証はないから、いくら帰納的な観察や例示を重ねても、それは全称命題が真であることの証明にはなりえない。反駁されない限りはその科学的仮説への信認は高まる、といっても、それは観察される対象が未観察のものも含めて同じ性質を共有していること（斉一性）が前提とされてのことである。しかし、斉一性を最初から前提してよいのならば、帰納主義は当然に正しいことになるのだから、これではちょっと循環論法になってしまうのでまずい。そこでポパーは、本当に「科学」として重要なことは、ある命題を真であると検証することではなく、むしろその命題を偽であると反証できることにあると考えた。さらに言えば、中心仮説から演繹的に導かれる命題が全称命題であれば一つの反例で偽と判断できるので反証可能性がもっとも高いし、「50年以内に大恐慌が起こる」という命題より

も、「10年後に大恐慌が起こる」という命題の方が反証可能性は高い。このように考え、科学と非科学を分かつものは反証可能性の高さであるとしたのである。ここまでの段階では、科学の発展は fig.2-2 のようなイメージで捉えられていたといえよう。

　さて、ここまでは科学とはどういうものである「べきか」という方向の話であった。それに対して科学は実際にはどういうもので「ある」のか、ということにクーンやラカトシュは目を向けた。クーンは、科学革命が起こるのは経験的事実による反駁によってではなく、科学者の世代交代によって新たな別のパラダイム（本書で「基本了解」と呼んでいるものに相当する）がより多くの科学者によって支持されるようになることによってであることを示した。他方、ラカトシュは、科学の公理や公準などの中心命題（ハード・コア：本書で「基本モデル仕様」と呼んでいるものに相当する）は不都合な観察事例や反例があったとしても、アドホックな仮説や補助命題を追加することでその反証を回避できる構造になっているので、ハード・コアは反証されないように周辺命題群（防備帯）に守られているとした。一つの科学が興隆する時期には防備帯の部分が新たな事象を説明すべく拡張されていくが、衰退する時期には、その科学のハード・コアにとって不都合な反証事例が問題とならないように防備帯の防衛的な拡張が行われる。ラカトシュは、ハード・コアとそれを保護する防備帯のセットを「科学的研究プログラム」と呼んだ。ハード・コアは科学的研究プログラムの複製子ともいうべきものである。科学的研究プログラムは、クーンのいう科学革命の時期を経て古いパラダイムから新しいパラダイムへと変わっていくようなものではなく、同じ時代に常に異なる複数のプログラムが併存・消長する。これは、fig.2-3 に示されているような、多元性を特徴とする社会科学の現実に近い。ここで、ラカトシュのハード・コアを学説や理論の複製子と見ると、複数の学説や理論が同時併存しながら変容していく科学的研究プログラムの進化過程が描き出されていることがわかる（進化経済学における複製子と相互作用子という基本概念は、経済の進化を記述することができるだけではなく、経済学の進化を記述する場合にも適用可能であることを確認してほし

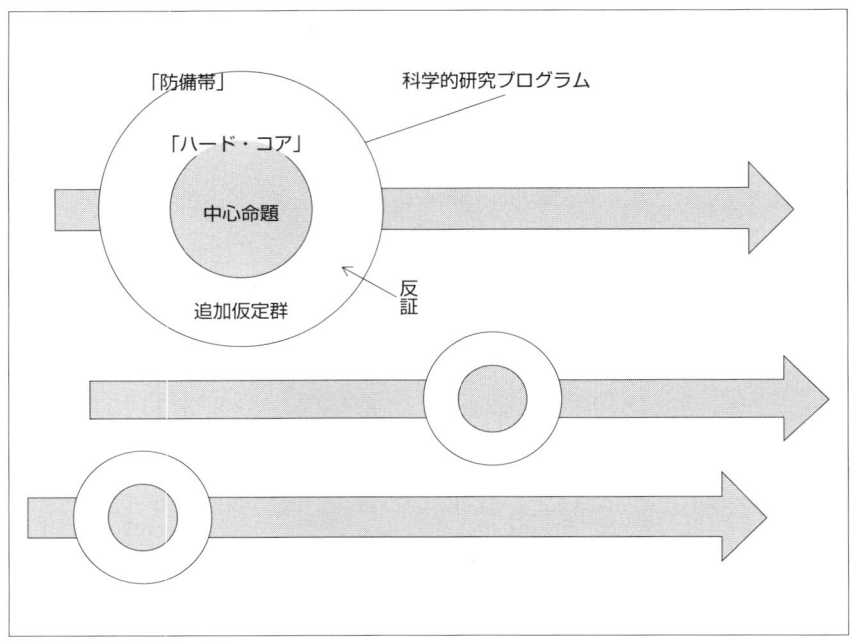

fig.2-3　科学的研究プログラムの併存

い）。

　では、実際のところ、経済学の場合はどうだったのか。複数理論が併存し、収束しそうもなく推移してきた経済学の歴史は、まさにfig.2-3のような状態であった。

　マクロ経済政策の有効性が認められていた20世紀半ば頃には、一般均衡理論を中心命題、経済政策モデルを経験的命題、計量経済学を現実のデータに照らしての検証作業と見て、先ほどの論理実証主義的な科学観の図（fig.2-2）に合致するものとして、経済学こそ社会科学における科学の範型と思われた時期があった。しかし実際には一般均衡理論とマクロ経済モデルの間には論理的な整合性はなかったし、計量経済学で修正を受けるのは計量モデルにおいて、データを定量的に反映するために導入されたパラメータか、説明変数、関数形ぐらいで、中心命題に影響が及ぶにはほど遠い構造だったのである。その一方

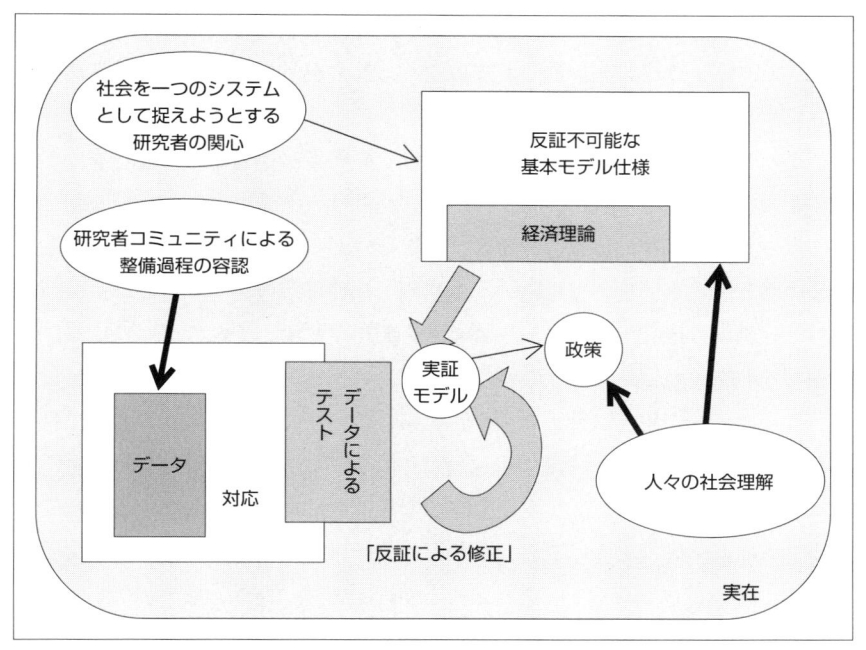

第 2 章 モデルと相性問題——進化経済学はどうして一から経済学をはじめるのか

fig.2-4 経済学の受容の根拠はどこに求められるか

で、主流派の経済学の基本的な仮説が現実に照らしてリアリティを欠くことはよく指摘されてきたことであった。しかしながら、仮説の現実性は問題ではなく、その理論による予測が良好であるならば十分であるという、フリードマンの道具主義的主張が支持される状況が続いた。しかしこれは、経済という対象を一つのシステムとして捉え、その社会的仕組みを理解しようという関心からは遠いところにあるといわざるをえない。

　第 2 章本文でも見たことだが、経済学のハード・コアとしての基本了解も基本モデル仕様もデータによって反証可能なものではなく、データによる修正を受けるのは基本モデルに追加的想定を加えて作られた防備帯としての計量モデルどまりである。しかも経済社会について厳密にコントロールされた実験環境を用意することはできないので、データは社会の経験、観察から研究者によって抽出されなければならない。このような状況下で、ある経済学が他の経済学にたい

してより広く受容されていることの根拠を求めるとするならば、それは他の経済学に対するより高い客観性などではなく、社会や学界の成員による支持の大きさに求めるほかはない。その際のポイントとなるのは次の3点になるだろう。

　第1に、その社会の成員から信認を受ける際のもっとも深い基盤となるポイントとして、その経済理論の基本了解がどれだけ人々の承認を得られるか、という点がある。これは、社会をどのような視点からどのようなシステムとして捉えようとするか、その経済学の基本思想、社会思想のレベルにおける受容である。経済学は現在の経済社会システムを記述するが、それは同時に成長、自由、平等、公正などさまざまな規範的観点から価値付ける。そうした価値付けが、社会の成員が現実の社会経済システムについて抱く実感に基づく価値付けにどれだけ合致するかが経済学の社会思想的な受容のための鍵となるであろう。

　次に、社会の成員に対してより積極的な意味合いを持つポイントは、理論の応用である、実証モデルに裏打ちされた政策の実効性がどれだけ人々に承認されるか、という点であろう。これは人々が理論を信じたり、その真偽を判断したりという問題ではなく、いかに政策の効果が人々の生活に影響を与え、それが実感されるかということである。

　そしてさらにもう一つ、たとえ科学の客観性や妥当性を直接問題にすることはできないにしても、適切なデータ設置手法をその経済学が有しているか否かは、社会の成員による評価には大きなポイントとなる。設置すべきデータといっても、それは研究者によって整備されるものでしかない以上、その整備過程が研究者コミュニティによって容認されるものであるか、つまり、偏りのないデータ収集が行われているか、正当な統計処理が行われているか、などのチェックは欠かせない。

　かくして、その経済理論の基本了解における社会経済システムの価値付けがどれだけ人々に受容されるか、実証モデルに基づく政策の有効性がどれだけ人々に実感されるか、研究者コミュニティによって適切なものとして承認されたデータの整備過程の上に堅実な実証モデルが展開できているか、1つの経済学の社会の中での成長と衰退の基礎はこれら3点に求めるほかはない[7]。

ここまで、ある経済学の他の経済学に対する優越は実証可能性や反証可能性のような科学的客観性を判定するための基準に求めることはできないこと、ある経済学の消長は研究者や一般人の受容や承認に強く依存していることをみた。このことは、経済学が絶対的な評価基準を持ちえず、人々を巧みに説得することで多数の賛同を獲得するための政治的弁論や文学的修辞といった要素をいくらか含むことを意味する。だからといって、経済学のレトリックとしての側面を捉えるだけでは、言説恣意性を強調することによって、言説が指示する対象の実在性を暗黙的に否認することになる。

　しかし、経済学は経済システムという研究対象を持つ経験科学である限り、実在に関する真理の探求という近代科学の基本原理を捨てる必要はない。ただし、これまでのように、経済学を含む社会科学をわれわれの外に存在する所与の実在の中に客観的法則を発見し記述することであると考えるのでは狭すぎる。経済学は、人間の心や外的世界に存在する一定のルールやパターンを実在として抽象し、再構成する営みを志向すべきではないか。そのためには、実在の領域をわれわれの知覚や印象など経験論の枠組みで捉えられる具体的な事象だけに限定せず、複製子やルールといった抽象的な事象を含むように拡張する必要がある。そうした問題に正面から答えようと試みる哲学的方法として注目されるのが批判的実在論である。

　従来の科学方法論では、理論がどのようにして生み出されるかは問題にされてこなかった。批判的実在論は、理論は演繹や帰納から生まれるのではなく、直接的に知覚したり観察したりできない構造、メカニズム、傾向、力などの非現実的実在を「アブダクション」によって取り出すことで得られるものであると考える。アブダクションとは、アメリカのプラグマティストであるパースが帰納（インダクション）や演繹（ディダクション）とは異なる科学的方法として提唱したものであり、メタファーやアナロジーを用いて新たな仮説を生み出していく仮説的推論法のことである。ここでいう実在とは、実験や観察を通じて経験論的に得られる事象や事態だけではなく、人間のアブダクションのような高次の認知能力によって開示されうる存在をすべて含んでいる。これは、経

済理論の研究対象の拡張を意味している。そこには、産業構造や景気循環といった経済における構造やメカニズムだけでなく、国家、研究者コミュニティ、企業組織が含まれる。また、経済政策、経済制度、そして、その基盤にある経済理論それ自体も含まれるのである。このことにより、これまで経済学が学派を超えて問題とすることができなかった経済理論のリアリティを論ずる道が開かれる。

1) 列挙したものを分類すれば、それをしない場合と比べれば、理解に向けて一歩前進したといえるだろう。けれども互いに相反する点をより明らかにしてみただけでは、対象を一つのまとまったシステムとして把握したことにはならない。
2) したがって、一見、観察者とは独立に存在しうるように思える対象の属性といえども、観察者の関心に基づく働きかけなしには存在できない性質、関心負荷性を持つことがわかるだろう。一方である関心に基づいて観察を行う中で、属性自体が明確化され、そのことが関心に影響することにもなる。つまり、対象の属性は、観察という行為の対象という意味では、観察者の外部実在性を持つといえるが、対象の属性と観察者の視点・関心は、相互に影響し合うという意味では独立ではない。ということは、同じジャンルの同じ言葉で表現される属性を観察しているようであっても、異なる関心から出発した2人の観察者が「見ている」ものが完全に重なっているとはいえない。たとえば、再生産論に立つ観察者と一般均衡理論に立つ観察者の間では、同じ失業と呼ばれる現象を見ているようでも、その意味するところは大きく隔たっているのである。
3) 繰り返すが、「関心」というのは対象を一つのまとまりのあるものとして捉える上での基礎となるものでなければならない。対象の任意の属性に対して関心をもつことができ、それに応じていくつものモデルが作られる、ということではない。
4) さらに風のゆらぎなど考えだすことも、モデルの拡張としてはできるだろう。ただし、必要になるデータ量や軌道計算のための計算量が膨大になって、実用には耐えなくなりそうだ。
5) 自分の関心は、端的に自らの行動に発するものである場合よりも、既存の理論に対する共感や反発から生まれることの方が多い。進化経済学も1から基本了解や基本モデル仕様を構築するとはいえ、初発の関心に既存の経済学への違和感は確かに影響している。
6) 表現技法が基本属性の選択を縛る例：人間の合理性を、「制約条件付き最大化問題」という数理的な表現技法を選択してモデル表現したとき、この「合理性」の意味は最適化行動に限定されることになる。しかし、日常的な意味での合理的行動は最適化行動でないことが多い。たとえば、日常生活において最適な行動を選択して

いるかどうかを考えてみてほしい。
7) もちろん、2章本論で相性問題として論じたように、所与の基本了解に立った上での議論の論理整合性もまた、リアリティを構成する必要条件である。ケンブリッジ資本論争やルーカス批判（コラム⑩）が経済学者にとって大きな問題となったように、経済学者コミュニティ内部では、むしろこちらの方が影響力が大きい。

コラム②　批判的実在論とは？

批判的実在論の創始者である哲学者 R. バスカーは、特に自然科学を対象にして「超越論的実在論」を展開した（Bhaskar [1978]）。そして、彼の議論を経済学者 T. ローソンが経済学を含む社会科学へと拡張した時、それを「批判的実在論」と呼ぶようになった（Lawson [1998]）。批判的実在論とは何なのか、どのような問題を考えようとする議論なのかを理解するために、まず科学方法論の変遷をおさらいしておこう。

ポパーは、反証可能性を持たない非科学的言明を排除する基準を示した。これは、消極的な意味であるとはいえ、依然として科学の客観性を保持するための試みであった（Popper [1959]）。ところが、実際には、複数の学説や理論が併存し続けるのが科学の現状である。これはなぜかという問題に答えるために、ラカトシュは反証不能なハード・コアと反証可能な防備帯という二重構造を持つ科学的研究プログラムのあり方を示した（Lakatos [1978]）。それは、「あるべき科学」についての規範的科学方法論から、「現にある科学」についての記述的科学方法論への転換である。さらに、コールドウェルは、経済学における複数理論の併存を「現にある科学」としてだけでなく「あるべき科学」としても描いた。すなわち、科学の創造性の発展のためには多様な視点や考え方がある方が望ましいとしたのである（Caldwell [1982]）。他方、マクロスキーは、経済学が「社会的自己理解」のための歴史科学であり、非装飾的なメタファーであるモデルや概念を用い経済学者が自らの物語を人々に説得するための技芸であると説いた（McCloskey [1985]）。

このように、ポパーやラカトシュは、反証という経験的方法によって科学の客観性は確かめられると考えているが、コールドウェルやマクロスキーは、科学の客観性を疑問視して、科学は方法論的にも多元であり、物語や説得という要素を含むとみなす。前者は科学の「客観性」を肯定・是認するモダニズムであり、後者はそれを否定・棄却するポストモダニズムである。

ローソンの主張する批判的実在論とは、科学の実在性に焦点を当て、モダニズムとポストモダニズムの双方が科学の客観性に関する議論において暗黙的に仮定して

table 2-1　経験的実在論と批判的実在論

経験的実在論

層	対　象
経験的 現実的	経験、印象、知覚 事象、事態

批判的実在論

層	対　象
経験的	経験、印象、知覚
現実的	事象、事態
非現実的	深層構造、メカニズム、力、傾向

いる経験主義的な実在概念の狭さを批判する試みである。

　近代科学は、「事象 x はいつも事象 y をしたがう」という普遍法則の演繹とそれによる現象の記述を科学的営為とみなす。これはヒューム的な実証主義ないし「経験的実在論（empirical realism）」に基盤をもっている。知識は感覚的経験ないし印象形式をとるとする認識論と、現実は経験や印象の対象たる原子的事象から構成されるとする存在論から構成されるとするのが経験的実在論である。それは、経験可能性こそ実在の要件であるとみなすがゆえに、存在論を認識論に還元してしまう。これに対して、批判的実在論は、経験的・現実的という二つの実在層の下にさらに「非現実的（non-actual）」（「超越論的（transcendental）」ともいう）対象（深層構造、メカニズム、力、傾向などから成る）の実在層があるとする存在論と、われわれはそうした非現実的な対象を少なくともある時点では直接には認知できないとする認識論を立てる。それゆえ、批判的実在論の立場から考えられる科学は、経験的実在論が問題とする原子的事象間の普遍法則の発見のみならず、それを支配する構造やメカニズムの同定と解明、——すなわちそれらの「説明」にも向かわなければならないのである（table 2-1）。

　経験的実在論が前提する普遍法則は、特定の法則の作用を孤立させるための実験環境を工学的に作り出すことができれば、そのような閉鎖系においてのみ同定できるものである（たとえば、真空中では木の葉が重力法則により自由落下することを観察できる）。だが、現実の世界は一般には様々な法則が同時に存在する開放系であるから、われわれは普遍法則（重力法則）を直接に観察することはできない（空気中の木の葉は空気抵抗によりまっすぐ落下しないし、時に風で舞い上がる）。このように、経験的実在論が主張する普遍法則は直接的に経験したり観察したりできるものではない。

では、実際にはそれはいかにして発見されるのか。コペルニクスの地動説やアインシュタインの相対性理論は観察事実や実験データからではなく、未知の実在のヴィジョンへの人格的なコミットメントを通じて「発見」されたと考えられている。ここで、科学的創造のための重要な研究方法である「アブダクション」に注目する必要がある。研究者は、演繹や帰納に先立ち、それまで説明されていない現象や事実に何らかの仮説的秩序を見出そうと推論を遂行している。このような仮説的推論がアブダクションである。それは、レトリックやメタファーを媒介として、異質だが類似の諸概念に移動・接続・交配をもたらし、新しい意味論上の文脈を導き出す行為である。そうすることで、研究者は未知の仮説や概念を創造し、法則を発見する。科学はアブダクションを通じて学説や理論の複製子に対する変異を生み出すと言ってもいい。

 社会科学における批判的実在論の意義は、現実には観察や経験できないような深層構造やメカニズムの説明の可能性を哲学的に基礎づけ、それらに関する言明を非科学的であるとして論駁する経験主義的実在論とそこから帰結する科学観を批判した点にある。

 新古典派経済学における「最適化行動」や「市場均衡」は論理体系を支える公準ではあるものの、「すべての個人は効用を最大化する、すべての企業は利潤を最大化する」や、「すべての市場で需要と供給は均衡している」のように、経験的実在論が前提する普遍法則のかたちで書け、観察ないし実験による検証ないし反証が可能な内容である。つまり、それらは経験的もしくは現実的な層に関する言明である。このように、新古典派はヒューム的な実証主義ないし経験的実在論の立場をとるため、存在論において非現実的な層を想定する必要がない。

 近年、行動経済学が観察や実験の結果に基づいて、人間は感情を持ち、直感や心理上の種々のバイアス(偏り)に依存するので、効用最大化のような完全に合理的な選択を行わないことを明らかにしている。しかし、こうした反証も経験的実在論のレベルで理解するならば、新古典派における合理性の仮定を必ずしも棄却することにはならない。むしろ、

それは、ラカトシュが示したように、人間の感情的側面を加味したより現実的な補助仮説が合理性仮説というハード・コアを補完し、豊饒化するのだから、新古典派の合理性仮説は強化されうる、と受け取られかねないし、事実、そのように理解されていることが少なくない。

だが、人間の判断や決定において、論理や推論ではなく感情や直感が主要な役割を果たしており、論理や推論は感情や直感の上でのみ働きうると考えるならば、それは合理性仮説を棄却することへとつながるはずである。これは、神経経済学や進化心理学が取り組んでいるように、感情と論理の関係を人間の進化や脳の構造・メカニズムというレベルで解明することである。それは、批判的実在論における非現実的な層における問い直しにほかならない。

古い脳で生じる感情やバイアスのルールが基盤にあり、新しい脳で可能になる論理や推論のルールはその上に乗っているとすれば、感情が論理を補完するのではなく、論理が感情を補完することになる。すると、出発点に来るべきなのは最適化ではなく、感情やヒューリスティクス（とりあえず役に立つ発見法）となるはずである。進化経済学はこうした前提から出発している。

進化経済学における「ルール」「複製子」「相互作用子」「制度」という抽象的な基本概念を含む公準、たとえば、「あらゆる経済社会における複製子は if-then ルールである」や「制度は多くの相互作用子に共有化されたルールの束である」は、実験や観察により実証や反証ができる経験的・現実的な命題というよりも非現実的な実在に関する命題である。したがって、経験的実在論ではなく批判的実在論に基づくことで初めて、進化経済学は経済社会的な複製子としてのルールを基礎に理論を展開できるのである。

第3章 進化経済学から見えてくる世界

　進化経済学という新たなアプローチから世界はどのように見えてくるのだろうか。この章では、進化経済学の基本概念や基本枠組みを使うことで理解されうる経済現象や経済制度を取り上げる。

　まず、バブルの生成・崩壊などで生じる株価の暴騰・暴落に対処するセーフティネット制度であるサーキットブレーカーの進化が複製子と相互作用子を使うとうまく記述できることを見る。次に、制度と市場の共進化の事例として、会計制度と金融市場の展開を紹介する。さらに、産業と政策の共進化の事例として、航空機産業のグローバルな再編に適応した日本の航空機産業と日本政府の政策の共進化が描かれる。最後に、進化経済学の複製子と相互作用子という概念がバブルの生成・崩壊というマクロ経済現象のプロセスをどう説明するのか紹介する。

3.1 複製子と相互作用子による制度進化の記述：サーキットブレーカーを例として

　2008年10月のリーマンショックに端を発し、世界中の市場で株価の暴落が相次いだ。この時、これまでほとんど発動されなかったサーキットブレーカーが世界各国の証券取引所で頻繁に発動された。サーキットブレーカーとは、大規模な価格変動が発生した際に決められたルールに基づいて一時的に取引を停止させるという制度である。この制度を複製子と相互作用子という概念で記述し、制度進化を考察してみよう。

　進化経済学では、認識や行動を規定する方策が主体のみで自律的に作られる

だけではなく、主体間で伝播され共有される「複製子」であると考える。そして、認識・行動ルールとしての「複製子」を実行する主体を「相互作用子」と呼ぶ。ヴェブレンは制度を「人々の総体に共通のものとして定着した思考の習慣」（Veblen［1919］）と規定した。これを複製子・相互作用子の概念で述べるなら、ある複製子（群）が社会において多くの相互作用子で共有されている状態を、社会制度が成立している状態とみなすことができる。

　サーキットブレーカーという市場制度においては、複製子として市場参加者が持つルール、取引所が設定しているサーキットブレーカー発動に関する成文化されたルールがある。取引所の複製子は、「if "株式相場が大きく変動" then "取引所の全銘柄の取引を停止させる"」のように表現される。この if-then ルールは、サーキットブレーカーという複製子の大枠を表しただけにすぎないが、実際のサーキットブレーカーは複数の複製子の束として表現される。if の部分にはサーキットブレーカーが発動するための様々な条件が入り、then の部分には具体的なサーキットブレーカーの振る舞いが入る。取引所は自身が持つこうした複製子に従って行動することで、市場としての機能を果たしている。

　複製子として働くサーキットブレーカーの要素は、大きく次の四つのタイプに分けることができる。

①「取引停止」＝（前述）
②「変動幅・変動率」＝ サーキットブレーカーを発動するための基準
③「停止時間」＝ サーキットブレーカー発動後にどのくらい取引を停止させるか
④「発動段階」＝ 価格の変動に対して取引を停止する基準をいくつ設けるか

　三つの取引所（ニューヨーク証券取引所、大阪証券取引所（大証）、韓国証券取引所）におけるサーキットブレーカー制度の四つの複製子を系統樹として表したものが fig.3-1 である。この図は、各複製子の時間的変化と相互関係

（系統的関係）を証券取引所別に示している。共通の複製子は同じ線種で表されている。取引所間をまたいで線が結ばれているのは複製子が向かって左側の取引所からコピーされていることを意味しており、合流点の角が取れていないものは完全な複製子のコピー、合流点の角が取れているものは複製子の一部がコピーされていること（あるいは、コピー＋変異）を表している。

サーキットブレーカーは、1987年のブラックマンデーを調査したブレイディ委員会の報告書（Brady［1988］）の中で提唱され、1988年10月19日に New York Stock Exchange（NYSE）で導入された。当時のルールは、「ダウ工業株平均が前日の終値から250ポイント下落した場合は全銘柄の取引が1時間停止される、400ポイント下落した場合は全銘柄の取引が2時間停止される」というものであった。すなわち、「変動幅」は250ポイント下落、400ポイント下落、「停止時間」はそれぞれ1時間と2時間の2段階の「発動段階」が複製子として存在しているとみなせる。

1996年3月8日に217ポイントの下落が発生したことから、96年7月に250ポイント下落時の取引停止を30分間、2度目の取引停止を1時間とする修正が行われ、97年2月には、「ダウ工業株平均が、前日の終値から350ポイント下落した場合に30分間停止、取引再開後さらに200ポイント下落した場合に1時間停止する」というものに改められた。

初めてサーキットブレーカーが適用されたのは1997年10月27日である。午後2時36分までにダウ工業株平均が350ポイント下落したことにより、NYSEの全銘柄の取引が30分間停止された。午後3時6分に取引を再開したものの、午後3時36分までにさらに200ポイントの下落を記録し、NYSEは再び1時間の取引停止を実施した。2度目の停止後に市場が再開されることなく当日の取引を終了したことは翌日の市場に混乱をもたらし、投資家からの批判を招いた（大崎［1998］）。

市場の混乱を防ぐはずのサーキットブレーカーが混乱を発生させるのはおかしいという批判から、サーキットブレーカーは市場で稀に起こる一大事に対してのみ適用されるべきという考えが強くなり、NYSE は1998年4月15日

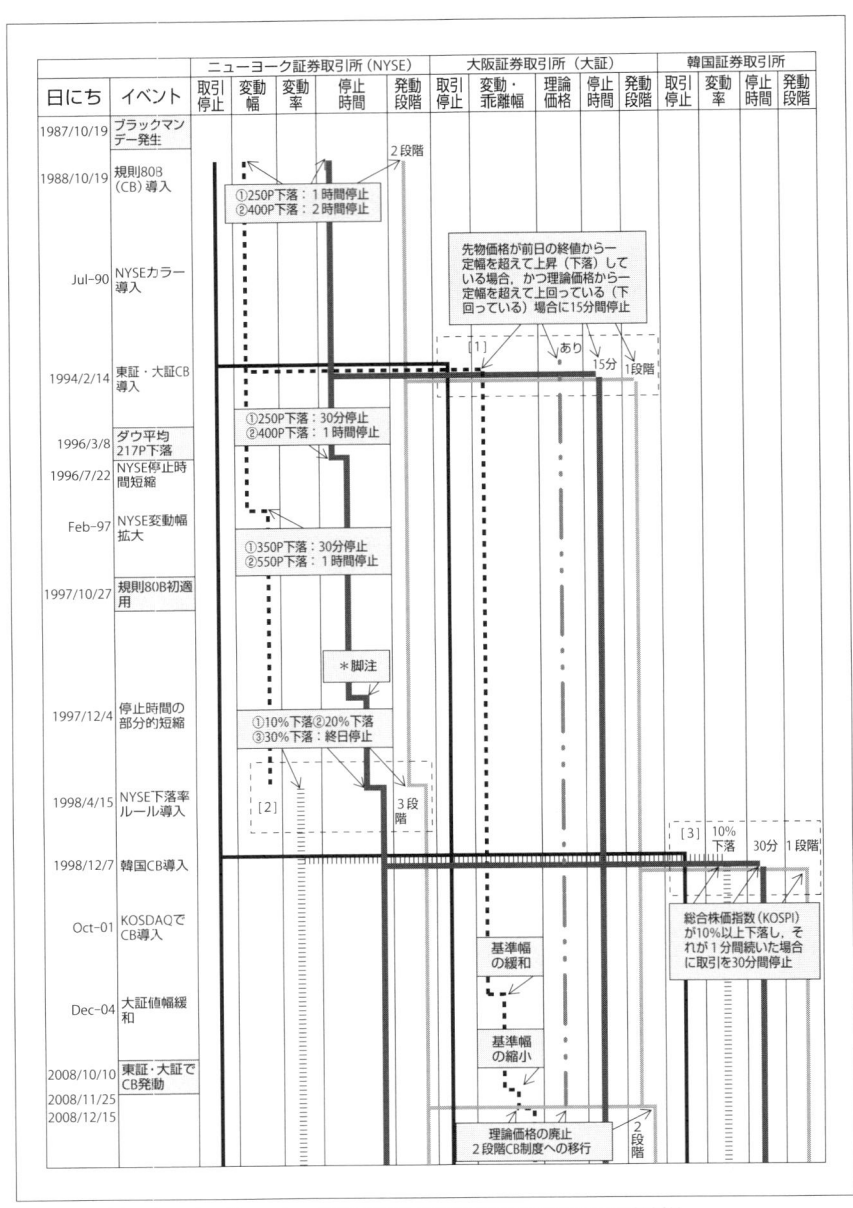

fig.3-1　サーキットブレーカー制度における取引所の複製子の系統樹

(fig.3-1における点線で囲まれた［２］を参照）に「変動幅」から「変動率」へと複製子を入れ替えることになった。90年代後半のダウ工業株平均が、サーキットブレーカー導入当時の約2.5倍を上回っているにもかかわらず、基準を固定の変動幅にしておくと実質的な規制の強化になるという観点から、発動基準を下落率に連動させるのが望ましいという声があり、このような規制緩和へと繋がったのである。これを機に「停止時間」に終日停止というルールを加え、発動段階も10％下落、20％下落、30％下落の３段階制へ移行した。

次に、大証および東京証券取引所（東証）でサーキットブレーカーが導入された1994年２月14日（fig.3-1における点線で囲まれた［１］を参照）に目を向けよう。日本では大きな株価変動が起こったときに取引を停止させるという複製子をコピーしたものの、それは取引所全体の銘柄に適用されるものではなく、株価指数先物に限定されたものであった。しかも暴落時だけではなく暴騰時にも取引停止を適用するという複製子は、NYSEから複製されたものではなく、おそらく値幅制限という関連する制度の複製子の一部が取り入れられるような制度間相互作用の結果であると推測される。また、日本のサーキットブレーカーは指数先物に限定されたことから、東証と大証では先物価格の理論価格との乖離を発動基準とする新たな複製子が生まれた。

1998年12月７日（fig.3-1における点線で囲まれた［３］を参照）に、韓国証券取引所でもサーキットブレーカー制度が導入された。韓国では「下落率」と「停止時間」はNYSEから、「発動段階」は大証・東証から複製子の一部をコピーし、自己の取引所の複製子とした。

1998年以降、NYSEでは現在までにサーキットブレーカー制度は大きく改訂されなかったが、2008年10月の株価の暴落を契機に、各国の証券取引所でサーキットブレーカーが頻繁に作動するとともに、大きな価格変動に対応するため発動基準の改訂が相次いだ。ロシアでは2008年９月に２回しか発動されなかったサーキットブレーカーが、10月だけで15回も発動され、実に月の取引日の半分でサーキットブレーカーが発動した。ロシア連邦金融庁は、10月15日に変動幅を緩和する方策を実施した。ブラジルでは2008年10月６日に１日限定で適用

される基準を実施した。通常はボベスパ指数が前日の終値より10％下落した場合、全銘柄取引が30分停止され、15％下落した場合、全銘柄取引が1時間停止されることになっていたが、大暴落のためサーキットブレーカーがこの日のみ裁量的に運用され、同指数が20％下落した場合に取引終了時の30分前まで取引を停止させることとなった。オーストリアでは2008年10月10日に、急激な株価下落の対策として即日サーキットブレーカーの規則を創設し、ルールブックに記載することを行った。この時の基準は株価が前日の終値よりも10％下落した場合に市場の取引を停止させるというものである。フィリピンでは、サーキットブレーカーが株価下落を食い止めた実績があるとして、2008年10月1日に導入された。この際の発動基準も下落率に応じたもので、実際にその月の30日にサーキットブレーカーが発動されている。

　日本でも東証と大証が適用幅の縮小と発動基準の簡略化を実施している。日本で実施されているサーキットブレーカーは、前述の通り取引所全体の取引を停止させるものではなく、株価指数先物取引、株価指数オプション取引や債券先物取引、債券オプション取引に対してのみ実施されている。両取引所では2008年11月5日に改正された呼値の値幅制限において、これまで想定していたよりも低い水準で株価が推移し始めたことから呼値の基準値幅と値幅制限を変更するにいたった。それに伴い、サーキットブレーカーの発動基準も見直され、2008年11月25日、日経先物225のサーキットブレーカー発動において、基準値幅が12,500円未満では1,000円の変動幅だったものが、改正後には基準値段が7,500円未満の場合は500円の変動幅で発動されるルールに変更された。すなわち、先物価格が安い場合にはサーキットブレーカーが発動されやすくなる措置であり、実質的には規制強化の流れである。さらに改正の20日後の2008年12月15日には先物取引で運用されているサーキットブレーカーに特徴的であった先物価格と理論価格との乖離幅という発動条件が廃止され、各国で適用されている変動幅のみの基準へと移行することとなった。いずれの変更もNYSEのルール（10％、20％下落ルール）に準拠するものであるが、下落率に応じて取引停止時間を変えることはなく、いずれの条件でも取引停止時間が15分である点は

NYSEのルールと異なる。

　株式市場においては、これまで見た取引所という同種の相互作用子間の複製子の系統のみならず、少なくとも取引参加者、取引所の制度設計担当部署・担当者の三つの異種の相互作用子間の相互作用や自己内変化が制度進化に関係していると考えられる。市場参加者は自己の複製子に従って認知・行動するが、取引所の複製子によっても行動を規定される。取引所や取引所の制度設計担当部署も、自己の複製子を実行する主体であるとともに、法律や慣習という自己外にあるルール（複製子）によっても行動を規定される主体である。これらのルールに基づいて、それぞれの主体は、他の主体と相互作用を行う。相互作用のあり方としては、市場参加者が自己のルールに基づく売買行動や自己のルールの改訂といった自己内で完結するものと、他の取引参加者や取引所との相互作用、株価の大暴落による自己意識の変化といった外部環境との相互作用が考えられる。

　ここで重要なのは、制度設計担当部署が取引参加者と相互作用している点と取引所同士が相互作用している点である。サーキットブレーカー制度を例にとるならば、前者は株価暴落という環境変化により、取引参加者自身が市場から退場させられないように（生物学的に言うならば、自己保存のために）制度設計担当者に取引所の複製子の変更を求め、制度設計担当者も取引所のシステムを維持するために（取引所というシステムの自己保存のために）ルールブックの変更について取引参加者に広く意見を求めるような相互作用が考えられる。後者は、取引所の制度設計担当部署がすでにサーキットブレーカーを導入している他の取引所の基準を参照して自取引所のルールを設定するという、複数の取引所間の相互作用である。これらの相互作用は、ルールブックに記載されている文字情報だけではなく、取引所が形成する市場価格などの様々なマクロデータによっても媒介される。実際にいくつかの証券取引所が2008年10月に実施したサーキットブレーカー制度の改訂を見ると、その多くがNYSEの複製子を参照し、その一部をコピーして自己の複製子を改訂したと考えられる。

　ここでは、サーキットブレーカーの複製子の系統樹を描くことにより

コラム③ 「進化」という日本語

　「進化」という訳語が広まった経緯については諸説があり、どれが正しいかはっきりしない。一方でダーウィン進化論を日本に紹介した社会学者加藤弘之の造語であるとされている（『日本国語大辞典』（第二版、小学館））。加藤が主催した東京大学紀要雑誌『学芸志林』に発表された東大学生の翻訳論文「宗教理学不相矛盾」（1878）などに見られ、加藤は1879年に進化論により天賦人権説を批判し、その内容を『人権新論』(1882)として出版した結果、世間で進化論への関心が高まり、「進化」という訳語も定着した、と。他方、「進化」は1878年5月に哲学者井上哲次郎が初めて使ったという異説もある。井上他編『哲学字彙』(1881)に訳語として「進化」が収録されたが、この本では「化醇」という訳語も同時に見られる。いずれにせよ、生物学者伊澤修二が「進化」という語を用いて、先に訳出したハックスレー『生物原始論』を『進化原論』(1889)と訳し直して出版してから、「進化」という訳語が一気に広まったものと考えられる。

　では、"evolution"の訳語として「進化」が選択され普及したのはなぜなのか。明治初期には「変遷」「進化」「化醇」「逓進」など様々な訳語が登場した初めは「変遷」が支配的だったが、次第に「進化」に置き換わっていった（磯野直秀「日本におけるモースの足跡」『モースと日本』小学館、1988）。「変遷」「逓進」は「漢語」としてなじみのある語句だったが、「逓進」は"evolution"の原義から離れてしまうため使われなくなった。また、「化醇」という語は「漢語」を手本にし「醇化」の語順を入れ替えただけの造語だった。他方、「進化」は新造語ではなく、江戸期から「進歩変化」の意味で用いられていた。「進化」は本来中国では「生命発生、変化の過程」を表す言葉だったが、それが前成説的な"evolution"の原義に近かったがゆえに転用され、違和感なく定着していったと考えられる。つまり、訳語として原義に近い「漢語」が選ばれ、定着したわけである（上城誠「「進化」という用語の成立について」『新・古代学』第2集，新泉社，[1996]）。

　現代進化論では目的論も前成説も否定されている。だから、"evolution"の訳語としては、そのような意味を一切持たない「変遷」がもっとも適切だと思える。にもかかわらず、それが訳語の普及過程で淘汰されてしまったのは、まさに現代進化論的ではないか。

(fig.3-1)、サーキットブレーカーのルールの多くはNYSEに準拠しており、新しい複製子の創出より、複製子が変異しつつ市場間で複製されることが多いことを見た。また、2008年10月の金融危機以降の改訂は、主に市場行動を規制

するという方向に向けられていた。当時、こうした改訂に対して異を唱えるといった行動はあまり見られず、むしろ投資家からの意見を反映させた結果として規制強化の方向へ向いていたと言える。一方、サーキットブレーカー制度に対する実効性や効率性の分析からは、いくつかのデメリットが指摘され、この制度に批判的な論者も多い。にもかかわらず、なぜ世界各国の証券取引所で今もなおサーキットブレーカー制度が導入・改訂を経ながら運用され続けているのか。このような制度進化の実態を理解するには、市場の効率性や取引主体による効用最大化、それを実現する市場規制の撤廃という主流派経済学的な見方だけでは、不十分であることがわかる。同様に、多くの制度が単純な効率性のみで議論できず、歴史的経緯や他制度との補完性・代替性といった関係を含む生態学的相互作用を考慮して、分析、および、設計を行う必要がある。そのための分析概念として、複製子・相互作用子という概念装置は有効であろう。

3.2 会計制度と金融市場の共進化

続いて、制度と市場の共進化の事例として、会計制度と金融市場の展開を簡単に紹介してみよう。

株式市場では、企業の発行した株式が売買されている。株式は、企業が生み出した富である利益を受け取る権利や、企業経営に参加する権利などが組み合わされたものであるため、単純化して「株式市場では企業が売買されている」などと説明されることがある。株式を発行している企業としては、流通市場において株価に高値がつけばつくほど、有利な条件で資金調達をしたり、他企業を買収したりできるようになる。そこで、企業は様々な IR（Investor Relationship）活動を行い、少しでも自社の株価が高くなるように努力している。そのような IR 活動の中心にあるのが、財務会計（Financial Accounting）である。

財務会計は、投資家に企業の財務的な情報を伝達することで、投資家が企業

の経済的価値を見積もるための情報を提供している。信頼できる財務会計情報が利用できることは、株式市場が繁栄するための重要な条件である。その一方で、財務会計情報を提供する企業側としては、自社に有利なように財務会計情報を活用したいという動機を持っている。情報をうまく操作することで、自社に有利な状況をつくりたいという動機は、財務会計の場合でも、一般の広告宣伝の場合と同じように存在する。財務会計は、資金調達のための手段として利用される会計という性格を持っているのだ。19世紀後半にエコノミスト誌編集長として活躍していたウォルター・バジョットは、財務会計の本質は財務的な広告（Financial Advertisement）にほかならないと喝破している。

　株式市場の繁栄に必要不可欠な情報を提供する役割を担いながら、同時に私企業の広告宣伝活動という性格を持つ財務会計は、野放図に企業に利用されてしまうことで、その信頼性を失う危険性を持っている。歴史的にも、会計制度の発展は、財務会計に対する信頼を損なうようなスキャンダルへの対応として進んできた部分が少なくない。会計制度を整備することで、財務会計に対する信頼を構築・維持し、資本市場の発展は支えられてきた。財務会計への信頼を維持するために重要であったのが、会計基準と会計監査制度である。会計基準は、資本市場を利用するすべての企業が守るべき会計のルールであり、会計監査制度は企業が作成した財務会計情報がルールにしたがって作られているかどうかを客観的な第三者の立場で保証するための仕組みである。会計基準は、(if) 当該取引が行われたならば、(then) 一定の会計手続きを行うこと、を定めたルールである。以下では、この会計基準に焦点を合わせて、会計基準を複製子、企業を相互作用子として捉えることで、会計制度と金融市場の共進化をたどってみることとする。

　1930年代大恐慌期のアメリカにおいて会計原則制定運動が展開され、取得原価主義に基づく会計基準（会計原則）が制度化されることになった。取得原価主義は、会計基準というルールを束ねる考え方であり、取得原価主義会計に基づいて個別の会計基準が制定されてきた。つまり、取得原価主義は、個別の会計基準（ルール）を生成するルール（生成ルール：generative rules）として

の役割を果たしていた。

さて、1930年代に、運動の担い手として重要であったのが、公認会計士と証券取引所であった。彼らは、1920年代の株式市場の熱狂が、企業経営者の主観的な見積もりに基づいた時価主義の濫用によってもたらされたという反省に立って、経営者の主観的見積もりをできるだけ排除する方策として取得原価主義の考え方を会計原則制定の基礎においた。

たとえば、在庫商品の資産価値を評価する場合、経営者は現在の市場価値で自社の在庫は売れるはずだと期待する。時価主義は、そういう期待を反映して「現在の市場価格で販売できていたならば」という想定に基づき在庫の評価を行い、場合によっては未実現の評価利益を計上する。取得原価主義では、在庫が実際に売れるかどうかは売ってみるまではわからないので、そのような不確実な評価は行わずに資産を取得した時に支払った対価である取得原価でもって評価すべきと考え、未実現利益を厳格に排除しようとする。この取得原価主義の考え方は、第二次世界大戦後にアメリカから大きな影響を受けた日本の会計基準の基礎となった。

1930年代から1980年代頃までは、インフレの昂進に対応する問題を除けば、おおむね取得原価主義の考え方を基礎として会計基準が作られてきた。取得原価主義の考え方に基づいて形成された個別会計基準の全体を取得原価主義会計と呼ぶ。取得原価主義会計（複製子の束）のもとで、企業（相互作用子）は自らの経済活動を認識・測定し、財務諸表を作成し、そのようにして作成された財務諸表を利用することで金融機関（相互作用子）は企業活動を資金面から支援してきた。

しかし、1970年代からの金融自由化に伴い、個別の会計基準を遵守しながらも取得原価主義の限界を突くような金融行動が行われることによって、時価主義の考え方が復活してきた。時価主義が再評価されるようになった端緒は、アメリカではS＆L危機と呼ばれる小規模貯蓄金融機関をめぐる熱狂（バブル）と破綻であり、日本では持ち合い株を中心として演出された株式市場と不動産市場を中心とする資産市場のバブルとその後始末である。アメリカと日本のこ

の二つの物語は、現象的にはまったく異なるものであるが、会計的な問題としては共通している。

S&L危機の会計的問題は、金融自由化によって貯蓄金融機関が行いはじめた不動産融資が、不良資産化してしまっていたにもかかわらず、市場価格の下落を会計的に反映して資産の評価を引き下げるようなことをせずに、取得原価主義の名の下に資産価格を据え置いたことにある。取得原価主義会計がS&L危機を隠蔽してしまったため、問題解決のために必要であった公的介入ができず危機が深刻化してしまった。

1980年代後半の日本のバブルでは、企業が保有している持ち合い株や土地の価格が上昇することで、それらを担保とした銀行の融資が行われ、銀行から提供された資金がさらに投資にまわるというスパイラルを描いた。この楽観的な期待を支えたのが、取得原価主義会計を利用した含み益だしという会計操作であり、それに基づいた含み益経営である。取得原価主義会計では、資産の評価は購入時の取得原価によって行われるため、資産価格上昇時には未実現の評価益が隠されていることになる。伝統的な大企業では、何十年も前に取得した土地が時価の何万分の一の価額で貸借対照表に計上されていた。このような含み益を抱えた含み資産を持つ企業では、本業などで生じた損失は、含み益を実現することで容易に隠蔽することができた。現在の時価で含み資産を売却し、同じ値段でその資産を買い戻せば、魔法のように利益を捻出することができたのである。このような経営失敗を含み益で隠蔽できることを前提とした規律のない経営は、「含み益経営」と揶揄されている。

アメリカのS&L危機でも日本のバブルでも、取得原価主義は問題を隠蔽し危機を深刻化した原因として厳しく批判された。このような批判をうけて、会計制度は時価主義へと舵をきることになる。時価主義を導入していたならば、S&Lは市場の状態を反映して財務報告を行っていたはずであり、日本の企業や銀行は損失を隠蔽することなく規律付けされた経営を行っていたはずだと考えられたのである。その結果、とくに金融商品の会計においては、時価主義的な基準が整備され、さらに、日本企業の株式持ち合いは、時価主義の導入によ

って大幅に減少し、金融機関の貸出行動ばかりでなく、企業間の取引慣行にまで影響が及んだ。

ここで、時価主義「的」な基準というのは、公正価値会計（Fair value accounting）に基づいた基準のことである。時価主義は資産や負債の評価を市場価格で行うもの（mark to market）であるのにたいして、公正価値会計は市場価格が利用できる場合には市場価格を利用するが、そうでない場合には理論価格を用いて資産や負債の評価を行うもの（mark to model）である。公正価値会計によって、市場価格が存在しなくても、理論的なモデルに基づいて計算される擬似的な市場価格が利用できるようになった。市場が存在しない場合でも市場価格「的」な評価が行えるようになったのが、公正価値会計の新機軸であった。

実は、アメリカのサブプライムローン問題を端緒として2008年10月のリーマンショックにピークを迎えた金融経済危機の原因の一端は、公正価値会計にあるという指摘が行われている。サブプライムローンは、モノラインによる保証やCDS（クレジット・デフォルト・スワップ）を利用してリスクをコントロールすることによって、そうでなければリスクが高すぎて信用供与が難しい借り手にたいする貸出を可能とするものであった。このような図式を可能にしたのが、理論価格を基礎にした想定上の計算を会計的に反映する公正価値会計である。CDSのような複雑な金融商品の場合、時価主義が想定するような「市場価格」はほとんど利用できない。多数の参加者が存在する高い流動性を持った厚みのある市場が存在しないからである。また、取得原価主義では、そもそもこのような取引は会計的にはオフバランスになってしまう。そういった状況においてでも、公正価値会計の下で、取引当事者の将来への期待を理論モデルを介して数値化し、金融商品の売買を成立させることができるようになった。

公正価値会計が前提とする理論モデルの世界では、「理論的」にはリスクがコントロールされた上で、リスクに見合ったリターンを確保するような価格付けがなされているはずであったし、「理論」通りに現実が進んだのであれば、

理論価格に基づいて会計処理を行う公正価値会計で何ら問題はなかったはずである。確かに、公正価値会計は取得原価主義会計と異なり、危機を隠蔽することはなかった。とくに資産としてCDSのような金融商品を保有している場合に、公正価値会計は企業実態を市場価格の観点から明るみに出す。しかし、その一方で、公正価値会計の考え方を利用することができなかったならば、金融工学を利用した金融商品の多くは商品力を持ちえなかったとも考えられる。公正価値会計が制度化されることで、それに適応して金融市場が進化しているのである。

ここで簡単に紹介した会計基準と金融市場の関係にみられるように、会計と市場はそれぞれを環境として相互に進化してきており、それは取得原価主義や時価主義といった制度設計者の考え方や意図を超えたダイナミズムを生み出している。企業や投資家を相互作用子として、会計基準を複製子、取得原価主義や公正価値会計を複製子を束ねる制度として、捉える進化経済学の見方は、会計と市場の共進化を理解する枠組みとして有効である。

3.3 日本の航空産業と産業政策の共進化

次に、産業と政策の共進化の例として、日本の航空機産業の発達史を簡単に紹介する。ここでは、日本の航空機産業、政府の政策、そして世界的な航空機産業の再編という三つの軸の進化が描かれることになる。

日本の航空機産業は第二次世界大戦時にピークに達し、その後占領政策の下で7年間禁止処置を受けた。禁止期間中に時代はレシプロからジェット中心へと大きく動き、日本はエンジンとそれに対応する機体開発において欧米に大きく遅れを取ることになってしまった。このような事態にたいして、日本では航空機産業の復活を国家プロジェクトとして位置づけ、通産省（現経済産業省）、新三菱重工業、川崎航空機、富士重工業、新明和工業、日本飛行機、昭和飛行機、住友金属、島津製作所、日本電気、東京芝浦電気、三菱電機、東京航空機

製造所らの官民合わせた輸送機設計研究会が1957年に発足する。その後、この組織は日本航空機製造株式会社へと発展的に解消される。そして、日本初の国産民間小型旅客機である YS-11-100が1964年に就航する。

　しかし、この開発計画は、機体そのものは優秀であったにもかかわらず、商業的には失敗する。その原因としては、そもそもの組織が混成部隊であったため部品の納入価格の引下げが難しかったこと、初めての開発であったため費用が増加したことなども挙げられるが、より本質的なことは、現場のニーズよりも技術開発に重点が置かれたことによる。とくに、現場での飛行機の運用を管轄する運輸省ではなく通産省に航空機産業の立法・補助金や指導の権限が独占されてしまったことよって、日本の航空機産業が市場から切り離されてしまったことは致命的であった。結果的に、日本の航空機産業を一気に世界水準まで引き戻そうとする YS-11型機のプロジェクトは、開発の遅れ、意思決定の遅さ、マーケティング不足、主導した通産省の商業機開発への無知などの様々な要因によって、少なくとも商業的には失敗した。もちろんこのプロジェクトの残した技術的貢献は少なくなかったが、YS-11型機の開発プロジェクトの失敗とそれが残した財政的負債は、それを上回った。

　さて、ここまでの説明の中には、各日本企業と通産省という相互作用子が登場している。これらの相互作用子は、国産民間旅客機の開発という目的とそれに必要とされる知識の共有を図った。1960〜70年代において、多くは経産省の主導で行われたこの種の技術研究会の特徴は、現在以上に知識の共有を目的としたところにある。ある企業で解決できないままになっていた技術的問題が、他の企業ではすでに解決されていたりするなど互いに知識を公開することによる「外部効果」は小さくなかったとされる。だが、他方で官庁主導で、各企業の競争優位の源泉ともいえる技術情報を公開させることは、この時期の日本の産業構造と産官の関係という特殊な環境の下でのみ成立したとも言える。また、ここで蓄積された経験に基づく知識は、複製子として炭素系素材などに代表される他分野で開発された知識と結びついて次の世代に引き継がれることになる。

　1970年代の低成長期に入り状況は変化する。航空機開発はその経済性よりも

むしろ「知識集約型産業」としての側面を評価されることとなる。またその育成計画も一気に世界水準にまで追いつくのではなく、徐々に知識水準を上げていくこと（アップグレード戦略）に重点が置かれることになる。これを実現するためには、日本企業が世界的なシステム統合企業と提携し、開発の現場で彼らの技術を学ぶ必要があった。

このような国内外の状況の転換期にあって、政府の役割もまた大きく変化する。官民で構成された航空諮問会議は、1970年には国内開発だけでなく、国際共同プロジェクトにも補助金を出すことを発表した。いわゆる純国産機製造からの戦略転換である。そして、これは1971年のボーイング社の747型機の部品開発と続く737型機と757型機の開発プログラムにおいて初めて具体化するにいたった（各開発への日本企業の参加は1960年代に始まっていた）。だが、開発の主導権がシステム統合企業側にある場合、日本の国益は無視される危険性がある。事実、ボーイング社の開発計画と日本の技術育成プログラムはすぐに衝突することとなった。

だが、交渉役となった民間輸送機開発協会は、日本側を説得して妥協を引き出し、日本側にとって屈辱的とも思える条件を提示していたボーイング社にも日本側の容認可能な条件を認めさせ、1978年にこの国際共同プログラムをスタートさせた。こうして誕生した767型機は商業的に成功を収め、日本企業は最先端技術も含めた航空機開発・製造技術を獲得することができた。

ここにおいて、新たにボーイング社という相互作用子が登場していることがわかる。もちろん、ボーイング社は以前から存在したが、YS-11の開発過程という場においては、開発からは完全に閉め出されていたため、明示的な相互作用子ではなかった。むしろ海外企業は圧倒的に強力であったがゆえに、日本企業にとってはYS-11の市場における淘汰の閾値を決める淘汰圧ともいえる存在であった。ところが、世界的な航空業界の環境が変化することによって、ボーイング社内部の複製子が変化し、その結果として、相互作用子としてのボーイング社の日本企業との関わり方が変化したということができる。それに応じて、日本政府のおよび日本企業の方針として現れる複製子が変化し、そし

てそれがさらにボーイング社の方針の変化を引き出した。

　777型機の開発になるとボーイング社と日本企業の関係はさらに密接なものとなる。民間輸送機開発協会は1982年に改組して日本航空機開発協会となった。また政府は直接民間企業に補助金を支出するのではなく、財団法人航空機国際共同開発促進基金を設立し、そこから国際共同プロジェクトに資金を提供するというかたちを取ることとなった。加えてプロジェクトは日本開発銀行からも資金借り入れを行った。このような制度の下、777型機開発における日本側の占める割合は21％（767型機では15％）に上昇した。また、767型機のときよりも早い基礎設計の段階から日本側のスタッフが参加できることとなり、日米の技術者間の関係はより深まった。また日本企業はマーケティングにも参加している。777型機もすでに商業的な成功が確実なものとなっている。

　冷戦が終結し、1990年代に入ると世界的な航空機産業は一大再編の時代を迎える。アメリカを中心に大手航空機メーカーの経営は軒並み危機を迎え、合併が相次ぐことになった。1994年には26以上あった欧米の大手航空機メーカーは2002年には9に統合され、さらに大型旅客機はボーイングとエアバスの2社、座席数120以下のリージョナル・ジェットは、フェアチャイルド・ドルニエ、ボンバルディアとエンブラエルの3社というようにサイズ別・用途別の寡占化が進んだ。これに対して、部品等を供給する中間財部門では、これらのシステム統合型企業が、急増する開発コストとリスクを軽減させるために、提携先・納品先を多角化したことにより参入機会が増加した。日本企業も、川崎重工がボーイング社の主翼や胴体部分の設計・製造を担当するなど、中間財生産への参入を果たしている。つまり、日本の航空機産業は、部品から完成品までを一貫して生産を行うのではなく、世界的に広がる生産システム（Global Value Chain：GVC）の中で無視しえない重要な一角を占めることによって生き残りを計ろうとする戦略に方向転換を図ったのである。

　この日本の戦後の航空機産業の歴史は、日本政府と日米企業の行動戦略が、経済、政治、軍事を含めた世界的な環境の変動に対して適応的に変化していったことを示している。YS-11の原型となる設計が新明和で始まった当時は、自

動車、造船などの他の製造業でも技術的なチャレンジが始まった時期であり、国産旅客機の試み自体は他と比べてとくに不自然なものではなかった。また、高度経済成長期における日本の産業が、多くの政策的な補助を受けていたことも周知の事実である。だが、商業機として成功するためのマーケティングの不足や統一的販路の形成など、市場環境を無視した行動が、他の成長産業とはまったく異なっていたことも明らかであろう。

　しかし、他方でYS-11の開発などを通して蓄積された経験は、複製子として引き継がれ、その後の世界的な航空機市場の変化の中で、世界的なサプライヤーの機体設計に参加したときに生かされることになる。さらに炭素系素材などに代表される他の分野の研究開発の成果を利用できたことで、日本の企業は、リスクを減少しつつ知識を蓄積することに成功している。これは、外部からの複製子のコピーとその既存の複製子との結びつきによる新しい知識の創発であると考えることもできる。また、他国の企業を開発に参加させることでリスクを分散させるという点で、欧米のサプライヤーの開発戦略も進化していると言える。また、日本政府の補助金政策も、名よりも実を取る政策に転換したことが、日本企業が海外企業のプロジェクトに参加できる可能性を拡大した。状況対応型の政策方針の転換が良い結果を生み出した一つの例と言える。

　この事例は、日本の航空機産業、政府の産業政策が、初期の成功と失敗の教訓を受け継ぎながら、世界的な航空産業の再編の中に適応していったものである。また海外の航空機メーカーも日本の航空機産業の知識蓄積と信頼関係の構築、そして経済的なメリットを考慮しながら、自らの戦略を変化させた。このように互いが他を適応すべき環境としながら、共進化する構造が明らかになっている例である。

3.4 複製子と相互作用子によるバブルの形成・崩壊の説明

　ここでは、バブルの生成と崩壊のプロセスが進化経済学の複製子や相互作用

子という概念を使うことでいかに説明されるかを見ていく。ただし、これまでの三つの節と違って本節は、4章で導入する拡張概念（ミクロ・メゾ・マクロ・ループ）を前提にし、6章・7章の内容とも関連しているので、最初に読むときは、進化経済学ではどのような議論ができるようになるのか、その概要だけを読み取ってもらえれば十分である。

　かつてヘッジファンドの雄として、そして現在は慈善家として著名なジョージ・ソロスは、かねてから金融市場に関する通常の経済学がとってきた見方——合理的期待仮説、効率性市場仮説および均衡理論——を批判してきた。政府を小さくして市場を自由化・規制緩和すれば、市場均衡が達成され、市場が効率的になるという考えは今も強い影響力を持っているが、ソロスによれば、これは誤った理論に基づいており、有害である。こうした政策論の帰結として、1980年代以降、超バブルが形成されることになったが、その破裂こそ今回の世界金融危機の根因である、というのだ。

　ソロスは、金融市場を理解するための鍵となる概念として、「reflexivity（再帰性）」を強調する。人間は、一方で、自らが生きる世界を理解しようとすると同時に、他方で、世界に影響を与え、それを自らに都合よいように変化させようとする。前者を「認知機能（cognitive function）」、後者を「操作機能（manipulative function）」と呼ぶとすると、多くの人間の認知機能と操作機能が互いに干渉し合いながら同時に作用している社会現象は、参加者の未来に対する予想や意図によって影響を受ける。そのため、参加者の思考と社会状況の間に双方向のリンクが生じる。この双方向性のため、社会現象の不確実性や偶発性が生じると同時に、参加者の観察事実は知識として不完全なものになる。ここで、認知機能を FC、操作機能を FM、世界の現実状況を W、理解を U とすると、$FC(W) \to U$ かつ $FM(U) \to W$ となり、W と U が双方向的な決定関係を形成する。ソロスはこの双方向性を再帰性と名付けたのである。

　注意を要するのは、ここでいう世界の現実状況 W とは、世界で生じる「事実」だけでなく、その事実に関する参加者の意見、解釈、そしてさらに誤解を

も含むということだ。それゆえ、参加者の世界理解と世界の現実は一致せず、両者に乖離が生じる。この点を株式市場の例で説明しよう。市場参加者は将来の株価の予想に基づいて売買を行う。しかし、そうした予想は不完全であるため、参加者は、偏見や希望を含む主観的な判断にもとづいて売買の決定を下さなければならない。こうしたバイアスがかかった予想に強く左右される市場参加者の売買が現実の株価を形成する。その結果、株価の事前の予想と事後の現実はすぐに一致することはない。しかもそこには価格が上がれば買い手が集まり、価格が下がれば買い手が逃げ出すといったポジティブ・フィードバックが働くため、両者の乖離が長期間にわたり大きくなることも珍しくないのである。

これにたいして、完全競争モデルは情報や予想の完全性を仮定するだけでなく、需要と供給は相互に独立なものと考えるために、両者が再帰的に関連する可能性を排除してきた。合理的期待仮説は、すべての市場参加者は（客観的な）経済モデルを把握した上で、それと整合的に将来を予想すると考えるので、人々の予想と現実は（攪乱項を除いては）一致せざるをえない。それは、金融市場が自己調節的で、自ずと均衡値へ収束するとみなすに等しい。

ソロスは、彼が経験した実例として、1960年代のコングロマリット・ブームとREIT（不動産投資信託）バブルを挙げている。そこでは、割高な新株発行（エクイティ・レベレッジ）に基づく他企業の買収や不動産運用を通じて企業収益が成長するにつれ、それが事業収益の成長であると誤解されたため、株価が急上昇したが、やがて崩壊していった。なお、1980年代の途上国債務危機、日米英の不動産バブルはこれと異なり、過大な借入れによる資産膨張と崩壊の事例であり、サブプライム・バブルはこちらに分類される。

ソロスは、コングロマリット・ブームの事例をもとにバブルの膨張・崩壊過程の典型的モデルを構築しようとした。それは、支配的トレンドと支配的バイアスによって歴史的に形成された再帰的なポジティブ・フィードバック・ループが加速度的に作動することで、価格暴騰を伴うバブルを形成し、転換点でそのループが逆回転すると、価格暴落を伴うバブルの破裂が引き起こされるというものだ。ここで、支配的トレンドとは、ある時代において広く受け入れられ

た世界への働きかけの方法、すなわち、操作機能（*FM*）のことであり、支配的バイアスとは、ある時代において広く受け入れられた、しばしば誤解や誤認を含む認識の方法、すなわち、認知機能（*FC*）のことである。こうしたダイナミックな過程は、次の8つの時期区分によって描かれる。

(1) 初期：まだ支配的トレンドは認識されていない。
(2) 加速期：支配的トレンドが広く認識され、支配的バイアスにより強化される。株価は均衡水準から乖離する。
(3) 試練期：株価は一時的に下落する。
(4) 確立期：試練期を乗り越えたことで、支配的バイアスと支配的トレンドが強化され、均衡から遠く離れた株価が確立する。
(5) 正念場期：現実が誇張された予想を支えきれなくなる。
(6) 黄昏期：参加者はゲームを続けているが、その危険性にすでに気づいている。
(7) 転換期：転換点で支配的トレンドは一気に下方転換し、支配的バイアスも逆転する。
(8) 暴落期：破局的な下方への加速が生じる。

価格の下落は上昇より速いので、その動きは非対称になる。バブルはゆっくりと形成され、徐々に加速度的に膨らんで、ある時点で一気に破裂するのである（fig.3-2）。

コングロマリット・ブームにおける支配的バイアスとは、「多くの投資家が一株あたり利益の急成長を、その原因に注意を払わずに、好むこと」であり、支配的トレンドとは、「企業が自社株を使って低い株価収益率の企業を買収することで、一株あたり利益の高成長率を達成することができるということ」である。この二つが再帰的なループを形成すると、低い株価収益率の企業を買収する企業の株は投資家にどんどん買われてその株価が上昇し、上昇した自社株を利用して、さらに企業買収が進むという好循環が生まれる。しかし、投資家

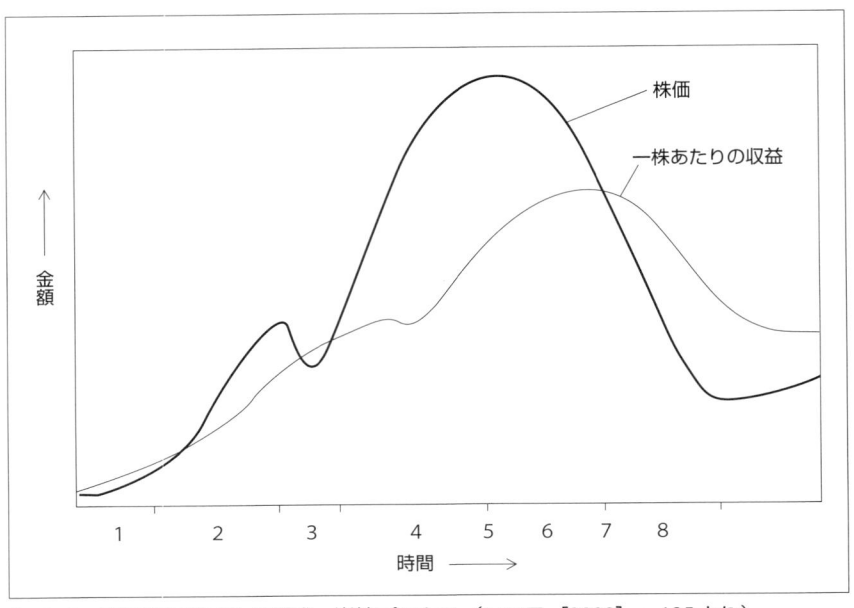

fig.3-2　再帰的なバブルの形成・崩壊プロセス（ソロス［2008］p.125より）

がやがてこのバイアスの危険を察知して、その企業の株を売り始めると、トレンドは崩壊して、ループは逆回転を始める。

　サブプライム住宅ローン・バブルの場合、支配的バイアスとは、「担保物件価値は銀行の貸出意欲によって影響を受けないと信じること」、すなわち、「住宅価格の銀行融資からの独立性という認識」であり、支配的トレンドとは、「貸出基準の積極的な緩和と融資比率の拡大すなわち信用膨張」であった。これはバブル、とくに不動産バブルに共通に見られる要素である。

　ちなみに、1980年代以降の超バブルにおける支配的バイアスとは、「レッセフェール（自由放任主義）すなわち市場原理主義」であり、支配的トレンドとは「全般的な信用膨張」であった。過去25年間に金融危機は何度も発生したが、そうした試練をうまく克服してきたために、支配的バイアスと支配的トレンドがかえって強化されてしまった。これらがともに崩壊した今回の金融危機は大きな歴史的転換点なのである。

さて、ここまでソロスの再帰性の理論を見てきたが、実は、これは進化経済学の複製子と相互作用子という概念、および、マクロ・メゾ・ミクロ・ループという枠組みを使って説明できる。まず、支配的バイアスとは、完全な合理性を持ちえない人間が世界の現実を認知するための認知枠であり、現実に関するゆがみ、誤解、希望をも含みうる。それは、個人や企業などミクロ主体が個別に持つ内部ルールである複製子に相当し、"if-then"ルールで表せる。他方、支配的トレンドとは、社会的に広く受け入れられている行動のための指針や手続きであり、やはり"if-then"ルールで表せる。ただし後者は、多くのミクロ主体が共通して持つ複製子、すなわち、外部ルールであり、ミクロの上のメゾレベルに存在する。ひとたびこのミクロレベルの内部ルールである複製子が多くのミクロ主体により複製され、その間で普及すると、メゾレベルの外部ルールと両立することになる。こうして、二つのレベルの複製子が相互強化的関係を形成すると、さらにもう一つ上のマクロレベルでバブルという経済現象を自己組織的に創発する。ここにおけるバブルは、日本の高度成長などと同じく、マクロレベルの秩序あるいは現象である。つまり、ミクロレベルの複製子（支配的バイアス）とメゾレベルの複製子（支配的トレンド）がミクロ・メゾ・ループを形成し、それがエンジンとなって順方向へ加速度的に作動することで、バブルというマクロ的な秩序を生成・維持・拡大する。そして、このマクロ的秩序の成長がさらにミクロ・メゾ・ループに燃料を注ぐことで、多層的なミクロ・メゾ・マクロ・ループが同時に一定方向に作動し続ける。しかし、何らかのきっかけで複製子である内部ルールないし外部ルールが壊れてしまうと、ミクロ・メゾ・ループが逆回転し始める。支配的トレンドと支配的バイアスが相互に否定し合い、弱め合うと、マクロレベルの秩序であるバブルは自己崩壊してしまうのである。

コングロマリット・ブームにおける支配的バイアス（「一株あたり利益の急成長をとにかく求める」）は投資家の内部ルールとしての複製子であり、支配的トレンド（「企業が自社株で低い株価収益率の企業を買収し、一株あたり利益の高成長率を達成する」）は自社株を利用する企業集団の外部ルールとして

の複製子である。また、サブプライム住宅ローン・バブルでは、支配的バイアスは投資家や住宅所有者の内部ルールとしての複製子であり、支配的トレンドは融資を行う銀行や住宅金融公庫など金融機関集団の外部ルールとしての複製子である。最後に、超バブルの場合、支配的バイアスは経済学者、政治家、官僚だけでなく国民全体の内部ルールとしての複製子であり、支配的トレンドは世界の金融機関集団の外部ルールとしての複製子である。

このように、支配的バイアスと支配的トレンドのレベルや内容は異なるとはいえ、そこで作用しているロジックはすべて同じである。支配的バイアスと支配的トレンド、換言すれば、人間のミクロレベルの認知機能とメゾレベルの操作機能が双方向的決定関係をひとたび形成すると、ポジティブ・フィードバック・ループが作用して、マクロレベルの秩序が立ち上がり、それが加速度的に成長する。そして、マクロ秩序の成長が支配的バイアスと支配的トレンドをともに強化することで、このマクロ的秩序はさらに拡大し続ける。このように、支配的バイアスと支配的トレンドがひとたび再帰的なミクロ・メゾ・ループを形成すると、それが駆動しながら、価格上昇や売買数量の増大を伴うブームをマクロレベルで形成し、マクロレベルのパフォーマンスがミクロ・メゾ・ループへとフィードバックされる。こうして、ミクロ・メゾ・マクロ・ループの各レベルが互いに他のレベルを支え合いながら、全体が維持され、成長していく。

以上のことをもう少し一般的に考えてみよう。異なる"if-then ルール"の集合である複製子を持つ異なるレベルの相互作用子たちがカップリングして相手の複製子の作用を強化するように働くと、ポジティブ・フィードバック・ループが形成され、その作用の累積的効果が自己組織的秩序を形成し増殖させる。それは一定期間成長を続けるが、やがて小さなゆらぎをきっかけにして自己崩壊してしまう。これは、異なる主体が互いに強化し合うことで新たな秩序を創発する「共生」あるいは「共進化」のメカニズムである。不動産バブルやITバブルのように、ある国（アメリカ）でバブルが発生すると、他の国（日本）でも同種のバブルが発生するとともに、崩壊する時もほぼ同時であるということが多い。つまり、バブルは、インフルエンザやファッションと同じよう

な伝染性を持っている。ひとたびある国でポジティブ・フィードバック・ループを伴うミクロ・メゾ・マクロ・ループが生じると、まったく同じ"if-thenルール"の集合である複製子が、類似の社会・経済環境を持つ他国へ伝播され普及することで、まったく同じミクロ・メゾ・マクロ・ループを生成する。

　実は、このような再帰性の論理により形成される自己組織的秩序として考えられるのは、ここまで見てきたブームやバブルだけではない。後の6章2節で見るように、貨幣それ自体がミクロ・メゾ・マクロ・ループにより生成し進化する制度なのである。実際、バブルの形成・崩壊の原理は貨幣の存在を前提にしているとはいえ、形式的に見れば、それは貨幣の生成・崩壊の論理と同じである。換言すると、貨幣は金銀や米といったモノではなくコトであるが、貨幣とバブルは実は同じコトなのかもしれない。ところが、貨幣の存在を前提にして市場や信用という制度やブームやバブルという現象が存在しうるのであれば、貨幣なき市場や信用、貨幣なきブームやバブルは考えられない。実際、現行の貨幣、市場、信用という制度こそブームやバブルといった現象を引き起こしていると言える。では逆に、ブームやバブルなき貨幣、市場、信用というものは可能なのかどうか。こうした問題は未解決であるが、貨幣の制度設計という枠組みの中で取り組むべき課題である。

　なお、3章1節で見たサーキットブレーカーは株式市場における急激な価格変動を防止するための取引規制であり、追加的な取引ルールである。これは、今見た再帰的なポジティブ・フィードバック・ループの作動を実時間的にいったん停止することで、暴騰や暴落など一方向への急減な価格変動を抑制する効果を持つことがわかっている。それ自体はバブルの生成・破裂を除去しうる手法ではないものの、貨幣や市場におけるセーフティネット制度を考える上で有益なヒントを与えてくれる。

コラム④　歴史学派

　進化経済学の歴史をどこまで遡るか、ということに関しては議論が多いだろうが、おそらく、もっともはっきりと生物学の概念を経済学の方法として採用しようとしたのは、ドイツ歴史学派だろう。ウィルヘルム・ロッシャー（Wilhelm Georg Friedrich Roscher, 1817-1894）は、経済学を自然科学と並ぶ「科学」として発達させるためには、生物学のアナロジーが必要であると考えた。

　だが、ここで気をつけなればならないのは、初期の歴史学派の人々が想定していた生物学とはダーウィン以前の生物学であったということだ。彼らは単なる博物学を抜け出し、生物を単純なものから複雑なものへと順序づけて分類し、ついに生物構造の中には歴史的時間の経過と平行した秩序を見つけ出しつつあった。それを横で見ていた経済学者たちは、それを社会の歴史的発展と同じであると考えたのである。歴史学派の人々は事例の収集を積極的に推し進め、それを統計学のような当時新しかった方法を用いて整理し、その中から社会発展の法則を見つけ出そうとした。

　だが、初期の歴史学派の人々は結局たいした成果は挙げられず、のちに歴史学派経済学の中に本格的にダーウィニズムを導入しようとしたグスタフ・シュモラーらの「新」歴史学派によって内部から批判されていく。しかし、それでも社会を有機体として捉えようとする考え方は、様々にかたちを変えながら生き残っていくことになる。

　歴史学派自体は近代経済学の誕生の中で目立った功績を残せないままに消えていくことになるが、それを苗床としてドイツではマックス・ウェーバー（Max Weber 1864-1920）が社会学を、アメリカではソースティン・ヴェブレン（Thorstein Bunde Veblen 1857-1929）が進化論的経済学を創始することになる。また、19世紀に多くの経済学者を巻き込んだ経済学方法論争では、歴史学派を批判する側にまわったカール・メンガー（Carl Menger 1840-1921）に、有機的社会現象論へのヒントを残し、これはのちのハイエクの自生的秩序論の起源の一つにもなる。この意味で、歴史学派は経済学自体の進化の重要な歴史の分岐点を構成したと言える。

第4章 基礎概念

4.1 不可逆的時間と人間の合理性

　第1章で述べたように、進化経済学に登場する人間はその能力が限られている。情報を集めるにも、集めた情報をもとに自分の採るべき行動について考えるにも、生存していかねばならない環境の巨大さ・複雑さと比べれば、人間の能力の小ささは際だっている。そして、環境に直接働きかけることのできる手段および範囲も通常はきわめて限定されている。この主体能力の有限性が想定されたシステムにとって持つ意味を決定的なものにするのが、不可逆的時間である。

　たとえ情報収集能力が限られていたとしても、時間がいくらでもとれるのであればやがては関連する情報を集めることができるだろう。また、たとえ推論能力が限られていたとしても、時間がいくらでもとれて、しかも、やり直しがきくのであれば、やがては「正解」を見つけることができるだろう。ところが不可逆的時間、すなわち、わたしたちの日常に意識されているような時間の想定は、そうした逃げ道をことごとく塞いでしまう。

　その上、経済システムは多数の人間の協働の上に成り立っているため、時間が不可逆であるということは、個々の意思決定や行動のタイミングをさらに厳しく制約することになる。

　本節では、このような環境にあって人間が「合理的である」とはどういうことか考えてみる。

これまで経済学が考えてきた「合理性」はどのような意味で非合理的か

　従来、経済学の中で「人間の合理性」は、「制約条件下の目的関数最大化」というかたちで了解されてきた。目的関数というのは、財の消費量や余暇の時間などを入力として満足の大きさ（これを経済学では「効用」という）や利潤を出力とする関数のことだ。だから目的関数最大化というのは、効用や利潤を一番大きくなるようにするということである。制約条件というのは、目的関数の入力変数を操作できる範囲を制約する条件、たとえば財の消費量が入力変数ならばその量を制約する購入予算、といったものである。しかし、これは「人間の合理性」の理解の仕方としては不適切である。その理由を次の例で考えてみよう。

　「1万円を何に使っても良いから満足度が最大になるような買い物をしなさい。しかし満足度が最大化されていない場合には1万円は返してもらいます。」

　こういわれたらあなたはどうするだろうか。進化経済学的にオススメの対応は、たまたま気になっているものがあったら、とりあえずそれを買っておき、あとは適当に1万円ぴったりになるようにして、「これでわたしは満足を最大化しました」と報告しておくことだ。それで本当に満足度は最大化されたのかと問い詰められても、そうだと言い張ればよい。相手はあなたの心の中を推測はできても検証することはできないし、たとえ後になって今回の買い物基準と矛盾する行動をしているところを見つけられたとしても、時間が変われば基準も移ろって当然なのだから大丈夫だ。読者はこの対応を場当たり的で不誠実と思うだろうか。しかし実はこの設問自体が遂行上の重大な問題を抱えているのだ。

　第1に、最大化を考える際の購入商品の範囲をどう考えればよいかという問

題がある。もし世界の購入可能なすべての商品群とするならば、それは視野の限界がある人間には無理だ。その町の商店だけを考えればよいのであろうか。それとももっと広い範囲から探さないといけないのだろうか。しかし、経済学の基本モデルにおいては、モデルが描く範囲のすべての財が対象となっているだけでなく、次の時点以降にも残る財ならば将来の各時点におけるそれらの財もまた考慮対象となっている。では、あまり範囲が広くなると探すだけでも大変だから、ある程度の範囲以上の探索については、より望ましい選択肢を発見してそこから得られる満足度の増分よりも、さらなる探索のコストから来る疲労のマイナスの方が大きいといえば済むだろうか。けれども、それは完全に探索した場合にどのような選択肢があるのかがわかっていて初めて比較可能な計算であることを忘れている。

第2に、選択対象となる商品群の範囲が決まったとしても、その対象商品の数が多ければ、この満足度最大化問題を現実的な時間内には解くことができないという、最大化計算の実行可能性の問題がある。各商品は1個買うか買わないかのいずれかしか選ぶことができなくて、満足度はそれぞれの商品1個を買った場合の満足度を単純に合計したものだったとしても[1]、検討すべき買い物の組み合わせは、商品数をnとすると2^n個となってしまう[2]。そのうちの1万円の予算制約をクリアするものについて、満足度が一番大きくなるものを探すことになるが、nに標準的なコンビニの商品数3,000を入れてみればそれが寿命を以てしても足りないほど大変な計算であることが容易に想像できるだろう[3]。つまり、たとえコンビニ一店舗の探索でよかったとしても、最大化の実行が土台無理なのだ。

ここまで考えてみれば、オススメの対応の「合理性」にも少しは共感してもらえるだろうか。つまり、経済学が典型的に考えてきた「合理的行動」は本当に合理的なのか、という問題がここにあるのだ。

それでもまだ、「個々の主体の個々の行動をみれば、たしかに満足度最大化は難しい。しかし、合理的な個人は経験から学習をし、次第に最適化行動に近

い行動をとるようになるはずだ。したがって、そうした学習の収束先に焦点を絞ってモデル化したものが経済学の考える合理的行動であり、これこそ様々にありうる非合理的行動を捉える確固たる基準なのである」といえば、経済学の「合理的行動」は擁護できるだろうか。しかし、そこに立ちはだかるのが「不可逆時間の壁」だ。

　みなさんは、ティッシュペーパーを丸めて部屋の隅のゴミ箱に投げて入れようとした経験はあるだろうか。ちゃんと入ったら気持ちが良いが、なかなか上手く入らない。でも、何度も繰り返すうちに、力のいれ加減を体が覚えてきてほぼ確実に入るようになる。つまり、ティッシュペーパー投げの動作に関して「最適化」できたように見える。しかし、これは一定の位置のゴミ箱にティッシュペーパーを投げるという、一定の環境での同じ試行を心ゆくまで繰り返すことができるという前提があって初めていえることである。繰り返すことができなければ、この推論は成り立たない。しかも、学習の成果を挙げているのは、最適化計算とは異なるメカニズム、つまり、実際の外れ方を見ながらの定型的な微調整というフィードバックのメカニズムである。現実的な時間との前提の違いと、改善のメカニズムの違い、この二つを無視するという、かなり無理なことをしなければ従来の経済学の「合理性」は支持できないのである[4]。

進化経済学が考える人間の「合理性」

　では、経済学が従来基準としてきた最適化行動を離れるとき、人間の合理性はどのように捉えることができるだろうか。

　進化経済学は、時間が不可逆であるということ、そして、人間の情報処理能力に比べてはるかに経済システムが複雑・巨大であることを正面から認める。周りのことが十分に見通せないまま、また最適対応を計算できないまま、人々は行動を、それも取り消すことのできない行動をせざるをえない。こうして人々を取り巻く環境が形成されていく。このような見渡すことができず、かつ、変転していく環境の中で、人間はどのように「合理的」であり得るだろうか。

　時間は不可逆であり、行動は取り消すことはできない、といっても、すべて

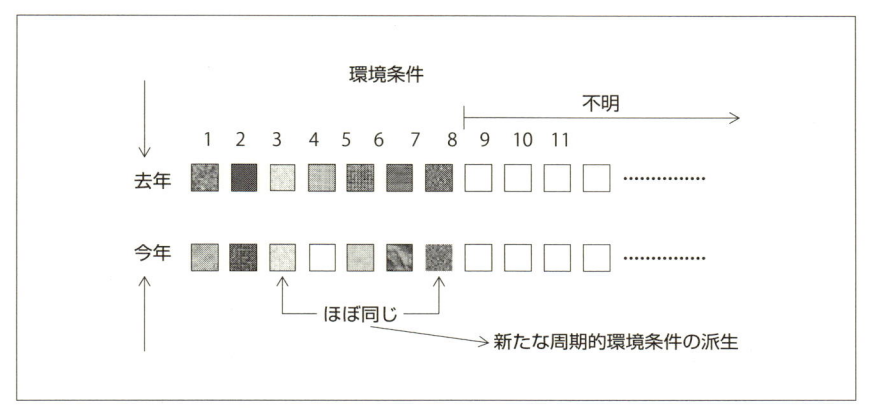

fig.4-1 周期的環境条件の派生と蓄積

の意思決定が、まるっきり1回限りであって、その都度、すっかり異なる環境の中で行われるというわけではないことに注意しよう。環境全体を見渡すことはできないが、見渡した範囲の中には、見慣れた条件があるはずだ。これは第1章でも触れたことだが、地球の自転に伴う1日の周期、地球の公転に伴う季節の移り変わり、それに伴う植物の成長周期……といった自然環境の繰り返しがある。他の環境条件がどうなるかはわからないために、環境に対する完全な調整は望むべくもないが、少なくともこの繰り返しが予想される環境条件にたいして、はっきりと不都合になる行動を止めておくことはできるはずだ。それによって人々の行動選択の幅が絞られてくると、人々の行動自体に周期性が見られるようになる。そうなると、人々の周期的行動自体を前提とし、それによって不都合にならないような行動が絞られてくる。このようにして周期的に行われる定型的な行動が、経済システムの中で派生・蓄積していくのである。

こうした定型的行動の数々は、歴史的・経験的に、既存の周期的環境条件を前提にしたときに主体に明らかな不都合を強いることがない、という意味で「合理的」である。しかしながら、それらはその時々の環境にたいする最適反応とはほど遠いだろう。とはいえ、他の主体との協働を前提とした不可逆時間下の経済システムにあって、限られた視野と推論能力しかもたない人間が、限

コラム⑤　マーシャルと経済生物学

　経済生物学とはマーシャルが述べた言葉であるが、経済生物学という分野があるわけではない。「経済学者のメッカは経済力学ではなく、経済生物学にある」という彼の言葉は非常に有名である。しかし、その言葉の知名度とは反対に、経済生物学の具体的内容については十分に知られていない。なぜなら、それについてマーシャルが具体的な議論を展開したわけではなく、研究者の間でも共通認識が確立していないからである。一部の研究者によれば、経済生物学は果たされないままに終わった約束事であり、実体はないと解釈されているが、ここでは積極的な意義を提示しておこう。

　周知のように、マーシャルの生きた19世紀は、ダーウィンの『種の起源』をはじめ、生物学は大きな発展を遂げていた。マーシャル自身は、ダーウィンら生物学者の影響はもちろんのこと、それ以上に社会哲学者スペンサーから強い影響を受けていることを認めている。生物学の発展によって経済学が受けた影響について、マーシャルは次のように考えている。まず、社会的な組織、とくに産業組織と高等動物の肉体的組織の間に多くのアナロジーがあることを発見することができた。社会的な有機体であろうと自然界の有機体であろうと、その発展に伴い、機能の細分化と同時に、個々の関係の緊密化が増加していくという法則が認められるという。そのため、彼の主著『経済学原理』の中には、生物学的なアナロジーが豊富に含まれているのである。しかし、生物学からの影響はそれだけではない。経済学が次第に人間本性の柔軟さや、人間の性格が富の生産、分配、消費の方法に影響し影響されるということに注目するようになったのもその一つだという。これが意味するところは、人間の進歩の可能性である。人間の進歩による貧困な労働者階級の環境改善は、社会主義者たちによって提唱されていたことである。マーシャルは、社会主義者の主張する急進的な方法には反対していたが、その理念には共感していた。一方、リカード以前の経済学者たちは、労働者をあまりにも単純な商品とみなしてしまい、貧困の原因が貧困にあることを見逃してしまっていた。マーシャルによれば、

> 生物学の発展は、そのような見方を変更させたのだという。
> 　このように、人間の進歩と経済活動が互いに影響を与えあうという彼のパースペクティブは、有機的成長論へとつながっていく。有機的成長論とは、マーシャルの時間区分でいうところの超長期の成長論であり、現実社会を捉えるための理論である。現代では部分均衡論として有名なマーシャルの均衡分析は、一時的、短期、長期という時間区分において、他の条件が等しければという制約条件を設けた上での分析であり、現実社会の問題を分析するための基礎でしかない。したがって、有機的成長論においては、物理学的な均衡論ではなく、生物学的な方法が有用になる。これが、マーシャルのいう経済生物学なのだ。

られたタイミングで、取り消しのできない行動を刻んでいくにあたって、ひどい不都合が予想されない行動パターンに従うことは、きわめて実際的な合理性をもっている。

　進化経済学が主体モデルの基礎を、「複数の複製子（行動ルール）を活用して動作する相互作用子」におくのは、このような理由によるのである。

4.2　進化─複製子と相互作用子─

4.2.1.　なぜ「進化」か？──進化と変化、質と量、均一性と多様性

　近年、「グローバル化した現代経済は急速に変化しつつある」とよく言われる。しかし、ここでは、「変化しつつある」というより「進化しつつある」と表現する方が適切ではないだろうか。なぜなら、グローバル化した現代経済は、経済成長や景気循環等を表すマクロ変数の量的変化だけではなく、市場、貨幣、会計、企業のような制度や構造の質的転換を伴っているからだ。われわれが「進化」という概念を導入して、経済を進化する複雑系として理解しようと試みるのは、この場合のように「変化」という概念だけでは現実の経済で起こっている物事を十分に理解することはできないと考えるからである。また、あと

で見るように、進化的な視点がなければ、システム的観点から望ましい政策や制度を提言することはできないからである。

　生物の世界では、進化の過程で種の多様性が拡大しながら生態系が維持・再生産されてきた。だが、人間の現代文明が生物多様性を消失させつつある。生物多様性が同じ役割を果たす種が複数いるという機能的冗長性を生み出し、これによって、仮にいくつかの種が消滅したとしても生態系の恒常性が維持されている。生物多様性の維持が求められているのは、固有な生物種を保護するためだけでなく、地球環境の持続可能性を保全するためなのである（サイモン・レヴィン『持続不可能性』文一総合出版, [2003]）。

　経済についても「進化」という視点に立つとき、従来の議論とは違った見方が可能になる。たとえば、経済では技術やOSに関する地球規模の標準化が進んでいるものの、それと同時に貨幣制度や金融商品で多様化が進んでいる。均一化と多様化が同時に起こっているこうした現実は進化的視点なしで説明することはできない。

　また、「グローバル・スタンダード」を巡る議論では、全世界で均一の会計基準を導入することが公正な競争にとって必要であり、そうした競争の導入こそが経済を効率的にし、ひいては経済発展をもたらすと主張されている。しかし、標準となる国際会計基準がアメリカ型会計基準（たとえば、時価基準、税効果会計、連結決算）であるとすれば、アメリカ以外の諸国には不利であり、「イコール・フッティング」（対等な立場）が形成されるとは言えない。そもそも、全世界が同一基準を持つことが果たして望ましいことなのか。効率性ではそうだとしても、別の視点ではそうではないかもしれない。たとえば、昨今のサブプライム問題に端を発するアメリカ発金融危機を見てみよう。金融機関は不動産債権を証券化して販売することで、リスクヘッジを図ろうした。しかし、その手法が均一であるがゆえに予期せざる不動産価格の大暴落が金融市場を崩壊させかねないシステミック・リスクを生み出し、それが市場経済の不安定性を高め、実体経済の効率性や成長を阻害することになった。均一性がシステムを脆弱にしているとすれば、「グローバル・スタンダード」が普及すればする

ほど市場が効率的になるという議論はもはや成り立たなくなる。そうした予期せざる外的ショックからシステムを守り、システムの維持・再生産や恒常性に役立っているのは、生物多様性の機能的冗長性に類似した、一見すると無駄な制度的多様性や主体の選好・動機の異質性である。

そういう視点に立って、経済の恒常性を維持するためにはいかなる制度設計が望ましいのかといった問いに答えるためには、主流派経済学とは違った市場像や経済観が要求される。今後、環境保全だけでなく経済の持続可能性にとっても多様性のような進化的視点が重要になってくるであろう。

経済学に「進化」という考え方を導入することにより、今までの経済学では理解できなかった現象や問題を考えられると述べた。そのためには、どのような進化概念が必要なのだろうか。

"evolution"ないし「進化」という言葉は日常的に使用されているものの、進歩や発展と同じような意味で使われていることが多い。だが、進化は単なる可逆的な変化や変動とも、不可逆的な成長・進歩ないしは展開・発展とも異なる概念である。まず、この点を明確にする必要がある。

「進化」には単なる「変化」以上の意味がある。「成長」や「進歩」はGDPの成長や技術進歩など、何らかの量が人間にとって望ましい方向へ変化すること、通常その増大を意味する。「発展」は量的な増大だけでなく、質的な向上をも含んだ表現である。「展開」は、予め目的論的に決められた未来や最終状態があって、時間の経過とともにそれが現在の中で次第に明らかになると解釈できる。「進化」はこれらのいずれとも異なる。

進化は、発展における単一経路や展開における目的論を前提としない。生物が胚から成体へ発達する過程である「個体発生」は発展、成長、展開に近いが、進化が意味するのはそれだけではない。より重要なのは「系統発生」の方である。系統発生とは、遺伝子頻度が一定の分布を示す個体の集団（個体群）が環境へ適応する過程で異なった表現型上の形質（形態や機能など）を示しながら種分化し、生物が多様化していく過程である。個体発生では個体が完成した成体を目指して発展、成長するが、系統発生には完成も目的もない。それは、多

線的、不可逆的、経路依存的な変化過程を意味する。生物が示す個体発生や系統発生は、遺伝子型（遺伝情報）と表現型（遺伝情報の発現結果としての形質・特性）を区別しなければ理解できないのである。進化を考えるには、より一般的に言えば、複製子と相互作用子の区別が不可欠である。

4.2.2　生物進化

　進化経済学は経済社会進化を理論化することを目的としている。生物進化と経済社会進化には進化として共通の概念、論理、メカニズムが含まれるので、生物進化の概念を借用したり転用したりすることはできる。しかし、生物進化と経済社会進化の間には無視しえない相違も存在する。その点に十分留意し、進化経済学が対象とする経済社会における「進化」の概念やメカニズムを同定しなければならない。

　まず、生物進化について見よう。生物学で進化という概念がいかに確立されてきたかは重要であるが、ここでは現代生物学の進化概念を知るにとどめておく。

　現代進化論で支配的な地位にあるのは新総合説ないしネオダーウィニズムである。そうした立場の進化論者として第一人者であるドーキンス（1976）によれば、進化は①遺伝（heredity）、②変異（variation）、③淘汰（selection）という三つのプロセスが同時に進行する複合現象として理解できる。生物進化における遺伝とは親から子へと生殖を介して形質が伝達されることを指している。遺伝子による形質決定のメカニズムは、遺伝子にコード化された遺伝情報（DNA 上の 4 種類の塩基の配列）がアミノ酸配列を決定し、それにより各種タンパク質が合成されるというものである。そうした遺伝情報が生殖細胞を経て世代間で伝達されるのである。

　これにたいして、キリンが高い木の葉を食べようと背伸びをし続けると首が少し長くなり、それが世代毎に伝達される結果、キリンの首は長くなるというのがラマルクの獲得形質の遺伝の考え方であった。だが、現代では、個体が生存している間に後天的に得る獲得形質は遺伝しないと考えられている。

変異とは、本来同じ種や個体群における表現型形質上の差を意味する。それは、二つの遺伝子の一部を入れ換える「交叉」や化学物質、放射線照射などによる複製エラーによって遺伝子情報が永久的に変化してしまう「突然変異」の結果として生じる。突然変異はランダムで無方向に生じ、結果的に環境適応的な遺伝子を持った個体がそれ以外の個体に比べて生存率が高いため繁殖して、その遺伝子を持つ個体群が増加する。これが、突然変異、複製遺伝、自然淘汰によるネオダーウィニズムによる進化の説明である。

しかし、こうしたネオダーウィニズムでは十分説明できない進化現象があるとして、それを批判する論者も少なくない。

木村資生は、形質上有利な突然変異個体が生き残るとする自然淘汰論を批判した。彼は、表現型上の差異をもたらさない、有利でも不利でもない「中立的」な遺伝子突然変異が偶然に広まり、集団に固定化されるとする「中立進化説」を主張した。

ネオダーウィニズムでは、変異は偶然的かつ微少なものであり、選択は漸進的であるということが前提されている。これに対して、グールド（1989）は、進化の歴史では比較的短い特定の時期に形態上の大規模な変化が起き、種の多様性が急激に増大する時期（大進化）が、長期にわたる漸進的な小進化の間に間欠的に起きるという「断続平衡説」を提唱した。バージェス頁岩動物群の化石記録から、カンブリア紀には多細胞生物が門（動物の種や属より上位の分類）において急速に多様化した爆発的進化（大進化）があった。また、グールド（1996）によれば、進化においてはいかなる事象も偶然的で予測不可能であり、ホモサピエンスが出現したのも特殊で偶然的な出来事である。人類は生命進化の頂点にあるとする進歩主義的な進化観は誤謬であり、変異の拡大すなわち多様性の増大こそ進化で見られるトレンドなのである。

とくに注目すべきはカウフマン（1995, 2000）による異論である。彼は、ランダムな突然変異と自然淘汰だけでは、生物界を構成する細胞、組織、生態系といった詳細な構造を作り上げるには不十分であり、自己組織化（自発的秩序）が秩序の基本的な発生源であると主張する。秩序は自生的に生じ、自然淘

汰がそれを念入りに作り上げるというように、生命とその進化は常に自生的秩序と自然淘汰が互いに受け入れ合うことによって成り立ってきた。進化は、「翼の生えた偶然」ではなく、自己組織化と自然淘汰の両方を含む。生命の新しい普遍法則は創発理論であり、生命はカオスと秩序の間にある「カオスの縁」、すなわち、相転移点に存在する。分子の種類の数がある閾値を超えると、集団的に自己触媒作用を営む反応ネットワークが相転移により創発する。そこでは、自己維持的、自己複製的な物質代謝が生じている。

　カウフマンは生命の発生を自然に生じる自己組織化の論理で捉えており、生命の起源を DNA や RNA の自己複製能力に見ようとする還元主義的な進化観を批判している。ハイパーサイクルや散逸構造などの自生的な秩序生成や創発は、生物現象に限らず物理化学現象に見られる自己組織化現象であるが、自己触媒能力を持つ生命の発生や多細胞生物の誕生や多様化はランダムな突然変異と自然淘汰だけでは説明できず、自己組織化現象として理解できる。このように、自己組織化は進化の一部を構成するものであると考えられる。これは先のネオダーウィニズムによる進化の定義から抜け落ちているので、先の三つに④自己組織化による秩序生成・創発（self-organization and order generation/emergence）を付け加えなければならない。

4.2.3　経済社会進化

　次に、生物進化と文化進化ないし経済社会進化の違いを考えたい。

　文化進化ないし経済社会進化は生物進化を基盤としており、そこに遺伝子による複製や世代間の遺伝というプロセスが存在している。だが、文化・経済社会進化では、言語的ないし非言語的なコミュニケーションが重要な意味を持ち、文化情報の世代間（垂直的）の伝承・伝統あるいは個体間（水平的）の学習・模倣が決定的な役割を果たしている。この違いをどう理解するかが鍵である。ボイド＝リチャーソン（1985）の「二重伝承理論（dual inheritance theory）」は、生物進化と文化進化が相互依存的な二重性を持つことを文化的な群選択理論として論じた。しかし、ここでは、文化および経済社会の進化は、生物進化

とはタイムスパンとメカニズムが異なる過程であると考える。文化・経済社会進化は、生物進化と無関係ではないが、独立したものとして取り扱うべきものである。

文化・経済社会進化には、生物進化における遺伝子に相当する実体として「文化子（meme）」が存在する。ドーキンス（Dawkins, 1975）は、「模倣」を意味するギリシャ語の語根 *mimeme* から、「文化の伝達や複製の基本単位」を「ミーム（meme）＝模倣子」と呼んだ。それは、人間による模倣を通じて文化情報（流行、流言、ファッションなど）を伝搬する単位である。これと同様に、経済社会にはその特性を規定する固有の「経済社会子（nome[5]）」が存在し、言語や行為を媒介にして伝承・伝統あるいは学習・模倣により複製・伝達されると考えられる。

生物進化で変異として考えられているのはランダムな突然変異であるが、現代では、遺伝子組替え技術を使って遺伝子を直接操作することが可能であり、人間が望ましいと考える形質を発現させるような人為的変異が創り出されている。経済社会進化では、このような人為的変異に相当する広告宣伝、技術革新、制度設計、構造転換、体制転換が重要な役割を果たしている。また、社会経済進化では、外的環境による淘汰よりも、個人間、集団間の競争ないし協力が重要である。また、新たな制度や秩序の創発には自己組織化のプロセスが欠かせない。

もう一度以上を整理するならば、社会経済進化とは、①文化子（経済社会子）による複製・伝達、②突然変異と人為変異（革新、デザイン）、③競争と協力を通じた淘汰、④自己組織化による秩序生成・創発という四つのプロセスの複合現象である。

4.2.4 複製子と相互作用子

では、経済社会進化における基本概念とは何だろうか。われわれは、「複製子（replicator）」と「相互作用子（interactor）」がそれであると考える。

複製子とは、生物進化における遺伝子をその典型と考え、文化進化、経済社

会進化にも適用できるよう、一般化した概念である。遺伝子は生物の遺伝形質の決定因子、遺伝情報の単位である。その実体は DNA であり、遺伝情報は塩基配列にコード化されている。経済社会の複製子が「経済社会子」である。それは経済社会情報の伝達単位であり、教育・伝承や学習・模倣を通じて世代間ないしは個体間に伝達される。

　一方、相互作用子とは、一定の機能や内部構造を持つ実体であり、外部環境や他の個体との間で相互作用を行う。生物の場合、個体、コミュニティ、個体群、経済社会の場合、個人、コミュニティ、企業、国家などがそれである。いずれも、内部に保有する複製子によってその基本的な形態や機能が規定されている。

　相互作用子は外部環境ないし他の個体との間で相互作用を通じて淘汰される。ただし、経済社会で個人や集団などの相互作用子が外部環境ないし他の個体との間で相互作用を通じて淘汰されるとしても、それは失業や破産など経済的な意味においてでしかないのであり、必ずしも生物的死や物理的消滅を意味するわけではない。ここでは、生物進化と経済社会進化のレベルを区別することが必要である。

　ドーキンスは生物個体を遺伝子の「乗り物」(vehicle) と呼んだ。これはここでの相互作用子に相当するが、選択単位（淘汰される実体）は乗り物ではなく複製子であるとされている。しかし、われわれは、複製子だけでなく相互作用子も選択圧を受けると考える。

　さて、経済社会における複製子とは一体何なのか。それは「ルール」である。ルールとは認知・行動のレシピであり、「if-then 命題」として表現できる。たとえば、「状況が A であるならば、B を行え（B を行うな）」「もし X = A ならば、Y = B である」というように。このようなルールの集合から成る整合的な体系は「プログラム」ないし「アルゴリズム」とも呼ばれるが、ここではこれらをも含めて「ルール」という語を使っている。

　ルールには、一方で、人間主体の認知・行動上の本能や反射から、それを基盤として形成される定型（ルーティン）や習慣にいたるまで、認知・行動の規

則的パターンを表現するものがある。他方で、人の認知・行動を社会的に規制し、それに従わなければその社会への帰属を難しくする反面、その社会の中での自由の範囲を定義する慣習、規範、法がある。それは戒律、法律、条約のように成文化されている場合が多いが、このことは必要条件ではない。ここでは前者を「認知・行動ルール」ないし「内部ルール」、後者を「社会ルール」ないし「外部ルール」と呼んで区別しよう。

　内部ルールと外部ルールの区別は、以下のようにゲームの比喩を使って説明できる。たとえば、将棋のルールとは、盤のマス目の数、駒の種類・数、各駒の動き方や成り方、初期の駒の配置、「相手玉を取れば勝ち」というゲームの目的から、交代手番で「待ったなし」、「取った駒も盤上の任意の場所に打てる」、「二歩は禁止」（一列に二つ以上の歩を打つことはできない、ただし、成歩は除く）など特有なルールまで様々だが、これらはすべて将棋というゲームを定義し、それに従わなければ将棋というゲームに参加できない最低限度の「ゲームのルール」を規定している。これが将棋における外部ルールである。それにたいして、過去のゲームのデータから、それに従えばゲームで勝つ確率が高くなることが経験的に知られている有力な手順が「定跡」である。定跡は勝率が高い手順が次第に固定化され慣習化されたものであるが、採用するかどうかはプレイヤーに委ねられているので、これは内部ルールであると言える。

　この「内部ルール」と「外部ルール」という分類は、ルールによって主体の行動が主体が属する社会の中でどれだけ強く制約されるかという観点からなされたものである。一般に、外部ルールは社会における主体の行動における自由の範囲を決める。主体の内部ルールは外部ルールが規定した自由の範囲を逸脱しなければ、これらのルールは両立する。しかし、内部ルールがその範囲を逸脱すると、社会的な懲罰を受けるか、社会から排除される。

　他方で、ルール間の関係に注目するならば、内部ルールであれ、外部ルールであれ、あるルールに対してそれをより上位のレベルから制約するルールがあることに気づく。そこでルール間にこのような関係があるとき、上位レベルのルールを「メタルール」、メタルールに制約される下位レベルのルールを「オ

ブジェクトルール」と呼ぶことにする。たとえば、先の将棋のゲームのルール（外部ルール）で言えば、盤面の形式（マスの数や形）というルールは、駒の数や動きに関するルールの範囲を決めるという意味で、上位のルールである。したがって、盤面ルールがメタルールであり、駒ルールはオブジェクトルールである。盤面ルールはそのままで、駒ルールを変更することは可能であるように、メタルールが同じでオブジェクトルールだけ変えることはできる。しかし、逆に、オブジェクトルールは同じでも、メタルールが変われば、オブジェクトルールの意味は変わってしまう。今の例では、駒ルールが同じでも盤面ルールが変わると、駒ルールの意味が変わってしまうことになる。メタルールとオブジェクトルールというルールの階層関係は、個人と企業、企業と国家の場合のように、複製子と相互作用子の入れ子型関係が存在する場合に問題となる。

　さらに、ルールの内容自体に意味があるかないかが重要な場合がある。自動車の左側／右側通行、階段での左側／右側通行など、右か左かというルールの内容自体に意味はなく、行動の相互調整のために一つに決めることに意味があるような制度もあれば、「このルールを受容する確率が平均以上の者なら親切にせよ」といった恩恵的ルールのように、その内容とルール受容者の数に相関関係がある場合もある。ミームのような文化子の実在を想定することが説明上の意義を持つのは、ルールの内容とルール受容者の数に相関関係がある後者の場合である。つまり、自動車の右側／左側通行のようなルールの場合、状態を一つ指示することで主体の行動の相互調整を図ることに意義があるのであり、そのルールの内容自体は何ら実在的根拠を持たないのだから、ルールそのものの文化的利益というものは存在しない。したがって、文化子がなくとも、その成立を説明できる。しかし、「人のものを盗むな」のようなルールでは、盗みが帰結する事態とそうでない事態には明らかに差異があるので、このルールは有意味な言明であり、このルールを体現する複製子にとっての文化的価値は存在する。社会ルールの場合、この後者のようなルールの意味を特に重視しなければならない。

　例えば、第６章で見るように、貨幣の生成においてどの商品が最も高い直接

的交換可能性を獲得して貨幣になるかという問題では、商品の使用価値上の差異による初期時点における直接的交換可能性の差はゆらぎにすぎず、何が貨幣になるかは偶然的でしかないと考えるとすれば、貨幣名目説になる。他方、貨幣になるべき商品が金のように一定の使用価値を持つべきモノであると考えるとき、貨幣実在説になる。後者の場合、ルールを「社会経済子」のように実体的に捉える意味があるのである。

次に、相互作用子に目を移そう。相互作用子とは、複製子のルールを実時間の中で実行することで因果的連鎖を生み出す実体である。生物進化の相互作用子は、遺伝子コードに書かれたルールを実行することで、個体発生や物質・エネルギー代謝活動を行う。経済社会進化における相互作用子は、個人、集団ないし組織である。そうした相互作用子は内部構造を持ち、ルールを実行する。相互作用子は、自己の複製子に書かれた内部ルールや外部ルールに基づいて認知・行動を行い、物質代謝による自己の再生産や他の主体との競争、協力を実行する。相互作用子が実行する相互作用は、自己内相互作用と対環境相互作用に分けられる。その際、両作用を媒介するのが、言語、貨幣、数のようなプラットフォーム制度ないしメディアである。

第1章では、進化経済学の基本的な主体像は複製子を持った相互作用子であると述べたが、それはあくまで単純化された描像である。この章では、複製子や相互作用子の階層性を含んだ、より一般的なケースを考察してみよう。fig.4-2は、下位（オブジェクトレベル）の相互作用子（たとえば、個人）が上位（メタレベル）の任意の相互作用子（たとえば、コミュニティ）に排他的に帰属する入れ子型階層関係を表している（単一帰属）。下位の相互作用子ij（個人）の上位の相互作用子j（組織）への帰属関係を決定するのは、上位の相互作用子の複製子jであり、個人にとっての外部ルールである組織のルールである。下位の相互作用子ijが複製子jを受容できて、自己の複製子ijの中にうまく書き込むことができれば、下位の相互作用子ijは上位の相互作用子jに帰属し、そのメンバーとなる。だが、これがうまくいかなければ、帰属関係は成立しない。一般的には、下位の相互作用子が複数のメタレベルのそれらに

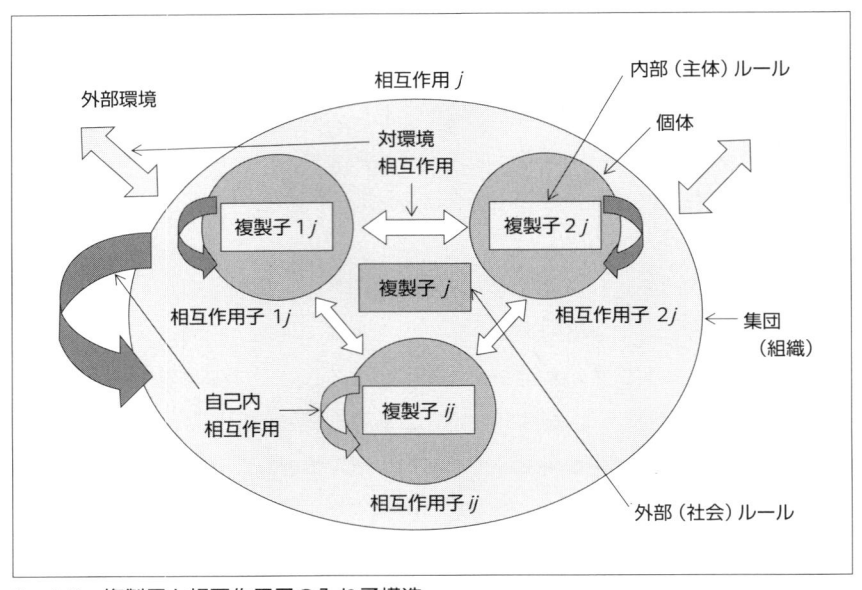

fig.4-2 複製子と相互作用子の入れ子構造

帰属することも可能である（多重帰属）。しかも、こうした帰属関係は不変ではなく、時間を通じて変化するのである。

　相互作用子の自己内相互作用とは、個体発生（自己組織的生成）や代謝（自己維持活動）のみならず、経験や内省を通じた学習による内部ルール（個体の複製子）の変更をも含む。他方、対環境相互作用とは、異なるレベルの様々な主体や自然のような外部環境との相互作用を意味し、資源の争奪や交換だけでなく、自己の複製子の伝達や、何らかの方法による外部ルール（集団の複製子）の変更をも含む。両作用の発動は内部ルールと外部ルールの双方に基づく。自己内相互作用ですら、外部ルールの影響を受けており、その倫理や規範に基づいて自省や自己変革がなされている。これら２種類の相互作用の結果、各相互作用子の内部状態は変化するため、同じ複製子を持つ相互作用子といえども異なる表現型形質を発現する結果、個体の分化とシステムの複雑化が生じる。

　わたしたち人間の肉体は、それを構成する筋肉、骨、内蔵、血液、内分泌、

毛髪などの細胞が絶えず死滅して、入れ替わっているにもかかわらず、各細胞が同一の遺伝子を保持するがゆえに、同じような形状や特性を保持している。しかし、肉体は加齢とともに衰え、人間は最後に死ぬ。これと同じように、上位の相互作用子である集団（組織）は、下位の相互作用子である個体から独立して自立的に存在しているように見える。日本国家は特定の個人が日本国民として誕生する前から存在していたし、その個人が死んでも存続し続ける可能性が高い。また、ソニーという会社はある個人が社員として就職する前から存在するし、その個人が退職しても存在するにちがいない。しかし、国家や会社も人間と同じく長い時間の中でやがて衰弱し、最後には死滅するであろう。

だが、上位の相互作用子の自立性は自明ではない。たとえ国家の法律や企業の社内規則のような上位の複製子や国家や企業のような相互作用子が予め存在していなくとも、下位における多くの複製子（個人の性質、傾向、習慣）に基づいて認識・行動する相互作用子（個人）の相互作用の結果として、新たな集団（組織）が創発してくる。この場合、国家や企業のような上位の相互作用子は、藩や個人のような下位の相互作用子から事後的に生成されるのである。この場合、4.2.3で見た社会経済進化を定義するプロセスの④、自己組織化による秩序生成・創発が働いている。上位と下位の関係としては、上位が下位を規定するトップダウンな関係と、下位が上位を構成するボトムアップな関係の二つがある。4.4で見る制度についても同じであり、それぞれが制度の維持と生成に関わっている。

4.3 知識

進化経済学の最大の特徴は、主体、すなわち人についての考え方にある。人は与えられた環境の下で、単純な選択をするだけの機械ではない。自ら考えることもあるし、状況に左右されることもある。積極的に学習したり、あるいは模倣したりする。あるときは間違えたり誤解したりするが、またある時は合理

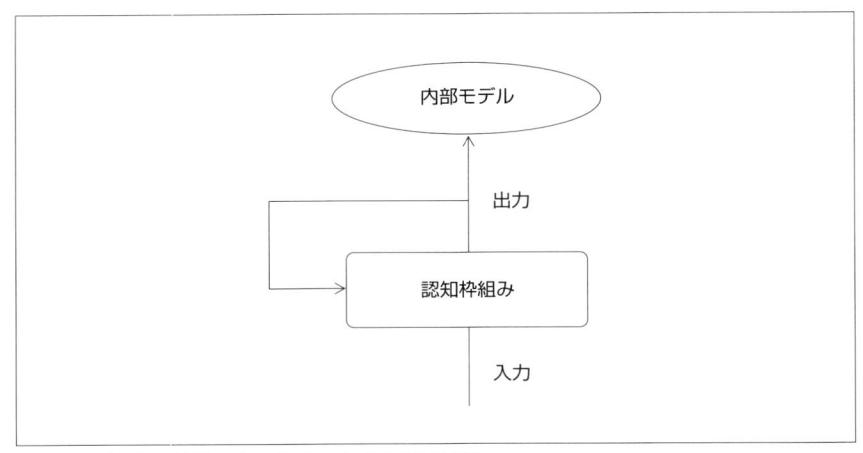

fig.4-3　経験の蓄積の中で改変される認知枠組み

的に行動することもある。人の思考とそれに基づいた行動は多様である。

　人の主体性を形成し、他者との区別をつけるもの、それがその人の持つ知識である。広義の知識とは、人が実践的経験や意図的学習などを通じて獲得した情報を、抽象化し記憶したものである。人は自分の持つ知識をもとにして思考し、自分の置かれた世界と関わることになる。言い換えれば、人は知識をもとに、自分たちが世界を認識するための**認知枠組み**（cognitive framework）を意識的・無意識的に作り上げていく。そして、形成された認知枠組みを通して、外部世界のモデルが主体内部に形成される。そして、この内部モデルを参照しながら、自らの行為を決定することになる。

　人はこの認知枠組みを通すことによって、外界から入ってくるシグナルを解釈し、情報として取り込む。したがって、この認知枠組みも、if-then ルールで記述されることになる。認知枠組みは新たな経験が蓄積されることによって改訂されるため、同じシグナルが時点 t で入力されたときと、時点 $t+1$ で入力されたときでは、処理（then 以下）が異なることもありうる。

　また、擬人的であるが、組織（チームや団体、企業、共同体など）にも知識の保持を考えることができる。たとえば、ある企業には創業者の人格や成長の

過程で蓄積された「社風」や利益を生み出すための方法であるビジネスモデルと呼ばれるものが存在する。このような企業の持つ知識は、競争優位の源泉であるとされ、その管理には大きな関心が払われている。

4.3.1　暗黙的知識と明示的知識

認知心理学や知識管理論の分野では、人あるいは組織の持つ知識の研究が進んでおり、研究対象に応じた様々な知識概念が提出されている。伝統的な知識論の中で、特に重視されたのが、M. ポラニーによって提起された**暗黙的知識**（tacit knowledge）と**明示的知識**（explicit knowledge）の区別である。

明示的知識とは、人の言語能力によって意識の中に諸概念が確定され、既存の知識体系の中に位置づけられたものを指す。たとえば、科学的知識のように言語化された知識である。これにたいして、暗黙的知識は、人が学習や実践を通じて得た経験のうちいまだ整理されていないし、場合によっては意識すらされていない知識である。

人と動物を峻別し、認識あるいは思考能力の発達に決定的な差をつけるのは言語化能力である。つまり、人の特徴は、明示的知識を操作する能力を持っているところにある。しかし、同時に、明示的知識は、暗黙的知識の中からのみ得られることになる。つまり、いかなるかたちの学習を通じたとしても、人はまず獲得した知識を暗黙的知識のかたちで保持し、それを言語化することによって明示的知識として体系化するのである。この過程を**暗黙的に知ること**（tacit knowing）と呼ぶ場合がある。したがって、明示的知識は暗黙的知識によって支えられ、暗黙的知識の蓄積はまた、明示的知識の働きである学習を通じて行われるという点で両者は相補性を持つ。

明示的知識は言語化されているために個人と外部をつなぐ働きをする。たとえば、科学的知識は、科学者個人の枠を超えて、既存の科学的体系の中に位置づけられるという点で、科学者個人と既存の世界を結びつける働きをする。それにたいして暗黙的知識は、個人内部にとどまって働く。暗黙的知識は、必ずしも個々の知識が曖昧なものというわけでない。たとえば、科学的発見に先だ

って、科学者は既存の科学的体系に習熟する必要がある。その科学者が学習を通じて得た個々の知識自体は曖昧なものではなく、それ自体は既存の知識体系の中に位置づけられたものである。経験を通じて得られた新しい知識は、それ自体としては、いまだに他の知識の中に体系づけられていない。科学的発見とは、新しい知識を既存の知識と結びつけて再構成していく過程である。このように既存の知識の再構成によって新しい知識が生み出されていくとする考え方を**進化論的認識論**という。

注意しなければならないのは、この再構成の過程が言語という明示的次元に属する道具の力を借りて行われるのにもかかわらず、暗黙的知識から明示的知識へと変換する作業自体は暗黙的な力によるものだということである。たとえば、ブレインストーミングなどの手法の中で、新しいアイディアを生み出すための手法として知られるKJ法などは、それ自体は明示的な方法であるが、そこで重要視されるのは心理的な壁（気恥ずかしさや常識に対する先入観など）を取り払うための手法である。実際に、ブレインストーミングの技法が、どのようにアイディア創出のために働くのかというメカニズムについては、アイディアを出している当人たちが意識している必要はない。このような技法は暗黙的に知るという精神活動を促すための環境を提供しているにすぎないのである。

科学的発見のみならず、企業家による革新的行動も、暗黙的に知るという精神活動によると考えられる。企業家の革新と素人の思いつきを分けるのは、企業家が自分がおかれた状況や解くべき問題にたいして習熟しているという点にある。既存のもの（資源、人材、潜在的需要、技術など）にたいする十分な知識を再構成し、新しい利潤機会を発見しそれに応じた商品を提供していく活動が企業家精神と呼ばれる能力である。すでに知っている知識を基礎としているのだが、それとは異なった知識を具体的なかたちで示すという活動は、暗黙的知識と明示的知識の関係から説明することができる。

「暗黙的に知ること」は、心理学的には、記憶の形態（長期・短期）と意識の形態（意識、前意識、無意識）の関係の中で生じるものと考えることができる。とくに、科学的発見や企業家精神の機能は無意識との関係の可能性が指摘

されている。

ただ、注意しなければならないのは、知識論の文脈ではしばしば暗黙的知識の役割が強調され、明示的知識が軽視されることがあることだ。しかし、初期的には同じ程度の知能を持つ人とチンパンジーの幼児が、ある時期を過ぎると如実に知能の発達に差を生み出すのは、人が言語能力を獲得するからである。人の知能は、暗黙的な知識のみによって支えられているわけではなく、明示的知識があるからこそより複雑な思考が可能になっていることを忘れてはならない。

4.3.2 知識の伝達

進化経済学が進化経済学たり得る特徴は、その概念の中に伝達のメカニズムを含むからである。そして、知識は**複製子**で運ばれる情報の最小単位である。下等生物の場合、個体間の情報伝達は、遺伝子によるしかないが、人の場合、社会的に様々な伝達様式が存在する。ここでは代表的なものとして以下の四つを挙げておく。

(1) 言語による直接コミュニケーション：人の生物の種としての最大の特徴である言語の使用による知識の伝達である。形式的には直接対話や著作やインターネットなどを通じた間接的対話に分けられ、また対象も1対1から1対多、多対多と様々な形式がありうる。

(2) 実践を通じた模倣：いわゆる、learning by doing と呼ばれる伝達方法であり、言語による伝達が何らかの理由で困難である場合に用いられる。労働における on the job training や職人芸の伝承などがこれに当たる。

(3) 慣習的構造を通じた反復：行為の意味や目的自体は無自覚的だが、たとえば親に言われるがままに身につけた習慣などが、人々の常識に関する感覚を決定づける場合がある。文化や法の伝承などにおいて重要な意味を持つ。

(4) 物の使用を通じた知識の伝達：たとえば、コーヒーカップを作成した

人の意図は、コーヒーカップを使用する人（あるいは観察する人）に、コーヒーカップ自体を通じて伝わることになる。これはコーヒーカップの形状が、その可能な使用目的を制限しているためであり、「液体を内部に蓄え、取っ手を使って持ち上げる」という目的、あるいは「開口部が大きく開いているために、高い温度で香りを楽しむための飲料のために向いている」という知識を伝えることができる。これは法や会計制度、行政指導などの伝達主体と被伝達主体の関係などを考える場合に、決定的な意味を持つ伝達方法である。

　いずれの場合も、生物遺伝子のように直接情報がコピーされるわけではない。人の知識の伝達の特徴は、主体の意識内部での再構築という活動が重要な働きをするという点にある。たとえば、主体Ａが主体Ｂにたいして自分の持つ知識を伝えようとしている場合を考えてみよう。主体Ｂは主体Ａから発せられる声を知覚し、自らの持つ認知枠組みを通して、自分の内部に主体Ａの持っていると「思われる」知識を（再）構築するのである。

　言うまでもなく、この伝達方法はいずれも不完全である。たとえば、コンピュータのある記憶媒体から別の記憶媒体にデータをコピーするときに比べて、情報の欠損や変質が起きる可能性ははるかに高い。言語による１対１コミュニケーションの場合でさえ、伝える側と伝えられる側の既存の認知枠組みの違いによって、解釈された結果が異なる可能性がある。また、(4)のケースであげたコーヒーカップの例は、利用者はそれを用いて円を描く道具として使うこともあれば棒で叩いて楽器として使うことがあるかもしれない。遺伝のメカニズムについてはすでに触れたが、ここで理解しておくべきことは、知識の伝達は、すべて認知枠組みを介した解釈活動と不可分であるということである。解釈活動と関わるものであるために、常に知識は誤解されたり拡大解釈されたりする危険性にさらされている。通常の経済学で問題とされる、不完全情報や情報の非対称性の問題はこの一部であると考えられる。

　このような知識の伝達エラーに対する社会的な考え方もまた様々である。法

のように誤って解釈しそれに基づいて行動すると、ペナルティが科され間違いが修正される場合もあれば、言語のように間違った用法でもそれでとくに不都合がなく、しかも多くの人にその誤解が広まった結果、その誤った用法が正しい用法として定着する場合もある。このような伝達エラーは多くの場合、あまり意味のないものとして忘れ去られるか修正されるが、一部は既存の認知枠組みを変化させる場合がある。また、知識の伝達エラーの中で有意味であるもののうち、多くは誤解などの様々な問題を引き起こすが、一部は**革新的行動（innovation）**の原因となることもある。つまり、知識伝達のエラーは、生物遺伝子の場合と同じく、多様性を生み出す原因となる。

したがって、進化経済学では、知識の伝達エラーにたいする多様なアプローチが採られることになる。たとえば、以下のような問題が考えられる。

① エラー自体とその原因の分析
② エラーの蓄積の分析
③ エラーが引き起こす効果の分析
④ エラーの結果生じた効果にたいする淘汰
⑤ エラーが起きているのに、全体としては安定している（変化がない）場合はその理由の分析

エラーの発生原因は、必ずしも認知枠組みに依存するものだけでなく、外的な要因も考えられるだろう。たとえば、1960年代にトヨタ自動車がアメリカの自動車メーカーのベルトコンベアー方式を導入しようとしたとき、予算の都合で全過程へのベルトコンベアー方式の導入はできなかった。これは、アメリカの生産方式を予算制約という要因のために、正しくコピーできなかったことだと言えるだろう。しかし、その結果生み出されたカンバン方式は、その後の日本の自動車製造業と国際的な自動車需要にコスト削減という点において無類の優位性を生み出し、トヨタ自動車を世界のトップカンパニーに押し上げる原因の一つとなった。エラーが結果として、環境への適応行動となったわけであり、

これは**意図的適応**にたいして、**偶然的適応**と呼ぶことができる。

　しかし当初は偶然的適応であったとしても、その効果を観察・理解し、一般化していくためには、やはり人の解釈が必要である。進化経済学では、知識の普及や発達において、人の意志に基づいた活動を積極的に評価する。つまり、エラーはそれのみでは単なるシグナルの欠損と区別がつかないが、人の解釈を経ることによって、適応行動に変換される場合があると考えることができる。

4.4 制度

　すでに見たように、主体とは、複製子を持って行動する相互作用子である。このとき、制度はある社会で多くの相互作用子により共有される複製子の束として捉えることができる。この基礎概念から経済社会の進化、とくに、制度の進化という動的な現象をいかにして理解できるだろうか。

　制度派経済学の創始者であるヴェブレン（1898）は「なぜ経済学は進化的科学ではないのか？」という問いかけの中で、経済学が現実的な問題を扱うためには社会における累積的変化を対象としなければならないと説いた。人間の行動は、本能だけでなく、多数の人々によって複製される思考習慣により支配されているとともに、人間は「無駄な好奇心」を備えているがゆえに新奇性や変異を生み出す。彼は、人間の性質と社会経済的な環境、いわばミクロとマクロの双方を累積的・自己強化的な因果過程の結果として理解しようとしたのである。また、オーストリア学派のハイエク（1973）は、自由主義に基づく経済的制度（市場秩序）や政治的制度（立憲政体）は、少数者による熟慮の上での意識的な設計の産物ではなく、多数の行為者が社会的行為を一般的に規定するルールに従うことによって自発的に創発するような「自生的秩序」（自己組織的システム）であると論じた。彼にとって、社会的ルールが複製子、それに従う個人が相互作用子であり、進化過程で淘汰されるのは個人ではなく社会的ルールなのである。ハイエクは、そうした個人の行為が相互に影響を与える結果と

して、市場のような高次の秩序が生成すると考えたのである。本書における制度とは、ヴェブレンやハイエクのこうした考え方を発展させるものである。

経済学以外の分野でも主体と社会の関係に関する重要な貢献がなされた。社会学者のギデンズ（1976）は自身の主要な社会理論である「構造化理論」において、社会構造が主体の行為によって形成されるだけでなく、その社会構造が主体の行為の媒体でもあるという「構造の二重性」を提唱した。そして、彼はその概念に基づき、社会構造と主体の行為は循環的な相互依存関係にあり、どちらか一方だけに着目するという視座に立つことを批判した。ギデンズの構造化理論から影響を受けた国際政治学者オナフ（1989）は、主体が社会を作り社会が主体を作るというように、主体と社会は絶え間ない共形成運動から成ると述べた。この際、彼は言語ルールに基づく言語行為が「社会的ルール」を発展させ、社会的ルールが主体と社会の間の媒体となり、両者が互いに形成／影響し合うという双方向かつ連続的なプロセスが存在しているという見解を示した。オナフが「社会的ルール」と呼んだものは、われわれの基礎概念から見るならば、相互作用子間の相互作用を通じて、改変や創造を伴いながら複製され共有されていく複製子の束、すなわち、制度であると考えられる。

彼らの主張は、以下のようにまとめられるだろう。

- 主体（ミクロレベル）と社会構造（マクロレベル）はそれぞれ互いに影響／規定／依存し合う。
- マクロレベルの社会構造は動的なものである。
- ミクロレベルからマクロレベルへ、あるいはその逆という二つの視点は分離不可能である。
- 主体と社会構造の共形成において社会的ルール（制度）が媒介となっている。

すなわち、主体と社会（社会構造）との間に、「ミクロ・マクロ・ループ」という循環的相互依存関係が成り立つ場合、社会秩序や社会構造は動的なもの

としての様相を呈する可能性があり、社会的ルールは主体と社会（社会構造）の媒介となる。

「ミクロ・マクロ・ループ」という語が初めて提示されたのは、今井＝金子（1988）によってである。彼らはそれを「ミクロの情報をマクロの情報につなぎ、それをまたミクロレベルにフィードバックするという仮想上のサイクル」と定義している。彼らは、情報の流れに循環的関係を見出し、それを「ミクロ・マクロ・ループ」と名付けたのである。

一方、塩沢（1999）は同じ術語を用いながら、今井・金子とは異なる視点からアプローチしている。彼は、ミクロからマクロが規定されると考える新古典派経済学における「方法論的個人主義」か、マクロからミクロが規定されると考えるマルクス経済学における「方法論的全体主義」か、どちらか一方の立場によるだけでは経済現象を捉えきれないと主張し、そのような経済学における二元論を乗り越えるために「ミクロ・マクロ・ループ」を提案した。

進化経済学では、ミクロ・マクロ・ループというダイナミックな視点から、社会成員としての主体（ミクロレベル）とそれらが形成すると考えられる社会構造・制度（マクロレベル）の間の動的な関係性を考察する。よって、今井らのように「情報」が二つのレベル間で相互作用するとだけ考えるのではなく、社会における主体の諸々の活動とそれらの活動の総過程としての経済社会現象に対して、ミクロ・マクロ・ループという構図があてられる。ミクロ・マクロ間で「情報」が相互に影響を及ぼすことは、ミクロ・マクロ・ループと区別するために、「ミクロ・マクロ・カップリング」と呼ぶことにする。このカップリングがあることは、ミクロ・マクロ・ループが生じるための必須条件である。以下、この議論を複製子・相互作用子の観点から見直すことを通して、ミクロ・マクロ・ループがどのようなものかを説明する。

はじめに、塩沢（1999）がミクロ・マクロ・ループの例として示した「戦後日本の成長経済と日本的経営」について紹介する。これは、1950年から1990年までの「成長経済の時代」におけるマクロ経済的な構造やパフォーマンス上の特徴と、様々な企業が従っていた「日本的経営」と称されるミクロ的慣行との

間の関係について述べたものである。成長経済の時代に見られたマクロレベルの経済的特徴としては、①景気後退が短く軽い、②実質成長率が高い、そして、③実質平均所得が急速に上昇する、という三つが挙げられている。また、ミクロレベルの多くの企業が採用していた日本的経営の特徴としては、ⓐ終身雇用制、ⓑ年功序列・賃金制、そして、ⓒ企業別組合と労使協調の三つが挙げられている。このⓐ〜ⓒが、企業という相互作用子が持つ複製子のセットである。日本の企業におけるこの複製子セットと日本経済のマクロ的構造の特徴それぞれが互いにポジティブ・フィードバック的影響を及ぼし合うミクロ・マクロ・ループを形成した。

　ⓐ終身雇用制は、そもそも努力の結果として作られたものではない。これは、景気後退が短く軽かったがために不況による従業員の解雇が稀であり、労働者側も経営者側も終身雇用を当然のことと受け止めてしまったことで成立したものである。すなわち、「if 入社する，then 定年まで勤める」という複製子が、あるマクロ構造のもとでの相互作用を通じて、労働者と経営者を含んだ企業成員という相互作用子群で共有された一種の制度となっていたのである。

　また、ⓑ年功序列・賃金制は、各企業が実質成長率を順当に高めることができたため、その成長に合わせてエスカレータ式に従業員の地位と賃金を向上させることができたことから成立したのである。つまり、マクロ経済の高成長の中での企業の高成長なくしてこの制度は成立しなかったといえる。すなわち、「if 経済が成長している，then 地位や賃金が定期的に上がる」という複製子の共有である。

　そして最後のⓒ労使協調についても同様で、労働生産性の伸びが高かったために、利潤確保が可能となり、それによって労使協調が容易に達成できたことから賃金上昇も可能となったのである。各企業における規模の経済と経験の蓄積が労働生産性の上昇をもたらしたのだが、それは経済成長に伴う総需要の増大というマクロの条件が整っていたからこそ成立したものである。これは、「if 労働生産性が上昇，then 労使は協調する」という複製子が、あるマクロ条件の成立の下で社会的に共有化されていったと考えられる。

このように、日本的経営と戦後の成長経済は相互に支え合う関係にあった。それらはミクロ・マクロ・ループを安定的に形成し、互いに他方を可能にする前提条件となったのである。

　次に、ミクロレベル、マクロレベル、そして、ミクロ・マクロ・ループ（循環的相互規定のループ）の意味を複製子・相互作用子という基礎概念によって解釈してみよう。

　ミクロレベルは、個人（＝行為主体）の集まりと個人が相互に取り結ぶ関係の集まりから成るものである。個人は決して固定的なものではなく、内的な想像、外的な経験、他者とのコミュニケーションといった内外との相互作用を通して世界に関する解釈やそれに基づく判断などの内的な思考過程を変えるような動的な存在である。これを複製子や相互作用子という概念を用いて言い換えれば、主体は様々な複製子を場面・状況に応じて賦活して判断や行為を生成し、他主体や環境と相互作用を行うが、その相互作用を通じて主体の複製子は複製・改変されていくのである。

　一方、個人間の関係とは、個人の先天的な本能や性格、および後天的な知識や経験の双方を含む複製子、あるいはマクロレベルにおける何らかの特徴を他者と共有しているという事実を通して自発的に生じる相互作用である。さらに、個人の内部と外部の両方が動的なものとして捉えられるため、それらによって形成される個人間の関係もまた動的なものとして考えるべきである。このような動的な関係性は、具体的な経済社会事象について、相互作用子と複製子を同定して、初めて観察・記述が可能になる。

　これにたいして、マクロレベルとは、ミクロレベルにおける各主体の振る舞いが何らかの統一性を持った構造、パターンや性質を創発しているような経済の総過程のことである。経済におけるマクロ的現象と呼びうるものの具体例として、景気循環や経済成長、インフレーションやデフレーション、各国の為替相場や利子率の構造、貿易・投資構造、産業構造、技術革新、地球環境などを挙げることができる。このようなマクロレベルに生じる何らかの構造、パターンや性質は、ミクロレベルの各相互作用子の行為が、連鎖的に相互作用をする

ことによって新たに生み出されるものである。それゆえ、マクロ世界は単なる各個人の振る舞いの結果を寄せ集めるだけでは表すことができず、さらに、マクロ世界を形成しているミクロレベルの一部を切り取ってみても、それだけからマクロ世界全体を推測することは困難なのである。このように、マクロレベルは、その形成に関わっているミクロレベルの一部からは演繹的に導き出せない。各主体が持つ複製子の共通部分として制度が存在しているとしても、そうした制度からただちにマクロレベルの構造、パターンや性質を導き出すことはできないのである。複製子のセットを持った主体である相互作用子が現実に様々に相互作用をすることで、初めてマクロレベルの構造、パターンや性質が創発してくるからである。

　ミクロ・マクロ・ループとは、ミクロレベルとマクロレベルとの間にある循環的相互規定関係である。ここで注意すべきは、ミクロからマクロへ、そして、マクロからミクロへという影響の伝達が一度で終わることはないという点である。ミクロとマクロが閉じたループを形成するため、各レベルが安定的に存在し続けている間はそれらの影響の与え合いは永続的である。このように、ミクロとマクロの間のループが安定的に存続している限り、マクロ的な構造やパターンもまた安定的に存続し続ける。ただし、次の点にも注意が必要である。

　従来のミクロ・マクロ・ループ論は、ミクロとマクロの循環的かつ相互規定的なループが、ミクロがマクロを支え、マクロがミクロを支えるという自己強化的なメカニズムを働かせ、固定的な秩序や構造が保持・再生産されることをしばしば強調してきた。しかし、ミクロ・マクロ・ループは、これとは別のメカニズムを持っている。そもそも主体の認識・行動のレベルとその相互作用の結果として生じる構造やパターンのレベルをそれぞれミクロとマクロとして区分したのは、両者が循環的な相互規定関係にあることを示すためであった。この循環的な相互規定関係は、自己強化的なメカニズムが働いて固定的な構造やパターンを生み出すだけではなく、不可逆的時間の中で偶然的に生じた小さなゆらぎや変異をポジティブ・フィードバックを通じて増幅することにより、こうしたマクロレベルの秩序や構造を崩し、新たな秩序や構造を創発することも

ある。ミクロ・マクロ・ループは、ある秩序や構造の保持・再生産だけでなく、その崩壊や新たな秩序の創発を可能にするような、動的な自己組織化のメカニズムを内包しているのである。

　マクロに生じた秩序や構造が外的環境や行為主体の判断におけるゆらぎなどの要因により崩壊してしまう場合、相互作用子は古い複製子（ルール）に規定された行動を続けていては生き残っていけないであろう。たとえば、先に見た、成長経済というマクロ構造と日本的経営のミクロ的慣行の相互規定関係についていえば、1990年代以降のバブル崩壊に続くデフレスパイラルとグローバル化された競争的市場という厳しい環境の下では、成長経済と日本的経営の安定的なミクロ・マクロ・ループが崩壊してしまい、企業が新たな経営戦略の模索を余儀なくされる一方、マクロ経済も「失われた十年」という長期不況に陥ったことがこれに相当する。その場合には、相互作用子は古い複製子を捨て、新しい複製子を試すであろう。新環境における試行錯誤と淘汰を経て、新たなミクロ・マクロ・ループが安定的なものとして成立するかもしれない。そして、新たにマクロに生じる構造を同定し、その構造に関する知識を複製子として主体が内在化する可能性もある。これは、相互作用子が新たな複製子を得て新たな判断や行動を可能にすることに相当する。このような新たな複製子が多くの相互作用子によって共有化されると、新たな制度が創発することになる。このように、ミクロ・マクロ・ループが形成されている状況では、常に新たな複製子、行動、そして、新たなマクロ構造、制度が生じる契機が存在しつづけることになり、制度が内生的に変化する可能性をはらんでいるといえる。

　ここで、ミクロ・マクロ・ループ論と青木（1995）の比較制度論の違いを見ておく。青木は、主体の行動レパートリーとその報酬がゲームの利得行列として与えられる時、制度とは、このゲームにおける「主体の行動選択の均衡」であると考える。したがって、比較制度論における制度とは「ゲームでいかにプレイがなされるかに関して、共有された信念の自己維持システムである」。つまり、制度は主体が選ぶ戦略の組に関する共有信念であり、制度の特徴である安定性は、ナッシュ均衡において主体が自己の戦略を変える誘因がなく、共通

の了解が維持されることから生じる。よって、制度はそれがいったん成立したのちは、何らかの大きな外生的なショックがなければ、変化しない。このように、比較制度分析は制度を均衡の枠組みで静的に捉えているが、ミクロ・マクロ・ループ論は、制度の固定性や安定性だけでなく、変容、崩壊、創発に見られるような動的性質を内生的に理解することができる点に特徴がある。

　最後に、ミクロ・マクロ・ループと制度の関係について考えてみよう。本書では、制度を、相互作用子（主体）が広く社会的に共有している複製子（ルール）の束として定義した。制度の具体例としては、市場、貨幣、会計、法などがある。そして、ミクロ・マクロ・ループ論は、こうした制度を前提とする主体の行動や認識の結果として、マクロレベルに、景気循環や経済成長、インフレーションのような、マクロ経済的な振る舞いを引き起こし、マクロ経済規模の構造やパターンを発現させると考えているのである。では、このような意味での制度はミクロレベルにあるのだろうか、それともマクロレベルにあるのだろうか。塩沢のミクロ・マクロ・ループ論は、景気循環や経済成長のような経済システム全体の振る舞いだけでなく、組織内の習慣のような制度をもマクロレベルに含めている。つまり、主体の行動がミクロレベル、制度がマクロレベルにあると考え、振る舞い、構造、パターンのみならず制度をミクロ・マクロ・ループによって説明している。先に見た「戦後日本の成長経済と日本的経営」の事例では、「成長経済」はマクロの構造やパターンであるが、他方の「日本的経営」という慣行は、それが多くの日本企業によって採用され、そのような名前で呼ばれるようになった時点では、広く社会的に共有されているのだから、制度であるとも言えよう。この場合、制度はミクロレベルにあるということになる。このように、ミクロ・マクロ・ループの見方では、制度がミクロレベル（個人）にあるとも、マクロレベル（経済の総過程）にあるとも言えることになる。しかし、制度とは、ミクロレベルの相互作用子（主体）が何らかの認識や行動を行うために依拠するルールであり、また、マクロレベルの構造、秩序、パターンはそうした認識や行動の結果として創発するのだから、ミクロやマクロというレベルの成立の前提として存在すべきである。

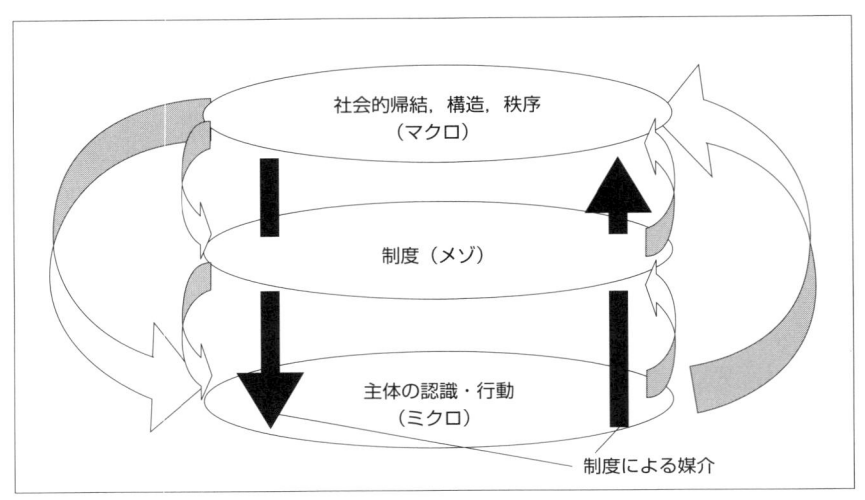

fig.4-4　ミクロ・メゾ・マクロ・ループ

　制度を「多くの相互作用子により共有される複製子の束」と捉えるならば、それは単にミクロレベルにあると見ることはできない。また、制度を個人の行為の相互作用から創発したものとみなすならば、いっそうミクロレベルにあるとは言えない。しかし、それをマクロレベルにあるというのでは、いま見たように、行動の前提である制度と、行動の結果として創発する構造・秩序、パフォーマンス・パターンが区別できなくなり、概念的な混乱の元である。

　この問題を解決するために、制度はミクロとマクロの中間で両者を連接・媒介するメゾレベルに存在するというアプローチがある。オナフは、社会的ルール（制度）が主体と社会構造の共形成を媒介すると考えたが、彼は、社会的ルールを主体や社会構造とは異なるレベルに設定したと見ることもできる。磯谷（2006）が指摘するように、植村＝磯谷＝海老塚（1998）、西部（2004）、磯谷（2004）、ドッファー（2008）の議論はいずれもメゾの制度がミクロとマクロの両レベルと相互作用する点に着目する点で共通している。この場合、個人や企業などの主体（相互作用子）はミクロレベルに、社会的ルールの束である制度（複製子）はメゾレベルに、集計的な経済パフォーマンス、構造、秩序、

コラム⑥　ソースティン・ヴェブレンと進化論的経済学

　近年の進化経済学のブームの中で、一つの中心を作っているのが、ソースティン・ヴェブレン（Thorstein Bunde Veblen 1857-1929）の経済学である。ヴェブレンは、19世紀以降経済学のスタンダードになりつつあったアルフレッド・マーシャルの経済理論を批判し、経済学は社会を累積的な進化過程として捉えるべきであると考えた。

　マーシャル経済学は現在のミクロ経済学と同じく、議論の出発点を個々の経済主体（消費者や企業）におく。それにたいして、ヴェブレンは「制度」という考え方を導入した。これは「ある時代に支配的な人々の思考の習慣」と説明される。制度という言葉を聞くと、すぐ社会保険制度や税制といった具体的で人の外にあって人の行動を決めるものを想像するが、ヴェブレンのいう「制度」は人の内と外から二重に人の考え方や行動を規定する。

　ヴェブレンはこの制度の変化・発展の歴史を社会の進化と捉えた。そのときに人の心の内にある二つの本能「もの作り本能」（instinct of workmanship）と「競争心」（emulation）を想定した。もの作り本能とは、人々の生存や生活の改善に関わる工夫を評価するような心、競争心とは集団の内部での自分の順位を確定し秩序を形成しようとする心である。ヴェブレンは、この二つの本能が人類の歴史の中で様々なかたちで発揮されて、文明の様々な段階を形成してきたと説明した。とくに、現代資本主義社会には、経済的に成功し生存のためにもの作り本能を発揮する必要がなくなった有閑階級が存在し、彼らが行う他人に自分たちの地位を見せびらかすためだけの顕示的消費（conspicious consumption）が、われわれの社会の文化や倫理、風潮まで決定していることを指摘した。さらにヴェブレンは、これらの有閑階級が支配するコンツェルン型巨大産業ビッグビジネスが、もの作り本能をコントロールし、文明の進歩まで支配してしまうと考えた。

　ヴェブレンの議論は、本能論のような時代の制約を受けてはいるが、制度を単にルールとして捉えるのではなく、人々の思考との相関の中で捉えたという点でいまなお示唆するところが多い。

> 彼が批判したマーシャルが、人間性の発達と社会進化という共進化関係を描く有機的社会成長論に到達していたということと合わせて、これらの議論は19世紀末には現代の進化経済学の基礎的な概念がすべて登場していたことを示している。

パターンはマクロレベルにあると考えられる。そして、ミクロとメゾ、メゾとマクロの間にミクロ・マクロ・ループとしてこれまで見てきた循環的かつ相互規定的な円環の論理を適用する。ミクロの個人はメゾの制度に従って認識・行動する。その認識・行動がマクロの経済パフォーマンス、構造・秩序を形成するとともに、メゾの制度を再生産ないし変容・崩壊させる。また、マクロ経済のパフォーマンス、構造・秩序が主体の認識・行動に影響を与えるとともに、制度の再生産・変容、崩壊に作用する。このように、ミクロ・メゾ・マクロ・ループの考え方は、ミクロ・マクロ・ループとして考察した動的関係を、fig.4-4 に示されるミクロ・メゾ・マクロ間の三重ループとして考察することになる。もちろん、メゾレベルの制度には、個別主体に近い下位レベルのものから、システム全体に近い上位レベルのものまで含まれるのであるから、正確にいえば三重というより多重ループということになる。

ミクロ・メゾ・マクロ・ループによる具体的な経済社会現象の分析例としては、地域通貨の流通実験における貨幣意識の変化（小林他［2011］）、ブラジルのコミュニティバンクであるパルマス銀行の事例（小林他［2012］）を参照してほしい。

4.5 緩衝装置とゆるやかな結合系

4.5.1 物質的制約と制度的制約

経済行為は様々な制約の下で行われる。それらは、実行可能な行動の範囲を人間の意志から独立に限定する物質的制約と、特定の社会関係に起因する制度

的制約に分けることができる。

　物質的制約のうちでもっとも単純なものは、「財をその存在量以上に使用（消費）することはできない」という制約である。この制約は人の意志から独立した絶対的な制約である。生産の技術的条件に基づく制約は人間の知識が変化することによって緩和しうるが、個々の時点をとれば、やはり行動にたいする絶対的な制約とみなしてよい。

　一方、「支払可能な金額の範囲でしか商品が買えない」という制約や、「借りたお金を期日に返済しなければならない」といった制約は、いずれも典型的な制度的制約である。これらの制約は、自然法則として無条件に作用するわけではなく、人はその意志によって制約を侵すことができる。制度的制約が制約として現実にどの程度実質的であるかは、この制約を課す社会経済関係の内実に依存する。上の例で言えば、支払や返済の義務が主体の購入行動を拘束する程度は、この義務を履行しない場合の救済措置や制裁のあり方によって変化する。制度的制約は本質的に歴史性をもったシステム依存的な制約であるから、制度設計によって変更することが可能である。資本主義経済における経済活動は、物質的制約と並んで、市場取引や雇用関係に固有な多くの制度的制約の下で遂行されるが、恐慌や金融危機の場合には、中央銀行による救済的な融資や資本注入が実施されるなど、制約条件は政治的決定によってしばしば一時的、人為的に変更されている。

　もちろん、あらゆる制約を単純に物質的制約と制度的制約に二分できるわけではない。たとえば、現金としての貨幣は、同時に物的な素材でもあるから、現金に関わる制約は、物質的側面と制度的側面をともに含んでいる。とはいえ、このように制約が複合的な性格をもつ場合でも、個々の状況について、二つの側面のどちらがより規定的に作用しているかを考えることは可能である。

　物質的制約や制度的制約は「if 在庫・信用の制約上限 $\geqq$ 使用量，then 使用可能」のような if-then ルールのもっとも単純な形式をとる複製子である。そして、こうした制約条件が課される主体（個人や企業）が相互作用子である。

4.5.2 緩衝装置と切り離し

経済行為を事前に計画するためには、物質的および制度的な制約を考慮して種々の要素を整合させなければならない。しかし、不確実性や人間の能力の限界から、事前の一時点であらゆる要素を調整し終えることは、一般には不可能である。このため諸要素間の整合性は通常、1回限りの決定によってではなく、事後的な調整の反復を通じて維持される。

これを主体の側からみれば、その意思決定は、時間の流れの中で、様々な部分的問題にたいして継起的・逐次的に判断を下すという形式をとらざるをえないということである。この継起的・逐次的判断は多くの場合、内外の状況に対するある種の反応関数として定型化・プログラム化され、個々の主体（相互作用子）の日常的行動を規定する複製子として作用する。

継起的調整は、もしあらゆる制約が常に過不足なく厳密に等号で満たされなければならないとすれば、大きな困難に直面する。密接に関連する諸要素間の連結関係にある範囲で**「切り離し」**(decoupling)が行われ、制約の多くが「ゆるみ制約」となることによって初めて、行為主体は少数の直接に有効な制約に関心を集中することができる。そのような状況を作り出し、主体（相互作用子）がその日常の行動をプログラムや定型（複製子）に委ねることを可能にするのが、各種の**緩衝装置（buffer）**の存在である。以下では、代表的な緩衝装置である在庫ストックと信用を例にとって説明しよう。

4.5.3 緩衝装置としての在庫

製品や原材料の在庫ストックは、財の新規の獲得（生産・購入）とその使用（消費・販売）を切り離す。これは、財をその存在量以上に使用（消費）することはできないという物質的制約に関わる切り離しである。在庫による切り離しは、財の獲得の時点と使用の時点を一致させる必要がないという面では時間的であり、在庫の範囲で獲得を上回る使用が可能であるという面では量的である。これらの切り離しの機能によって、各主体は、獲得と使用という二つの活

動を相対的に別個の決定に委ねることができる。

　在庫が存在するとき、この財の新規の獲得に関わる諸条件の攪乱的な変化は在庫ストックの範囲で遮断され、財の使用には直接に影響しない。たとえば、ある企業が原材料在庫を発注したが、発注先で品切れによる欠品が生じ、かつこの欠品を直ちに別の企業への発注で補うことが不可能であるという場合、欠品の規模がこの企業の保有する原材料在庫の範囲内であれば、生産の縮小を回避できる。また、原材料不足のために生産の縮小が必要となる場合も、縮小の規模がこの企業の保有する製品在庫の範囲内であれば、販売の縮小を回避できる。

　切り離しと緩衝装置の存在はどのような経済システムにも見られるが、その具体的な機能の仕方は、システムの特性によって異なる。資本主義（市場経済）の経済システムでは、流通業者が保有する商品在庫を含めて、完成品の在庫が在庫の支配的形態であり、かつそれらは、買手による購入の確実性を高める機能を持っている。これは、売手たる企業が商品の販売をめぐって競争関係にあり、個々の企業が販売機会を逃さないよう予想される需要の水準にたいして（保有費用との関係で）適切な規模の緩衝在庫の保有を図ることに対応している。これにたいして、かつてソ連・東欧地域に存在した社会主義の経済システムでは、慢性的な不足と諸部門・企業間の資財獲得競争の下で、原材料在庫が在庫の支配的形態になるという現象が観察された。

　在庫の保有には保管費用を含む種々の費用が伴うため、緩衝装置としての在庫の機能は、「ただ」ではない。個々の主体による緩衝在庫の計画的な保有量は、保有の便益と費用を勘案して決定される。その際、自らが在庫を保有することの便益は、他の主体の在庫保有の状況によって変化する（他者が保有する在庫から必要な量を直ちに入手できるならば自分は在庫を持つ必要はない）。このため、緩衝在庫の保有にはいつでも、その規模と費用負担の問題が存在する。ある個別主体の緩衝在庫の平均的な水準が減少するとき、それは経済全体での在庫の規模の縮小を伴っていることもあれば、単に在庫保有の負担を他の主体に転嫁したにすぎないこともある。

個々の主体は在庫を常に緩衝装置として保有するわけではない。営利企業による在庫保有の動機には、需要や生産計画の変動に対する緩衝装置としての保有のほかに、投機（価格上昇期待）、取引回数から生じる費用の節約、生産の時間的平準化など、様々なものがある。しかし、これらの動機によって保有される在庫もまた、事後的には緩衝装置としての機能を果たしうる。

4.5.4　緩衝装置としての信用

在庫ストックが物質的制約に関わる切り離しの装置であるのに対して、信用は、収入を超えない範囲で支出するという制度的制約に関わる切り離し装置とみなすことができる。信用による切り離しもまた、収入が得られる時点と支出の時点を一致させる必要がないという面では時間的であり、信用の範囲で収入を上回る支出が可能であるという面では量的である。信用関係は貨幣の機能の一つとして発生するものであるがゆえに、在庫の場合と異なり、その緩衝機能は、財の個別的特性には制約されない。

収入を超えて支出するとき、信用は過去に蓄積した貨幣資産の取り崩し（保有する現金の放出、預金の引き出しや貸付の回収など）か、新規のあるいは追加的な借入かのいずれかの形態をとる。現金もまた、その一般的交換手段としての機能の時間的持続という点において、緩衝装置としての信用の一形態とみることができる。この場合、物質（素材）としての現金の緩衝装置は、在庫ストックのそれとまったく同一である。しかし、信用一般は、在庫と異なり、必ずしも素材の物的存在に拘束されない。物的ストックはマイナスの値をとることができないが、貨幣貸借の残高で表された信用は、借入の場合にはマイナスの値をとることができる。さらに、在庫の増加は新規の生産や発注によってのみ可能であり、それには生産や輸送に伴う最小限度の時間が必要であるが、貸借関係の形成に要する時間にはそのような制約は存在しない。すなわち、信用は、実際には審査や手続きに一定の時間を伴うとしても、本質的には、貸し手の意図によって任意の時点で供与可能である。

もし受注残高をマイナスの在庫とみなすならば、製品在庫もまたマイナスの

値をとりうる。ただしこの場合、買手の側は、注文した財を直ちに入手できないことにより、実物面での影響を免れない。また、代金の支払いが先に行われる場合には、受注残高は、それが発生した時点で、買手から売手にたいする信用の供与を伴う。この意味で、マイナスの在庫は信用の一形態としての性格を持っており、単純にプラスの在庫と対称的に扱うことはできない。

在庫の保有と異なり、信用はそれ自体が一つの社会関係であり、信用を受ける側は信用を与える側にたいして、（返済に加えて）金額と時間に比例した利子を支払う義務を負う。企業間の手形による取引（商業信用）は、産業連関の構造に沿った連結関係の上に、信用による連結関係を重ね合わせる機能をもつ。

売買の当事者の間で直接的な信用関係が成立するためには、種々の条件が必要である。この制約は、信用の供与を専門的に担う企業、すなわち銀行や金融業者の存在によって緩和される。銀行や金融企業の活動によって、信用関係とその緩衝機能は重層化され、生産・消費に伴う財・サービスの流れから相対的に独立した構造を形成する。

4.5.5　緩やかな結合系

複雑なシステムは一般に、たるみやゆるみのない、張りつめた結合系（tightly coupled system）ではなく、その構成要素の連結部分に種々の緩衝装置を備えた**緩やかな結合系**（loosely coupled system）である。資本主義（市場経済）の経済システムもまた、在庫や信用などの緩衝装置によって連結されている点で、緩やかな結合系と捉えることができる。緩衝装置が経済の諸要素を一定の範囲で切り離すことにより、経済全体のバランスは、集中的・一元的な調整を要することなく、個々の主体の決定や任意の二者の合意に基づく局所的・個別分散的な過程を通じて維持される。

経済システムにおける緩衝装置は、個々の主体（およびそれらの間の合意）によって意識的に保有ないし形成されうるが、その変動は常に予測の誤りや外的条件の攪乱などによる意図せざる変動の部分を含んでいる。このため、在庫や貨幣（借入）の残高やその変動は、定型化された行動における基本的な情報

(シグナル)として機能する。緩衝装置のもつ情報機能を織り込んだ定型行動のもっとも単純な例としては、家計の日常生活でも見られる「在庫がなくなりそうになったら(ある水準以下に減ったら)補充する」という行動をあげることができる。このような定型化された行動は、「if 在庫 − 使用量 ≦ 在庫最低水準、then 在庫の補充」で表すことができる複製子である。行為主体による情報の利用とそれに基づく行動は、企業の在庫管理の場合のように、予測や種々の費用の計算を伴う複雑な形式をとることもある。この場合、if-then ルールで書かれるプログラムは長く複雑なものになるので、複製子は大きくなる。

緩衝装置は、二つの要素を切り離すと同時に、それらの独立性の限界を画するものでもある。二つの要素の乖離が緩衝装置で吸収しうる限界を超えると、それらの間の本来的な連結性による制約が顕在化し、行為主体は何らかの特別な対応をとることを余儀なくされる。上述の単純な補充型の調整行動の場合について言えば、事前の予測を超える大量の使用(消費)により在庫が枯渇したならば、代替物の利用や緊急の発注などの対応策をとるか、さもなければ、不足から生じる不都合を甘受しなければならない。

収入と支出の乖離を借入によって補うことが数量的・時間的にどこまで可能であるかは、すぐれて制度的な問題である。とくに、手形取引のような信用関係では、ある企業の債務が巨額になるまで取引が実行され、それによって引き起こされた不渡りが引き金となって大規模な不渡りの連鎖が生じるというように、信用という緩衝装置が、かえって混乱の連鎖を引き起こす増幅装置に転化する。このように、制度的な切り離し装置は、連結を緩める紐の長さを引き延ばすことで経済にいっそうの弾力性を与える一方で、紐が伸びきった場合に生じる混乱を増幅する危険性をはらんでいる。こうした観点からすれば、中央銀行の日常的な役割は、個人・私企業・銀行間で形成される相互的な信用システム全体に対する一つの巨大な緩衝装置として、このシステムに潜在する不安性の顕在化を阻止することに求めることができるであろう。

以上のことは、複製子と相互作用子という基本概念を使うと、次のように解釈できる。すなわち、緩衝を情報として利用する類似のプログラム(複製子)

を持つ多くの主体（相互作用子）が相互作用するとき、在庫や信用の変動が通常レベルの範囲では安定的な経済システムを形成・維持するが、そうした変動がきわめて大きく通常レベルを超えてしまうと、変動が累積的に増幅され、経済システムがきわめて不安定になるのである。

1) 通常は、ある商品から得られる満足度は同時に消費される商品が何であるかにも依存する。たとえば ¦辛子明太子＋炊きたてのご飯¦ 組と ¦辛子明太子＋バニラアイス¦ 組のどちらの辛子明太子が輝いて見えるか想像してほしい。
2) いずれの商品についても ¦1個買う・買わない¦ の2通りなので、商品数が n 個ならば買い物リストの 2^n 通りできる。2個まで買えるのならば、3^n 通りである。商品数がちょっと増えたら、比較対象が爆発的に増えることを確認してほしい。
3) ただし、この場合は全商品の1円あたりの効用を計算し、その値が大きい順に効率の良いアルゴリズムで並べ替え、上から順に予算制約一杯まで買い物をするならば、「計算量の爆発」は起こらない。しかしこのアルゴリズムは章末注（1）のケースでは使えない。より詳しくは、塩沢由典（1991）巻末「解題」参照。
4) ここでは単一の主体とその環境においての最適化が困難であることを説明したが、経済学は、個々の最適化を前提にした上で、さらに社会の成員のすべての最適化行動がお互いに整合的になるような「均衡」をモデルの基礎にするという、この節の観点からすれば、はるかに絶望的な地点を当然の出発点にしてきた。
5) 古代ギリシア語で掟・慣習・法律の意で、社会制度・道徳・宗教上の規定を表す *nomos* からの著者による造語。

第5章　進化経済学のモデル

　わたしたちは情報収集能力も情報処理能力もきわめて限られている。そのようなわたしたちが不可逆な時間の中で相互作用を行うことによって初めて経済社会は動くことができる。にもかかわらず、どうしてこのシステムはある程度の安定性をもって運行しているのだろうか。また、どうしてわたしたちの生活は破綻を来さずに営まれているのだろうか。一方で、このシステムは長い目で見れば確実に変容している。このような安定性と変容の共存はいかにして成立するのだろうか。

　第1章ではこれらが、進化経済学という学問を出発させるにあたっての基本的な驚き、すなわち進化経済学が関心を持ち、解明しようとする対象であることを強調した。そして、このような経済システムを分析するための第一歩が、複製子＋相互作用子で表現される主体のモデルであることを示した。進化経済学の基本モデルを説明する本章では、主体モデルから始めて、社会のモデルを構築する手順を解説する。進化経済学の基本モデルは、経済システムの振る舞い方を示しつつ、制度がどのように生まれ、また変容するのか、そのメカニズムを明らかにしてくれる。それは社会の進化がいかにして現象するのか示唆するものとなる。第1章の冒頭に、様々な「制度」に支えられて、深夜のコンビニでおにぎりを買って食べるという行動が可能になっていることに触れた。本章で扱うのはあくまでも基本モデルであるが、第4章第1節で触れた「制度の蓄積」が加わるとき、どのようにして様々な制度が絡み合い、その中で人々が暮らしていける現代の社会が形作られたのかを理解できるようになるだろう。

5.1 進化経済学の基本了解

　第1章で見たように、進化経済学は経済社会を理解する上で、経済主体の**能力の有限性**と**時間の不可逆性**を経済システムの基本属性であると考える。主体の**能力の有限性**とは、情報を集める能力、集めた情報を処理する能力、環境に働きかける能力、そのいずれにおいても経済主体の能力が有限であるという意味である。また、**時間の不可逆性**とは、すべての時点にとられた経済主体の行動それ自体は、いかにその結果が不都合なものであっても、時点を遡って取り消すことはできないということを意味する。したがって、経済活動が他の主体と相互に影響を及ぼしつつ行われる状況では、ただでさえ取り消しができない行動が、きわめて限られたタイミングで行われることになる。進化経済学では、この二つの性質は、わたしたちの経済社会を見る上で「本質」的であると考え、基本モデルはこれらの属性を反映するように設計されることになる。

　では、時間が不可逆な状況で有限能力しか持たない経済主体は、何を指針に行動すればよいのだろうか。経済システムとその環境の側に目を転じてみよう。環境には、経済主体にたいする様々なシグナルがあり、それらの中には、自然現象においても、様々な制度・習慣においても、ある程度安定したパターンで繰り返されるものがある。能力が限られているにもかかわらず不可逆的時間下で行動せざるをえない主体にとって、このような環境の一部に見られるパターン性は行動の目安となる。季節の周期があればそこから周期的な農作業が生まれるように、**行動も環境のパターン性に対応した一定のパターン性を帯びる**ことになる。行動がパターン性を帯びるようになれば、協働の必要上、他者の行動のパターン性そのものが環境となり、そこからさらにパターン的な行動が生まれていくことになる。これが第4章第1節で触れた制度の蓄積である。こうして、進化経済学の考える主体は、**きわめて限られた能力のハードウェア（相互作用子）しか持ち合わせていないにもかかわらず、いくつもの行動パターン（複製子）をソフトウェアとして身につける**ことによって、巨大・複雑なシス

テムの中で行動可能になるのである。

　主体はいくつもの行動パターンをもつのだが、この行動パターンのそれぞれは、教えたり教えられたり、他人を真似たり他人に真似されたりして、**コピー**したりされたりする。こうして人々の相互作用の中から、ある程度の人々の広がりの中で安定的に採用される行動パターンが見られるならばそれを**制度**と呼ぶ。もちろん制度は人々の相互作用の中で消滅することもある。この制度の生成・消滅が大規模に生じるとき、その現象を社会の**進化**と呼ぶ。

　主体は獲得した行動パターンを手がかりにし、他人から得た情報と自らの経験に基づいて、不可逆な行動を環境の中で刻んでいく。この情報と経験は、視野が限られているために身近なものに限定されざるをえない。そして、主体の行動は、行動が行われた後にその結果が周辺の主体の情報視野に入っていくことで、次第に他の主体に影響を与えていく。このように他の主体に影響を与えるとともに、他の主体の行動結果からも影響を受けることによって、不可逆的時間下での**相互作用**が拡がっていく。これは経済システムが安定した定常状態にあろうとなかろうとお構いなしに進行していくプロセスである。

　このようなプロセスにあって、主体がその理想的な状態を維持できているとは限らない。むしろ望ましい状態を外れながらも、なんとかしのいでいることが通常であろう。それを可能にするためには、望ましい範囲の状態から外れたとしても主体の活動が破綻せずにすむようないろいろな緩衝装置がなければならない。これを**バッファ**と呼ぶことにしよう。たとえば、支払いと受取りに時間差があっても経営資金が底をついて不渡りを出さずにすむようにするために蓄えられた貨幣、仕入れと販売にギャップがあっても顧客を逃さずにすむようにするための製品在庫、組織の一部に処理すべき仕事が集中してもある程度までならば組織としての機能が破綻せずに済むような人員配置のゆとり、ある程度不快な状態が続いても感情や行動に反映させないですむための気持ちや体力のゆとり、等々である。一方で望ましい状態から外れている間も相互作用子が生存し続けるための資源がバッファとして蓄えられているならば、その都度の刺激にたいして、それが軽微なものである限りにおいてはただちに反応する必

要がなくなり、不可逆的時間下の限られたタイミングの処理にも、少しだけ余裕をもたせることができる。

　以上にみたような数多くの主体の行動の集計された結果がそのまま、各時点での経済システムの状態になる。進化経済学では個人の行動結果を鳥瞰的に調整するような機構の存在を前提とはしないので、経済システム全体のモデルは、**主体モデルから完全にボトムアップに構築される**ことになる。その一方で、たとえば景気動向が個々人の消費に影響を与えるように、個々の主体の行動は、当然ながら経済システム全体の状態の影響も受けるはずだ。となると、一体どちらがどちらを決めているのだろうか。

　このパズルを解決するのが、不可逆的時間の概念である。個々の主体の情報視野に入ってくるのは、その時点の周辺情報とともに、その時点で利用可能な経済システムの振る舞い方に関する情報の一部である。ここで経済システムの振る舞い方といっているのは、景気動向といった１国レベルのものもあれば、職場の雰囲気とか、地域社会の出来事といった身近なレベルまで、いろいろなレベルのシステムの状態を含んでいる。しかし、いずれのレベルのシステムとしての振る舞い方にせよ、１個の主体の行動から相互作用が広がり、その方向性の影響が発現するようになったとしても、そこにいたるまでにはしばしの時間を要したはずである。したがって、現在のシステムの「振る舞い方」、つまり、現在の個々の主体の行動とシステムの状態をつないでいる関係性が、個々の主体にたいして発しているメッセージは、それ以前の過去に展開された主体間の相互作用を反映したものと考えるべきである。このように、個々の主体の行動とシステムの振る舞いは、不可逆的時間の流れの中で互いに後の時点の相手に影響を与えあうかたちで、ミクロ・マクロ・ループを形成するのである。

　ここまで、主体の情報視野に入ってくるものとして、第１に周辺情報、第２に様々なレベルでのシステムの振る舞い方を挙げてきた。しかし、経済システムを少し離れて大きく捉えてみれば、これはけっして閉じたシステムではないことがわかる。経済システムを１国レベルで見ても、政策介入といったシステム全体にたいする働きかけは常に試みられているし、他国との関係は大きくシ

ステムの振る舞いを左右する。それに、そもそもこのシステムは、システム外部から資源を採りいれ、また、システム外部へ廃棄物を排出することで、初めて運行可能になっている。つまり、先に考察してきた主体にたいする情報を内部刺激というならば、このようないわばシステム外部からの刺激もまた、主体の行動を左右するという意味で、情報視野に入るものとして明示的に考察すべき場合もある。その場合は、経済システムの振る舞いが、開放系における不可逆的時間下の主体の相互作用過程であることが一層強調されることになる。

以上のように、進化経済学の基本了解は、有限能力と不可逆的時間という基本属性から派生するかたちで構成される。

5.2 進化経済学の基本モデル仕様

ここまでは、進化経済学の基本了解を説明してきた。そこからさらに進んで、対象である経済システムがどのように振る舞うのか、またその振る舞い方の数量的な把握も可能になるような基本モデルを構築することで、進化経済学は経済学としての歩みを本格的に始めることができる。本節ではまず、モデル化しようとする主体とはどのようなものであるのかを説明した上で、主体モデルの例を説明する。その後に、そのような主体モデルの織りなす相互作用系である経済システムモデルを説明する。この例で主体の表現手法として用いられるのは、アルゴリズム表記に用いられる条件分岐式である。

5.2.1 主体モデルの前提

進化経済学におけるモデル構成手法の特徴の一つは、「主体とその相互作用のモデルからボトムアップにマクロを構成する」という点にある。そのようにいうと、主体のモデルが進化経済学の出発点のように思えるかもしれない。しかし、第1章で「このような経済システムの複雑なあり方を率直に受け入れ、それが動作する仕方に対する問いを発する」ところから進化経済学は始まると

いったように、主体モデルはただ無前提に置かれるのではない。つまり、進化経済学で扱う主体は、世界に関しての情報を十分持たない新生児のような主体ではない。それは、広い意味の「**教育**」によって、自分の活動する世界についてのイメージを持つだけでなく、ある程度の**行動ルール**、および、**学習ルールをすでにもっている主体**なのである[1]。

この「教育」によって主体がまず獲得しなければならないものは、次の2種類の知識である。

(1) その社会がどういうものであるかについての知識
(2) その社会の中で生活していくための行動パターンについての知識

なお、行動パターンについての知識というのは、

Aという情報が与えられ、それがBという条件を満たすときには、Cをする

というかたちをとるものと考えよう。こうして人間は状況に応じた行動が可能になっていくのである。

ただし、この行動パターンについての知識は、その人の実際の行動そのものになるとは限らない。知識は蓄えられていくが、行動パターンとして採用されるのはその一部だからである。では採用されずに単なる知識として蓄えられた行動ルールにはどのような意味があるのだろうか。それは、主体が採用する行動ルールに代替案を与えると同時に、他人の観察される行動[2]の内部を解釈するための知識ベース、つまり観察学習の答の候補にもなるのである。

そして、さらにもう一つの学習のためのルール、すなわち、

(3) 行動パターンを自ら調整するための学習ルール

これも習得する必要がある。状況に応じて、行動ルールそのものを改めていく学習ルールをもたずに社会に参入すれば、状況に適応する必要が生じたときに困難に直面することになる。

なお、進化経済学の主体モデルの前提は以上であるが、こういうことを前提できるためにはさらなる前提が必要である。それは動物としての人間というハードウェアの前提である。つまり、有限ではあっても、学習・推論能力があり、言語能力もあるという前提である。

5.2.2 主体のモデル

かくして、第1章で述べたように、進化経済学の主体は、**複製子＋相互作用子**、つまり、上で見たような様々な行動や学習のルールとしての複製子を身につけて振る舞う相互作用子、というかたちでモデル化されることになる。ここで複製子は、行動ルールとしての複製子、学習ルールとしての複製子、および、アクティブでない状態で蓄積されている複製子、の三つに分けられることになる。この主体が、周辺情報、システムの振る舞いに関する情報、外部刺激を受け、内部に蓄えられたルールに照らして行動を起こす。そして、これらの主体が不可逆的時間下で相互作用を展開させていくことによって、経済システムは動作する。

主体が一つの判断をする際には、様々な他の主体の様々な活動情報を参照することになるだろう。たとえば、車の購入を検討している場合であれば、生産者の出力情報である価格や燃費、消費者の出力情報である個々の購買判断や全体としての判断を反映する人気度、評論家の意見などである。ここでは主体の判断をごく単純化し、それらの入力情報をその車を買うかどうかの判断に対するインパクトの大きさという一つの観点から一元化して評価・比較できるものとする。実際はこのように一元化できるとは限らないし、また行動ルールも複数あるはずであり、進化経済学はそのような主体モデルも扱っている。しかし、ここでは話をわかりやすくするために、入力情報を一元化でき、一つの行動ルールだけを持つ主体モデルで考えることにする。

行動ルールの表現

　主体は様々な行動ルールとしての複製子を身につけて日々の活動を行っている。第1章で述べたように、それは「このような場合にはこのように行動する」というまさにパターン化されたかたちをとる。このことを次のように表現しよう。第 i 番目の主体は、n 種類の入力情報（たとえば、周りの人の行動）を見て、自らの行動にたいする刺激として受け取る。そしてこれらの刺激をその行動への影響の重要度という観点から一元的に評価して重みをつける。第 i 番目の主体がその第 j 番目の入力情報につける重みを w_{ij} とすれば、この重みを入力情報の大きさ x_j に掛けて、これをすべての入力情報について合計した加重和 $\sum_{j=1}^{n}[w_{ij} \cdot x_j]$ を求める。これが、この主体が行動を決定する時に、他主体の行動などの入力情報から受け取る刺激の大きさとする。これがあらかじめ各主体がもっている評価基準値（これを**条件充足基準**と呼び、s_i とする）を上回るとき、対象となる行動を実行し（出力値1とする）、逆に下回るときには実行しない（出力値0とする）。

　これは次のように表現することができる。

$$\text{if} \quad \sum_{j=1}^{n}[w_{ij} \cdot x_j] > s_i$$
$$\text{then} \quad 行動出力 = 1 \quad \text{else} \quad 行動出力 = 0$$

これはある行動がどのような場合に実行され、どのような場合には実行されないか、そのオン／オフの条件を表している。

　上に見たのはもっともシンプルな主体モデルである。しかしながら、経済社会を支えるものという観点から見たとき、主体のとるより重要な行動は、消費生活や畑での農作業、商店の仕入れ作業などを思えばわかるように、日々もしくは年々継続的に行われる行動であろう。そうした行動は、基本的には同じような内容が繰り返されるとしても、対応すべき環境が変わったと主体が認識する場合には、活動の水準はその状況に合わせたものへと変更される。たとえば

消費活動であれば、自らの手取り収入、家族構成、周りの人々の消費活動水準、その時点の情報で判断した景況感などを参照しつつ、先月よりも切り詰めようか、もうちょっと贅沢しようかなどと考えてその支出水準を調整する、という具合にである。

そこで、次に、主体の行動ルールを表現するにあたって、単に「このような場合にはこのように行動する」というかたちをとるのではなく、「(ある行動について)このような場合にはこの程度に活動水準を調整する」というかたちで行動調整が行われる様子をモデル化して表現することにしたい。

主体が自分の行動を調整するに際して、手に入れうる情報が n 個あったとする。この n 個の情報が、x_1 から x_n までの n 個の数量で表されるものとしよう[3]。それを主体が記憶しているそれぞれの周辺情報の以前の値と比較し、どのように変化したかを認識する。そして、認識した変化を行動を調整する上での刺激の大きさという一つの観点から評価し、それを反映させた重みをつけて合計し、一次元化する。これを主体があらかじめもっている評価基準値と大小比較し、行動を推進するか抑制するか決める。

これを次のように表現する。第 i 番目の主体は、n 種類の入力情報(たとえば、周りの人の行動水準)を見て、それらが以前どのようであったか自らの記憶と比較し、それらの変化分を認識して、自らの行動調整にたいする刺激として受け取る。そしてこれらの刺激をその行動への影響の重要度という観点から一元的に評価して重みをつける。第 i 番目の主体がその第 j 番目の入力情報につける重みを w_{ij} とすれば、この重みを入力情報の大きさ x_j と記憶された過去の値 $\underline{x_j}$ との差に掛けて、すべての入力情報について合計した加重和 $\sum_{j=1}^{n}[w_{ij} \cdot (x_j - \underline{x_j})]$ を求める。これが、主体が行動決定の際に、他主体の行動などシステム内部から受け取る刺激の大きさとするのである。この内部からの刺激に加えて、分析対象の環境条件や分析対象へのコントロールを意図した政策的な働きかけなど、いわばシステム外部からの刺激の変化も考慮することにし、外部刺激の大きさ Z_i と、記憶された以前の大きさ $\underline{Z_i}$ との差、$Z_i - \underline{Z_i}$ も入力に加えることにする。これらの和があらかじめ各主体がもっている条件充足

基準 s_i を上回るとき、対象となる行動を強化し、逆に下回るときには抑制する[4]。

ここまでのところをひとまず条件分岐式で表現すると、次のようになる。

 if $\sum_{j=1}^{n}[w_{ij}\cdot(x_j-\underline{x}_j)] + Z_i - \underline{Z}_i\ >\ s_i$
  then 行動の調整出力レベル＝現在の行動の調整出力レベル
          ＋調整値
  else if $\sum_{j=1}^{n}[w_{ij}\cdot(x_j-\underline{x}_j)] + Z_i - \underline{Z}_i\ =\ s_i$
  then 行動の調整出力レベル維持
  else 行動の調整出力レベル＝現在の行動の調整出力レベル
          －調整値
 end if

2番目に示したのは行動調整型の主体モデルであるが、上の表現では、条件充足基準 s_i と受けた刺激の大きさとの厳密な大小関係によってただちに行動が調整されることになっている。しかしながら現実的な人間の行動を考えてみれば、たとえ観察される状況が多少以前の記憶からズレていても、それが大きなズレでなければ、たまたまのブレ、ノイズであるかもしれないので、それがただちに行動調整を要求すべきメッセージであると判断するのは躊躇するだろう。第4章第1節で触れたバッファの存在は、当面の様子をみることを可能にする。そこでさらにこの点を考慮し、基準値自体が上下に幅を持ち、その範囲であれば即座の調整行動は行われないものと考えよう。その表現として、基準値の上下に $\pm\beta_i$ だけの幅を持たせるならば、上の条件分岐式は、以下のように書き換えられる。

 if $\sum_{j=1}^{n}[w_{ij}\cdot(x_j-\underline{x}_j)] + Z_i - \underline{Z}_i\ >\ s_i + \beta_i$
  then 行動の調整出力レベル＝現在の行動の調整出力レベル
          ＋調整値

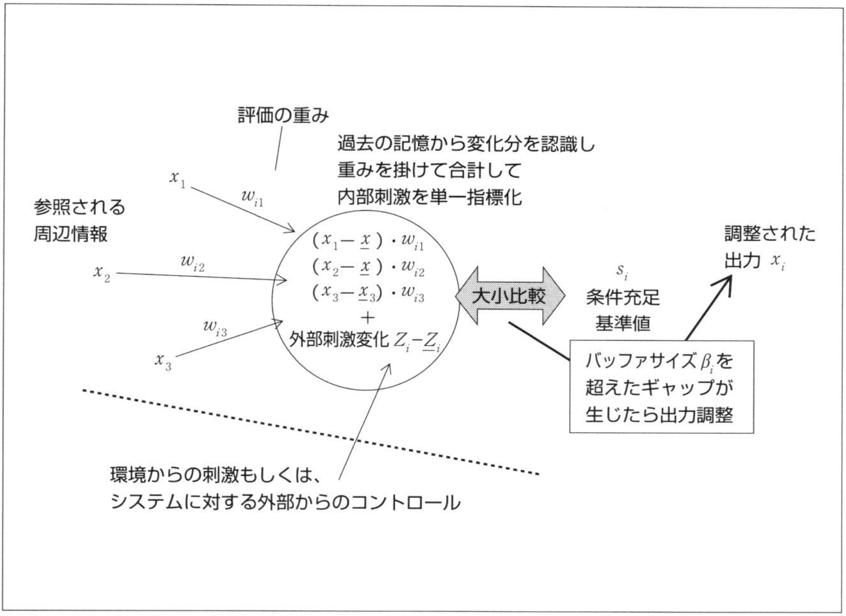
評価の重み
過去の記憶から変化分を認識し
重みを掛けて合計して
内部刺激を単一指標化
参照される
周辺情報
x_1
w_{i1}
x_2
w_{i2}
x_3
w_{i3}
$(x_1 - \underline{x}) \cdot w_{i1}$
$(x_2 - \underline{x}) \cdot w_{i2}$
$(x_3 - \underline{x}_3) \cdot w_{i3}$
+
外部刺激変化 $Z_i - \underline{Z}_i$
大小比較
s_i
条件充足
基準値
調整された
出力 x_i
バッファサイズβ_iを
超えたギャップが
生じたら出力調整
環境からの刺激もしくは、
システムに対する外部からのコントロール

fig.5-1　一つの行動ルールだけの主体モデル

$$\text{else if } \sum_{j=1}^{n} [w_{ij} \cdot (x_j - \underline{x}_j)] + Z_i - \underline{Z}_i \leqq s_i + \beta_i$$

and

$$\sum_{j=1}^{n} [w_{ij} \cdot (x_j - \underline{x}_j)] + Z_i - \underline{Z}_i \geqq s_i - \beta_i$$

then　行動の調整出力レベル維持

else　行動の調整出力レベル＝現在の行動の調整出力レベル
－調整値

end if

ここまでの段階の主体モデルを図でまとめると fig.5-1のように表すことができる。

学習ルールの表現

　上の主体モデルでは、単純に定型的な行動のオン／オフだけでなく、直面する状況に応じた行動水準自体の調整を含んでいるという点では、限られた意味ではあるがすでに学習を含んだモデルになっている。けれども、行動調整の基準になっている s_i の値および周辺情報を評価する際の重み w_{ij} は所与とされている。これは第5章第2.1節で説明したように、進化経済学は「すでに存在している」複雑巨大な経済社会システムの動作の仕組みの解明を目指すものであり、モデリングの第一段階としては主体が社会に「役割」をもって参加するときには、それらはすでに与えられていると考えられるからである。しかしながら、これはその後も不変の行動基準として保持されると考えることはできない。個々の主体の経験や、経済システムの振る舞いの経過の中で、それらは学習によってやがては変わっていくからである。では、その学習の仕組みはどのようにモデル化されるだろうか。

　ここでは、やはりその最も単純なケースとして、**個人学習**のうちの、自らの調整の結果を評価して、s_i に反映させるルーティンを見ておこう。これは、条件部の判定結果が調整行動の都度、内部メモリに記録されるものとして、次のようにモデル化することができる。

　　　if　入力刺激値が λ 回連続して条件充足基準を上回る
　　　　　then　条件充足基準＝条件充足基準＋条件充足基準調整値
　　　if　入力刺激値が λ 回連続して条件充足基準を下回る
　　　　　then　条件充足基準＝条件充足基準－条件充足基準調整値

　さらに、ルールの模倣・伝達を考えるためには、二つの**社会学習**、すなわち他者の入出力の観察をもとにその行動ルールをコピーする**模倣（観察学習）**と、主体の必要に応じて内部の判断基準を含めて明文化されたかたちで行動ルールを獲得しようとする**選択的教育**をモデルに加えることが必要になる。

模倣（観察学習）

　他者の行動パターンをまねること、模倣学習は次のように表現することができる。観察された他者（第 k 主体とする）の状態を評価してそれが良好であると判断されたとしよう。このとき主体は、「教育」によってすでに内部メモリに蓄積されていた行動ルールのリストの中から、その他者の行動に近いと思われる行動ルールを見つけ出す。そして、他者がどのような入力情報に基づいて出力を行っているかを観察することによって該当する行動ルールの判断の内部を構成する重みや条件充足基準を調整した上で、その行動ルールを自らの行動基準に加える。模倣はこのようなプロセスとしてモデル化することができる。これは他者が入力情報を評価する際の重み w_{kj} や、他者が行動水準を調整する条件充足基準 s_k を推論し、自らの行動ルールにコピーするルーティンである。観察できるのは、他者の入力刺激と出力のみであるが、「教育」によって内部メモリに蓄積された if-then ルールのリストから適合するものを選び、条件充足基準を調整することによって、他者の if-then ルールの全体を推論する。

　　　if　自分より「うまくいってる」他者を発見　then
　　　　　if　（他者の入力刺激値 ＞ 自分の条件充足基準）
　　　　　　　　　　and（他者の調整出力 ＝ OFF）
　　　　　then　自分の条件充足基準＝自分の条件充足基準
　　　　　　　　　　　　　　＋Δo（観察学習による調整値）
　　　　　（あるいは
　　　　　then　自分の条件充足基準＝他者の入力刺激値＋$\Delta o'$）
　　　　　if　（他者の入力刺激値 ＜ 自分の条件充足基準）
　　　　　　　　　　and（他者の調整出力 ＝ ON）
　　　　　then　自分の条件充足基準＝自分の条件充足基準－Δo
　　　　　（あるいは　then　自分の条件充足基準＝他者の入力刺激値－$\Delta o'$）

　ところで上の１行目の条件文に、他者が「自分よりうまくいっている」かど

うかという部分がある。しかし、これをどうやって判定するかは、他者を含めた「世界」をどのように認知するかという非常に難しい問題である。本章はあくまでももっともシンプルなモデルで進化経済学の基本的な枠組みを説明することが目標なので深入りはしない。もし具体的に記述するとすれば、たとえば「自分と同じジャンルの活動を行っている他者を発見し、その活動水準が自分と比べて高い状態が連続して観察される場合」というかたちで、ひとまず理解していただきたい。

コラム⑦　多様な進化はなぜ可能なのか

　社会が「進化」するというとき、それまでの経験では予想もつかなかったような事柄が新しい社会では当たり前のように起こる。このようなことを先ほどのモデルは本当に表現することができるのだろうか。先ほど見た社会のモデルでは、社会は外部からの刺激がなければやがてはいずれかの平衡状態に行き着くことになる。しかしながら、通常の社会のモデリングにおいては、行動ルールのパターンは先にモデル設計者によって与えておかなければならないので、それらの平衡状態もいわば「つくりこまれたもの」にしかならない。では進化経済学のモデルでも、この点は変わらないのだろうか。

　まず、行動ルールは各相互作用子において、局面に応じて多数もたれるものであることに注意しておこう。たとえば、主体が対応しなければならない局面の数を n 種類としよう。それぞれの局面においてどういう振る舞いをとるか、つまりどのような行動ルールを選択しているかによって、主体の「個性」が表現されるとしよう。すると、もしもそれぞれの局面にたいして選択可能な行動ルールが r 個あるのだとすれば、主体が取りうる「個性」の数は r^n 通りとなる。たとえばとても単純なモデルで、主体の対処すべき局面の数が10種類、それぞれの局面で考える行動パターンの数がわずか 2 個しかなかったとしても、主体ごとに取りうる「個性」の数は $2^{10}=1024$ 通りになる(注)。そして、主体数を m 人とすれば、社会の中の個性の組み合わせは m のこの数乗、つまりもし、$m=5$ ならば、5^{1024}、ほぼ 10^{700} 通りにも上る。そして、これらの主体の相互作用によってシステムは動作するのである。進化経済学が対象とするのはけっしてシステムの平衡状態に限られないが、たとえ平衡状態に限ったとしても、このそれぞれ個性ある主体のそれぞれの組み合わせにたいして、システムが取りうる状態は複数ある。そのすべてをシステムが実際に「経験」することは到底ありえないのであって、この単純なモデルが描く社会ですら、

新たな局面に直面する余地を常に持っている。進化を扱うためには、さらに行動ルールを「学習」するメカニズムを導入しなければならず、システムの表現しうる状態はさらに多様になることがわかるだろう。

各局面での選択可能な行動ルールを最初に与えているという意味においては、確かに出現する平衡状態もそれへの経路も「つくりこまれたもの」ということになる。しかしながら、このシステムの平衡状態自体を最初から与えている、もしくは、ほぼ類推可能な形で最初に与えている、という意味ではそれらは「自明」ではない。進化経済学のシステムモデルは、たとえ個々の主体のとりうる行動パターンがありふれたものであったとしても、社会の振る舞いは個々の主体のレベルで想定される単純さをはるかに超えて複雑で、新奇に満ちていることを表現しているのである。

注) これはセルオートマトンでルールのとりうる数の多様性と対応する。たとえば、2次元セルオートマトンで各セルが2値をとりうるものとし、上下左右の四つのセルの状態の場合の数は2^4通りであり、このそれぞれについて当該セルのとる値を決めるのがルールということになるから、これは2^{16}通りとなる。セルオートマトンでは通常すべてのセルが同一の更新ルールにしたがうものとして全体のパターンを考えるが、主体が共通の行動ルールにしたがうと考える理由はない進化経済学から見れば、これは特殊ケースということになる。

選択的教育

主体モデルの前提で言及した「教育」が、主体にとっては社会から選択の余地なく与えられる、半ば強制されたものであったのにたいし、選択的教育はすでに自立した主体が選択することによって行われる教育である。たとえば英会話学校に通う、とか、会計士の専門学校に通う、などである。なお、ここで「教育」という用語を用いるのは、他者の入・出力を観察し、観察学習とは違って、内部の判断基準まで明示的に示されたかたちで、いわば明文化された他者の行動ルールを丸ごと自らの内部メモリに追加記入し、行動ルールとしての候補に加えるルーティンを意味するからである。

5.2.3 多主体相互作用系の入門モデル

5.2.2までは、個々の主体は周辺の情報を参照しながらどのように振る舞う

のか、また学習によってどのように振る舞いを変えていくのかについて、進化経済学の主体のモデルを説明してきた。では、このような主体が集まって構成される社会全体はどのように振る舞うのだろうか。本節では進化経済学の経済社会システムのモデルを説明する。

　第1章で取り上げた「おなかがすいたら、コンビニに行っておにぎりを買って食べる」というパターン化された行動の場合だと、「おなかがすいた」という条件が満たされたとき、「コンビニに行っておにぎりを買って食べる」という行動が実行される。条件となる命題をA、実行される行動をBとすると、if A then Bとなるのは主体モデルで確認したところである。しかし、このままでは個人がある情報に対してある行動をとることを形式的に記述しただけである。ここから社会のモデルを構築するためには、条件部に他者の行動を反映させて、相互作用がどのように展開されるのかをモデルとして表現しなければいけない。つまり、条件文に入ってくる情報が、自分の内部状態（おなかが空いているか否か）だけでなく、他者の行動の観察から得られる情報（ほかの人たちはどうしているか）も入っていなければいけない。

　そこでまず手始めに、第5章第2.2節の最初に説明した主体モデルに基づき、どの主体についても行動の種類を一つだけとるものとして、その行動がとられるときには1、とられないときには−1とすることによって、実行される行動が表現されるシステムを考えてみよう。ひとまず、相互作用が生じる最低限の構成人数2の場合で考えてみよう。

　他人がおにぎりを食べていたら、自分も欲しくなる。食べていなければ、欲しいとは思わない。そんな主体が2人いたとする。するといかなるきっかけであれ、一方がおにぎりを食べたら、他方もそれに従い、以後双方ともおにぎりを食べ続ける。逆に、いかなるきっかけであろうと一方が食べていなければ、他方もそれに従い、以後どちらもおにぎりを食べない。このいずれかの状況が現れることがわかるだろう。

　けれども直前におにぎりを食べていたなら、他人が食べていてもいなくても

おにぎりは食べようとは思わないだろう。逆にしばらく食べていなかったら、他人がどうあれ食べたいと思うだろう。そこで直前に食べていたら相手の行動にかかわらず食べず、2時点にわたって食べていなければ、相手の行動にかかわらず食べるものとして、このような主体が2人いたらどうなるのか考えてみる。行動を、食べる場合は1、食べない場合は－1として適当な初期状態から表を書いてみればわかるが、この場合は一方がおにぎりを食べ、他方が食べないという状況が交互に続くか、3時点周期で同時に食べるというパターンのいずれかになる。

主体1　……　1　-1　1　-1　1　-1　1　……
主体2　……　-1　1　-1　1　-1　1　-1　……

主体1　……　1　-1　-1　1　-1　-1　1　-1　-1　1　……
主体2　……　1　-1　-1　1　-1　-1　1　-1　-1　1　……

このごく簡単な考察が示唆するところは、他者の行動を参照することによって、異なる主体の間にシンクロした行動パターンが発生しうる、ということである。これを定式化してみよう。それぞれの行動を x_1、x_2 で表し、その行動が行われる時点を t で表すならば、行動決定のルールは次のように表現される。

主体1の行動決定ルール
　　if　　$\{x_{1,t-1} = x_{1,t} = -1\}$ または $\{(-1) \times x_{1,t} + 1 \times x_{2,t} > 0\}$
　　　　then　$x_{1,t+1} = 1$
　　　　else　$x_{1,t+1} = -1$
主体2の行動決定ルール
　　if　　$\{x_{2,t-1} = x_{2,t} = -1\}$ または $\{(-1) \times x_{2,t} + 1 \times x_{1,t} > 0\}$
　　　　then　$x_{2,t+1} = 1$
　　　　else　$x_{2,t+1} = -1$

ここでは相手の出力に1、自らの出力に－1の重みがつけられ、条件充足基準値が0となっているのに加えて、行動が2期間行われなかった場合の単独行動開始条件が追加されている。

　さて、ここまでは、それぞれの主体のとりうる行動は、おにぎりを食べる／食べない、のいずれかであった。しかし、前節で次にとりあげたのは、単に、ある行動をとる／とらない、だけにとどまらず、ある行動をどの程度の活発さで行うか、その途中の段階も含めての調整行動であった。ただ調整行動といっても、相互作用子のハードウェアとしての制約から調整するにも自ずとその調整可能範囲があるはずである。つまり食事であれば完全な空腹状態と完全な満腹状態の間でしか調整は行うことはできないであろうし、生産者であれば、生産者として存続するための最低限の生産水準と組織や設備の制約からくる最大限の生産水準というものがあるだろう。そこで、調整行動の結果、行動水準の上限にいきつけば、それ以上に上方には調整できず、下限にいきつけば、それ以上に下方調整はできないものとしておこう。このような主体が集まって構成される社会はどのようにモデル化できるだろうか。

　この場合も、社会のモデルを構築する際の第一歩は、主体の入力情報としての周辺情報を、システム内部の（身近なところにいる）他の主体の出力と考え、この主体の出力もまた、周辺他主体の入力情報となると考えることから始まる。n人の主体からなる経済システムを考えよう。それぞれを1からnまでの添字で区別する。第j番目の主体のt期の出力を$x_{j,t}$で表し、これらが$t+1$期に主体が行動を決定する際に参照されるシステム内部からの情報であると考える。主体は、$t-1$期の第j主体の出力$x_{j,t-1}$を記憶していて、第j主体の出力の変化を刺激として受け取る。第i番目の主体が自らの出力を調整するに際して、これを刺激としてどれだけ重視するかを示す重みをw_{ij}で表す。1人の主体について、w_{ij}は$j=1$からnまで、n個の値で表現されるが、視野の限界のために参照できるのは周辺主体の調整出力に限られることから、その多くは0となる。周辺主体の出力変化分にそれに対応する重みを掛けたものの合計が、経

済システム内部から主体が受け取る刺激の大きさということになり、これと環境条件や政策介入といったシステム外部からの刺激の大きさの変化（t 期の外部刺激の大きさを $Z_{i,t}$ で表すことにすれば、前期から今期（t 期）にかけての変化は $Z_{i,t} - Z_{i,t-1}$ で表される）を加えたものと条件充足基準（これを s_i とする）との大小関係から、主体は自らの行動調整出力調整値を決めることになる。すなわち、第 i 番目の主体は、$\sum_{j=1}^{n} w_{ij}(x_{i,t} - x_{i,t-1}) + Z_{i,t} - Z_{i,t-1} - s_i$ という大きさで表される刺激を、自らの行動を調整するための情報として受け取る、と考えるのである。

ここで第 i 番目の主体について、その出力調整の判断を表す関数を $F_i(\ )$ としよう。この関数の値は、まずバッファの存在を反映して、$\pm \beta_i$ の範囲の入力値に対しては 0、それを超える正の入力値に対しては $+1$、逆に、それを超える負の入力値に対しては -1 を返すものとする。

また、自らの出力調整の必要性を判断したとしても、どれだけの調整が可能であるかは、それぞれの主体の事情によって決まっているであろうから、第 i 番目の主体が調整可能な大きさを表すパラメータを A_i で表すことにする。主体が活動を行っていく上で、能力的にも資源的にも、活動水準にはその大きさの範囲が限られているであろうから、活動水準の上限もしくは下限が近づくならば A_i の大きさは 0 に近づくことになるものとしよう。

このように考えたとき、第 i 番目の主体の出力調整の大きさは、$A_i \times F_i(\ )$ で表される。これを今期の第 i 番目の主体の出力値に加えたものが、次期の第 i 番目の主体の出力となる。

以上のことから、多主体による相互作用系のモデルは次のように表される。

$$x_{i(t+1)} = x_{i(t)} + A_i \cdot F_i\left(\sum_{j=1}^{n} w_{ij}(x_{i,t} - x_{i,t-1}) + Z_{i,t} - Z_{i,t-1} - s_i\right)$$
$$i, j = 1, \cdots, n$$

このシステムがどのように振る舞うのか直接イメージすることは難しい。そこで相互作用が生じる最低限の個体数である $n = 2$ のケースを例にして、シ

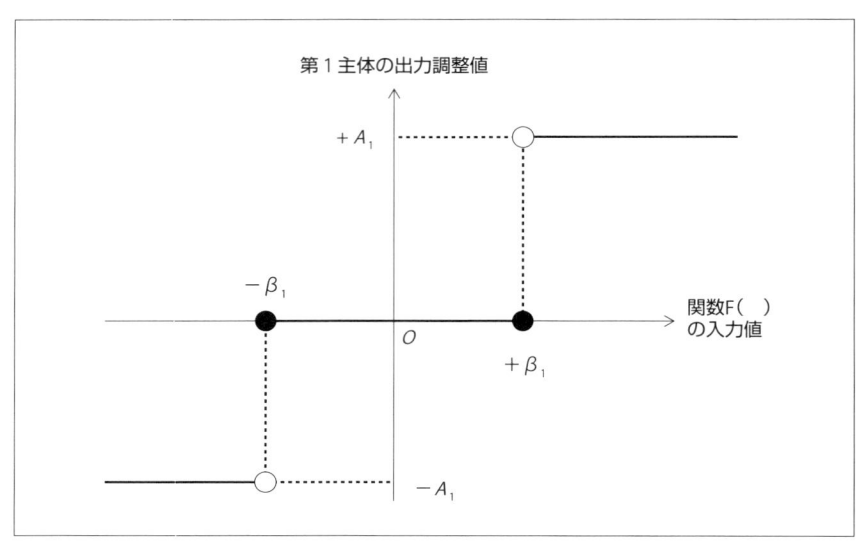

fig.5-2 バッファのある場合の関数 F の入力値に対する出力調整値 X

ステムの振る舞い方を説明しておこう。

　先ほどの式の関数 F は、入力値が $+\beta_1$ よりも大きければ $+1$、$-\beta_1$ 以上 $+\beta_1$ 以下の範囲であれば 0、$-\beta_1$ よりも小さければ -1 を出力する。第 1 主体の $t+1$ 期の調整出力値は、その A_1 倍したものになるので、F の入力値と次期に向けての出力調整値との関係をグラフにすると fig.5-2 のようになる。

　ここで横軸を、システム内部からの入力値 $\sum_{j=1}^{n} w_{1j}(x_{j,t} - x_{j,t-1})$、ここでは $n = 2$ なので $w_{11}(x_{1,t} - x_{1,t-1}) + w_{12}(x_{2,t} - x_{2,t-1})$ に置き換えるならば、第 1 主体の場合、F の入力値はこの値に外部刺激 Z_1 を加え、条件充足基準 s_1 を引いたものなので、逆にこの値から見れば、それは F の入力値から $Z_{1,t} - Z_{1,t-1}$ を引き、s_1 を加えたものとなる。したがって、横軸を $\sum w_{ij}(x_{i,t} - x_{i,t-1})$ にしたグラフはもとのグラフを横軸の $-$ 方向に $Z_{1,t} - Z_{1,t-1}$(これを $\varDelta Z$ で表す)、$+$ 方向に s_1、つまり $s_1 - \varDelta Z$ だけ横軸の $+$ 方向に平行移動したものとなる(fig.5-3)。

　このような 2 主体からなる相互作用系の振る舞いを理解するためには、もう

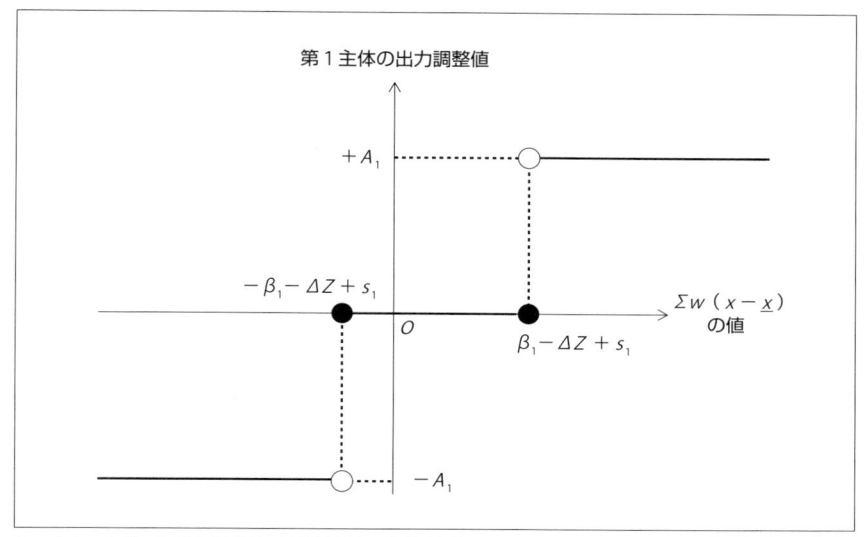

fig.5-3 主体の出力調整と外部刺激・充足基準

少し単純化する必要がある。まず、調整操作の可能な大きさが同じで、互いに相手の調整出力値のみをそのままの大きさの刺激として参照する対称的な主体を考える。つまり、$A_1 = A_2 = A$、$w_{12} = w_{21} = 1/A$、$w_{11} = w_{22} = 0$ とする。さらに、システム外部からの刺激変化の大きさと条件充足基準の大きさがちょうどつりあっている、つまり、$s_1 - \Delta Z = 0$ の場合を考える。このとき、1番目の主体にとって関数 F の入力値は、2番目の主体の現在の調整出力値になるので、これを横軸にとれば、2番目の主体の調整出力値と1番目の主体の更新値の関係を表すグラフは fig.5-2 のグラフと同じかたちになる。同様にして、2番目の主体の更新値も、この更新された1番目の主体の調整出力値によって決まるので、その値を再び横軸に移し替えたら、やはり同じかたちのグラフの縦軸の値で求められる。すると、x_1 および x_2 の値が時間を通じてどのように変わっていくのかは、次のような図解によって知ることができる。

　まず45度線を図に描き入れる。$x_{2,t} - x_{2,t-1}$ にたいする $x_{1,t+1} - x_{1,t}$ がグラフの縦軸の値として求められたら、そこから水平に45度線にぶつかるところま

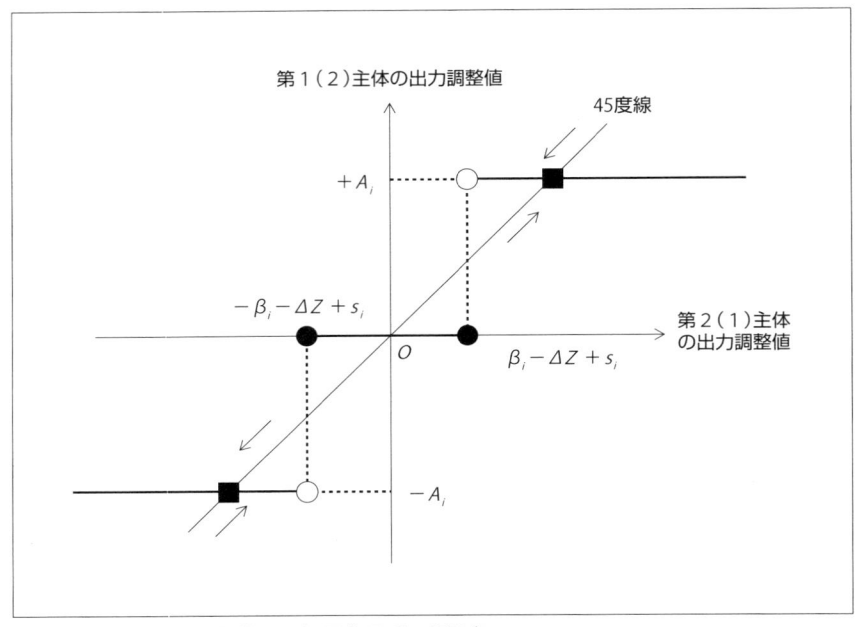

fig.5-4 行動調整 2 主体間の相互作用系の振る舞い

で線を引き、ぶつかった点から真下に降りて横軸との交点を求めるとこれは縦軸と同じ値になる。そこで、この横軸の点に対応するグラフの対応点を縦軸に読み取れば、それが2番目の主体の調整出力 $x_{2,t+1} - x_{2,t}$ となる。上の操作をこの $x_{2,t+1} - x_{2,t}$ の値を横軸にとって行えば、同様にして $x_{1,t+2} - x_{1,t+1}$ を求めることができる。こうした操作を繰り返せば、x_1 と x_2 の調整値はどうなるのかは、作図によって求められる。

　fig.5-4 を見てほしい。まず、グラフが調整出力0のところで水平になっている中央部分では、相手の行動調整をノイズとみなすために、自分の行動を変化させることはない。たまたまとった出力調整がこの水平の範囲にあるときは、お互いに相手の調整行動を引き起こすことはなく、その水準で双方の行動水準は落ち着くことになる。このエリアを中立的な平衡帯と呼ぶことにしよう。それ以外のところでは、グラフと45度線が交差している点では、相手の行動調整

の大きさとこちらの行動調整の大きさが等しくなっている。互いに相手の行動調整に対する反応は同じものと想定しているので、このような点（■で示された点）では両者とも調整行動自体を変化させることはない。その他の場所では、■の地点に吸い寄せられるように調整行動を変化させることになる[5]。

では、この単純なシステムはどのように振る舞うのか考えてみよう。ここでそれぞれの主体が判断しているのは行動の活発さの水準をどれだけ変化させるかである。先述のように活動の種類にもよるが、その水準には生活を続けていく上での可能な範囲というものがあるだろう。fig.5-4の左下の■点では、双方の主体が活動水準を低下させていき、下限に行き着き、その水準でとどまることになる。逆に右上の■点では、双方の主体が活動水準を活発化させていき、上限に行き着き、その水準でとどまることになる。太線で示された中立平衡帯では、いずれの主体がたまたま調整行動をとったとしてもそれが相互作用を引き起こすことはないので、活動水準はそこでとどまることになる。

さて、ここまでの考察において、$s_i - \Delta Z = 0$と想定してきた。しかし、グラフ自体は$s_i - \Delta Z$の値によって左右にスライドする。この相互作用系外部からの刺激変化であるΔZが大きくなればグラフは左にスライドするし、ΔZが小さくなればグラフは右にスライドする。これがシステムの振る舞いにとってもつ意味を考えてみよう。fig.5-5を見てほしい。

この図は外部刺激の変化水準が十分大きくて、グラフの階段部分が完全に45度線の左にスライドした場合を示している。このとき、ΔZの変化を受けて第1主体がとる調整行動は、関数Fの入力値が$-\beta_1 + s_i - \Delta Z$より小さいときには$-A$、$\pm\beta_1 + s_i - \Delta Z$の範囲の時には$0$、$+\beta_1 + s_i - \Delta Z$よりも大きいときには$+A$となるはずである。すると、これを受けた第2主体についても同様にΔZが大きくなっているときには、第1主体と同様の調整行動をとるため、$-A$に対しては0、0に対しては$+A$、$+A$に対しては$+A$をとる。このように考えれば、外部刺激の変化水準が高くなり、双方共にfig.5-5の状態であるとき、■で示された1点のみが安定的に選択されることになる。これはつまり、双方が行動水準を活発化させていき、上限の水準にとどまることを示

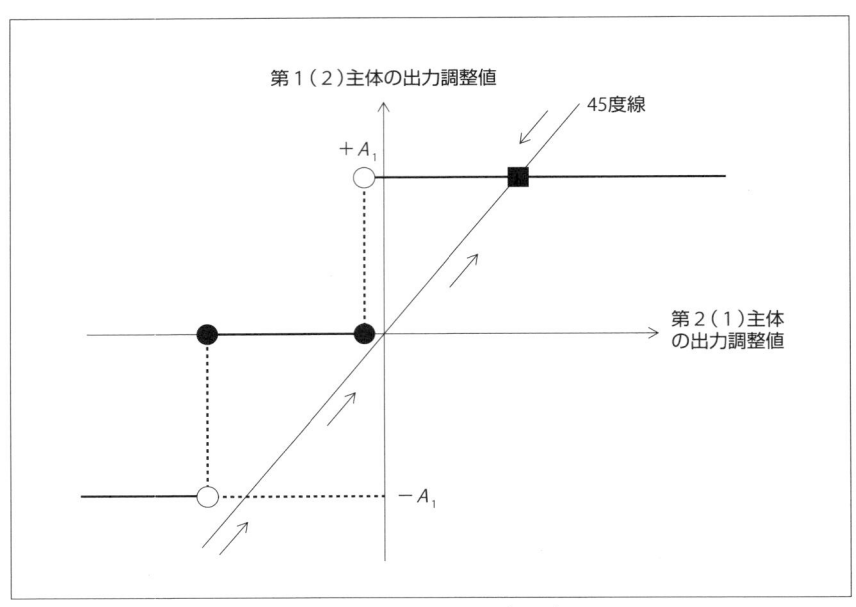

fig.5-5　外部刺激が大きくなったときのシステムの振る舞い

している。その逆、ΔZが小さくなる場合については読者に検討してもらいたい。

　この考察は、経済システムの環境条件が安定していることなどいくつかの条件が揃うならば、このシステムに政策的に働きかけることによりその振る舞いを制御できる可能性を示唆している。これについては第7章で触れることにしよう。

　ここまでは主体数を2にして、しかもそれらが対称的に影響し合うようなシステムを考えてみたが、進化経済学が考察の対象の中心に据えるのはもっと数多くの主体からなる巨大で複雑なシステムである。その場合にどのような振る舞いをするのか、ここで解説は省略するが、大いに参考になるのは脳細胞のネットワークのモデル、ニューラル・ネットワークの振る舞いである。じつは第5章第2.2節の最初の主体モデルをもとにして構成した相互作用系は、ホップフィールド・ネットワークと呼ばれる単層対称相互結合型のニューラル・ネットワークと同じ構造をしている。そこでネットワークを構成する脳細胞を表す各ユニットは、周辺細胞の出力に重みをつけて合計した刺激の大きさとユニッ

第 5 章　進化経済学のモデル

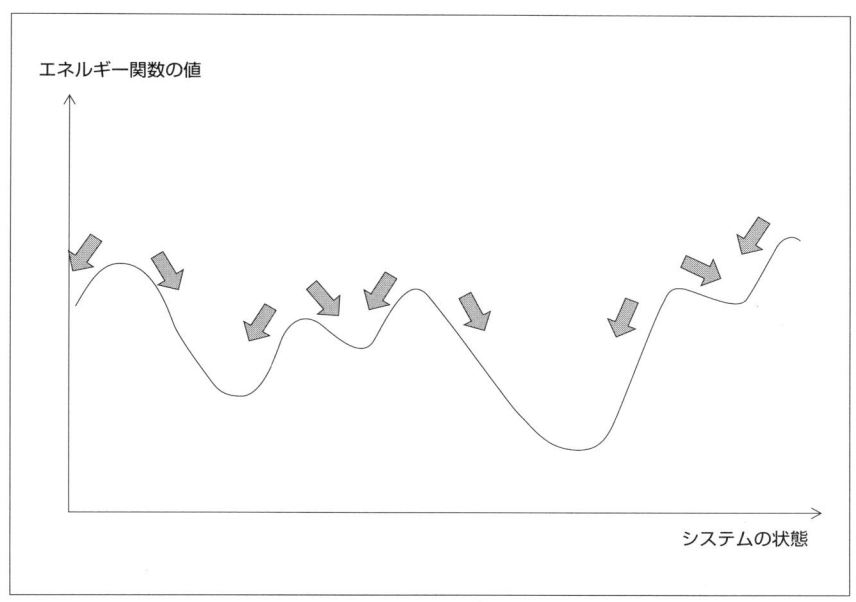

[図: エネルギー関数の値を縦軸、システムの状態を横軸にとった多平衡システムの模式図]

fig.5-6　多平衡システム

トの持つしきい値とを大小比較して自らが発火するかしないかを決定し、ネットワーク全体が発火パターンをつくり出す。fig.5-6 は、多数の主体からなるシステムで、各主体がルールに従って状態を変えるごとに必ずその値が小さくなるような関数（エネルギー関数と呼ばれる）の値を縦軸にとり、水平側の軸に主体の状態のパターンをとった模式図だが、このようなシステムは一般に、多数の安定的平衡点をもつことを示している。第 5 章第2.3節の最初のモデル——2 人がおにぎりを食べる／食べない様子を表したモデルはこの特殊ケースであった。

　これにたいして、第 5 章第2.3節の後半のモデルでは、単にある行動をとるかとらないかではなく、継続的に行われる行動（消費行動や生産行動など）がどの程度の水準の活発さで行われるのか行動調整に分析の焦点を当てている。もしも、この後半のモデルにおける行動調整の組み合わせを前半の行動自体のオン／オフに読み替えるならば、システムの一般的な振る舞いについての上の

推論は有効であろう。けれども、下限と上限の中で調整される行動水準に焦点を当てるならば、調整速度に応じて各行動の下限あるいは上限に行き着く様々な時間経路、さらに中立平衡帯におさまって中間的な活動水準に安定的にとどまる場合を考察するための、一層詳細な分析が必要となるが、これは基礎編である本書では扱わないことにする。

5.2.4　さらに学習を採りいれたモデルへ

前項で相互作用系の入門モデルとそこで描かれたシステムの振る舞いについて説明した。しかし、これはまだ進化経済学の重要な部分が入ったモデルではない。制度が生まれ、変容し、経済システムに進化が見られる様子を表現するための基礎となる、主体の学習が不十分にしか採りいれられていないからである。

進化経済学の主体モデルは、相互作用子＋複製子を基本とする。前節のモデルは、相互作用子に一定の複製子が結びついているという限定つきで、パターン化された行動をとる主体たちが不可逆的時間下で相互作用しあうことで運行するシステムを簡潔に表現していた。しかし、相互作用子に結びついた複製子は一定ではない。複製子は切り離されもするし、コピーされて伝達もされる。その仕組みを表したものが第5章第2.2節の学習のモデルである。主体は、自らの調整行動の結果を評価することによって、周辺情報の参照の仕方を変更する。他者のパフォーマンスを評価し、成功しているようにみえる場合にはその行動パターンをコピーするし、学校をはじめとする制度を利用して行動パターンをその基準ごとコピーすることもある。さらに、社会の状態を示すニュースをもとにして、自らの行動基準や参照情報を調整することもある。

これらの「学習」は、通常の調整行動より長い時間を要する。学習は、自らの行動の結果や見たり聞いたりした事柄というローカルな範囲の情報をもとに行われるが、思考と行動のパターンが改められたときに、対処するべき主体にとっての環境条件はもはや以前と同じものではない。システムの状態はこうした主体の不可逆な行動の集積によって時々刻々変わっていくため、同じではあ

りえないからである。それがどのような状態になっているのかは、少なくとも正確には、個々の主体が知る由もない。

　主体はよりよい状態を望んだり、あるいは、気まぐれでその思考と行動のパターンを変えたりする。それが結果として状態の改善をもたらせば、その行動パターンは引き続き採用され続けるだろうし、それをコピーする他の主体も増えるだろう。逆に、結果として状態を悪化させるようならば、その行動パターンは次第に破棄されるようになるだろう。また、明らかには改善したとも悪化させたともいえない場合ならば、特段の事情がないかぎり行動パターンは惰性で維持されるだろう。ある行動パターンが安定的に共通して採用されるようになれば「制度」が誕生し、多くの主体の行動の前提になる。そのとき、この新しい行動パターンにとってかわられたもとの行動パターンは、環境によって「淘汰」されたことになる。制度の誕生や淘汰がシステムの中の大きな部分で行われるならば、システムの振る舞い方も大きく変容する。これが「進化」である。

　システムの進化までを視野に入れて進化経済学の基本モデルは構築されなければならないのだが、それは前節の相互作用系の入門モデルよりさらに入り組んだものにならざるをえない。見通しは悪いことを承知の上であえて定式化するならば、次のようなかたちになる。

$$x_{i,t+1} = x_{i,t} + A_i \cdot F_i \left(\sum_{j=1}^{n} w_{ij,t} (x_{i,t} - x_{i,t-1}) + Z_{i,t} - Z_{i,t-1} - s_{i,t} \right)$$
$$i, j = 1, \cdots, n$$

$$w_{ij,t} = Dw (w_{ij,t-1}, x_{t-1}, \cdots, x_{t-T},$$
$$\text{Macro}_{t-t0}, \cdots, \text{Macro}_{t-T})$$
$$s_{i,t} = Ds (s_{i,t-1}, x_{t-1}, \cdots, x_{t-T},$$
$$\text{Macro}_{t-t0}, \cdots, \text{Macro}_{t-T})$$

前項の式と似ているが、ここでは周辺情報を評価する重み w と条件充足基

準 s_i を、それぞれ、過去の自らの調整行動の結果とシステムの全体の状況を参照しながら改める関数 Dw、Ds が登場しているところが違っている。ここで、$x_{(t)} = (x_{1,t}, \cdots, x_{i,t}, \cdots x_{n,t})$ は t 時点での全主体の出力をまとめたベクトル、T は何時点前のことまで憶えていられるか、すなわち、参照できる記憶限界を表している。Macro_t は t 時点でのその主体から見たシステム全体の状態を表す変数であり、単純にすれば、その時点での各主体の調整出力の総和、平均、最頻出力帯などで近似することになる。主体の情報視野はとても限られているため、1時点前のシステム全体の状態がすぐに把握されて参照されるとは考えにくいので、周りの状態が把握できるようになるのに要する時間を t_0 として t_0 時点前から T 時点前までのシステムの状況を参照するものとした。

　このようなシステムがどのように振る舞うのかを解析的手法で把握することは一般的には非常に難しい。そこで進化経済学では、シミュレーションモデルを構築してシステムの振る舞いを考察することになる。このときまず、対象としているシステムが、経済社会全体なのか、ある地域社会なのか、ある組織なのか、あるコミュニティなのかを明らかにする。つぎに、そのシステムを構成する主体を何にするかを決める。たとえば、企業や組織、人、国など、あるいは、それらの複合体などである。そして、その主体の調整出力として何を想定するか、その調整の仕方に影響するものが何であるかを決定する。行動ルールを調整する関数のかたちは、社会の観察や調査に基づいて推計する。このような一連の決定作業に基づいてモデルを具体的に決定することで、シミュレーションモデルが構築できる。

　このようなシステムの振る舞いを例示するため、単純なケースを取り上げてみよう。fig.5-3で説明したモデルに、個人学習のところで説明した「入力刺激の値が連続して条件充足基準を上回るとき、判定を辛くして充足基準の値を少し高くし、また、下回るさいには基準値を低くする」という学習ルールを導入する。ここで想定するのは、つぎのような社会状況である。2主体が、互いの出力を見て、自分の行動調整（行動決定）を行っているものとする。たとえば、魚を獲る人と獣を捕る人が双方の獲物と自分の獲物を交換しようとする状

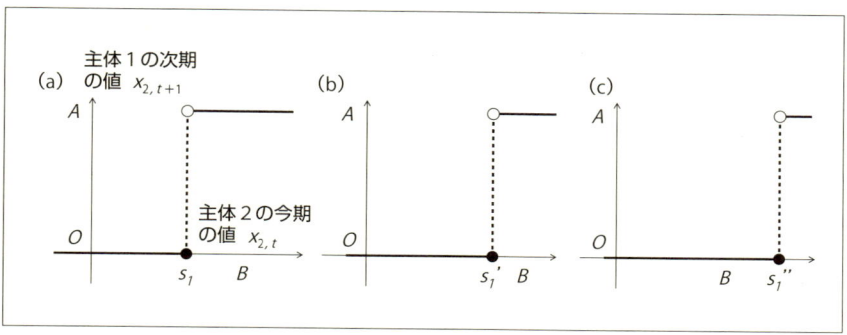

fig.5-7

況を考えよう。両者は、相手が差し出す獲物の量が満足できるものであれば（すなわち、自らの充足基準を上回るものであれば）自分の獲物を差し出すという行動ルールを持っているとする。そして、両者が獲物を差し出せば交換が成立する。上記の学習ルールはこの満足できる量を変えるという行動で、次のように解釈できる。最初はある量 s_i よりも多い獲物をもらっていれば満足でき、相手が $x > s_i$ の量を差し出してくれていれば次期も自分の獲物を差し出していた。いずれ x をもらえることが常態化すると、それより少ない量では「いつもより少ないじゃないか」と不満を覚えてしまう。すなわち、満足の基準が高くなってしまっているのである。逆に、相手が s_i よりも少ない量 $x' < s_i$ しか提示しないのでこちらの獲物を渡さないという状況がしばらく続くと交換が成立せず、相手の獲物がまったく得られない。これでは困る場合は、自分の条件充足基準を下げて x' でも交換に応じるようにするしかない。ここでは、各主体の差し出す獲物の量がそれぞれ $x_i = A, B$（$i = 1, 2$）、差し出さないという決定は $x = 0$ という調整出力値で表す。また、2主体外の状況は考慮しないものとし $\Delta Z = 0$ で一定とする。

このような条件充足基準値の変更は何をもたらすであろうか。B をもらって A を差し出していた状況（fig.5-7 (a)）から s_i の値が大きくなるとグラフは右に動く（fig.5-7 (b)）。どんどん大きくしていくといつかは fig.5-7 (c) のように B を越える。こうなると、主体1は B をもらってももう自分の獲物を

差し出さない。すると当然主体２も獲物を差し出さないので、両者は互いの獲物を交換できなくなる。この状況が続くとそれぞれが基準値を下げるので、fig.5-7（b）の状況に回復し、再び交換が成立する状況になる。もし基準調整値が十分小さければ、互いの差し出す量あたりで満足する平衡にいたるであろう。もし基準調整値が大きければ、獲物を差し出す場合と差し出さない場合の周期状態が実現するだろう。

5.2.5　この章のまとめ

本章の考察がわたしたちの経済社会システムの振る舞いについて示唆するところは何だろうか。

視野に限界のある人間が、制度の存在を支えにして[6]、周辺情報をもとに、パターン化された行動を不可逆的に実行していくことで運行しているこのシステムは、多数の安定的平衡と中立的平衡帯を持つ。このことは、パターン化された行動としての複製子だけが頼りの心細く見えるシステムであっても安定的に維持されうることを教えている。前節の最後に見たように、互いに学習を行う主体の社会では、システム内の主体それぞれがそれなりに満足する平衡が自律的に成立しうる。従来、経済社会がある安定した状態にあるとき、それを最適化の意味で合理的な選択を反映したものとして解釈してきたが、そのように考える必然性はないのである。しかし、相互作用子に結びついている複製子はいつまでも同じではない。それは学習によってコピーされ、環境によって淘汰される。このようにシステムはある程度の長い時間で見れば、制度変容、さらには進化のダイナミズムにさらされているのである。

1）これは、その社会の成人として認められ、社会に参入する人間をモデル化する場合だけでなく、ある業種に新規参入する企業をモデル化する場合にも前提される。つまり、その企業にとってその業種はすでに存在し、その業界の行動ルールの相場（標準的なマークアップ率はどれだけか、など）を知った上で参入するのである。
2）他人の行動で観察されるのは、せいぜい、どのような状況の時に、何をしたか、つまり行動パターンの情報Ａと行動Ｃまでである。そのときの行動Ｃをとった理由、もしくは基準である条件Ｂは、直接観察することは出来ない。

3）もちろんすべての周辺情報が数量化して把握されるわけではないが、いる／いない、といったような状態情報も1／0というかたちで数量化できるし、「イヤな感じがするかどうか」といった曖昧さを含む情報も数量化して表現・処理する技法（ファジィ制御）もあるように、主体モデルの第1段階として受け入れて読み進めていただきたい。

4）ここの話は、先にとりあげた複製子で表される行動・思考のタイプの一般性をそれほど落としてはいないことに注意。たとえば、春が来れば目を覚ます、という定型行動ならば、春が来るという条件が満たされるときには1、満たされないときには0、それにつける重みの値を1、それ以外の入力は無視するので重みを0、条件充足基準を0より大きく1より小さい値、出力を目を覚ますという行動を起こすときには1、起こさないときには0とすれば表現することができる。

5）グラフと45度線が交わるところで、グラフが45度線を左上から右下に横切るときにはそれは安定的な平衡点となる。この図には出てこないが、逆に左下から右上に横切るときには不安定な平衡点になる。

6）複製子の存在自体が人々の間に広く採用されているパターン化された行動ルール＝制度を前提している。

第6章　進化経済学の対象

6.1 コミュニティ（共同体）

6.1.1 なぜコミュニティか？

　新古典派経済学では、生産・消費や貯蓄・投資に関する意思決定と実行を担う経済主体は第1に個人や企業（企業連合体を含む）であると想定されており、さらに、政府（地方と中央）、国家や国家連合体、国際機関などの組織もまた経済主体になりうる。ところが、コミュニティ（共同体）について何も説明しないし、また、それを経済主体として想定することもしない。つまり、コミュニティは、経済学以外の、社会学や人類経済学の研究対象であるとみなされている。以下、従来の経済学がコミュニティを取り扱わない理由を考察しつつ、なぜ進化経済学が研究対象としてコミュニティを取り上げるのかを説明しよう。

　まず、新古典派経済学では、コミュニティが遂行する経済行為を特定できないので、コミュニティを企業や政府と同様の経済活動の担い手であるとは考えられない。これは、新古典派経済学が経済調整方法としては市場メカニズムだけに焦点を当て、経済活動も市場交換を介した生産や消費に限定しているからである。しかしながら、経済学が扱うべき社会経済的領域とそこでの経済活動の範囲を拡張するならば、コミュニティは経済学の対象になりうる。

　第2に考えられる理由はこうである。個人や組織は境界が明確で自律性も高いが、それらに比べると、コミュニティはその境界が曖昧で、成員の帰属も明確でないため、自立した意思決定や実行をなす経済主体になりえない、と。方法論的個人主義によれば、個人はそれ以上分割できない原子のような独立した

実体であって、組織は、特定の目的に基づいて中央集権的に形成される、明確な境界がある階層構造として規定される。こうした個人や組織の見解からは、コミュニティ内の人間関係やネットワークが集団の目的、機能、構造そのものをダイナミックに変化させていくようなプロセス自体は分析対象とならない。だが、現代では、人々が緩やかに連結するコミュニティは経済的、社会的に重要な役割を果たしている。企業組織が階層型からネットワーク型へと変容し、コミュニティに近づいているだけでなく、個人も各種掲示板サイト、SNS、動画サイト、ネットゲームなど各種ネット・コミュニティに重複帰属しつつ実生活を営んでおり、生産・消費などの経済領域もそうしたコミュニティの影響を受けつつあるからだ。また、マイレージ、ポイント、マイクロファイナンス、地域通貨など、企業、地域、コミュニティが発行管理する非国家通貨が広がりつつある。

　強い結びつきのコミュニティの場合、コミュニティを特徴付ける複製子が確立しており、それがコミュニティに帰属する個人によって広く共有されている。他方、緩やかな結びつきのコミュニティでは、コミュニティに固有の複製子自体が確立しておらず、それに帰属する個人の相互作用を通じてコミュニティの複製子が次第に形成されつつある状態にあると言える。後者の場合、コミュニティはその境界を明確に規定できない。

　もちろん、こうしたコミュニティを構成する個人も、アイデンティティが確立され、自己の首尾一貫した価値や意見を堅持し、それに基づき行動する「強い自己」である必要は必ずしもないし、また実際にもそうではない。新古典派経済学が依拠する方法論的個人主義は、関係に先立ち自律的主体を想定する実体主義を基盤としている。こうした方法論を棄却すれば、ネット・コミュニティなど新しいコミュニティの動態が分析できる。そればかりか、経済的に重要な役割を果たしているが、単なる自律的個人の集合とはいえない家族がある種のコミュニティであり、それが交換よりは互酬を基盤とすることを明確にできる。

6.1.2 市場、コミュニティ、国家

　従来の経済学では、想定している経済活動が市場交換に限定されているがゆえに、コミュニティが対象とはなっていない。だが、経済調整と経済活動をより広く捉える時、市場のみならずコミュニティを経済学の対象とする必要がある。では、コミュニティが企業や政府のように、経済活動を行うとするならば、それはどういう経済調整原理に依拠するのか、また、それはどのような場において遂行されるのか。

　人間が生きていくためには衣食住のための財やサービスを消費する必要があり、企業が存続するためには原材料、機械や労働力を使って生産を行い、生産物を販売して利潤をあげる必要がある。こうした消費、生産、流通といった経済活動が繰り返されることにより、経済システムが再生産される。そのためには、財やサービスの生産と消費を調整し、財やサービスを生産者から消費者へ流通させるための経済調整方法が不可欠である。K. ポランニーによれば、そのような方法として (1) 交換、(2) 互酬、(3) 再分配の三つがあり、こうした経済調整方法はそれぞれ市場、コミュニティ（共同体）、国家といったシステムないし構成体が担っている[1]。これらの特徴は次のようにまとめることができる。

(1) 交換とは、等価の財やサービスを2人の私的所有者が交互に取り替えることだが、市場の経済調整としては、自由な契約に基づき一定の価格を持った商品とその価格に相当する貨幣の所有者が交互に持ち手を変えること（売りまたは買い）である。
(2) 互酬とは、2者間では贈与と返礼（反対贈与）によって助け合うことであり、3者以上の間では贈与の連鎖が円環的に閉じることで共同利益を実現することであって、そのためのルールがコミュニティの慣習や伝統として継承される。
(3) 再分配とは、国家や政府が制定する法律に基づいて、財やサービスな

いし貨幣を税として集権的かつ強制的に徴収し、計画的に国民に再分配することである。

　国家は、巨大帝国のような中央集権的権力（軍事的・政治的・経済的）の存在を背景にして、租税の徴収とその再分配を行う主体である。他方、コミュニティは、市場や国家とは異なる経済調整原理に基づく第3の社会構成体である。それは、市場における「交換」や国家における「再分配」とは異なる「互酬」という原理により成立しているのである。経済学が今後、交換や再分配のみならず、互酬を経済的調整原理として認めるならば、その担い手であるコミュニティを経済主体として、あるいは、コミュニティを個人の相互作用が行われる場として、経済学の枠内で説明しなければならない。

進化経済学の枠組みにコミュニティを導入する

　では、進化経済学の複製子と相互作用子という概念により、コミュニティはどう捉えられるだろうか。個人を最小単位の主体とみなすとき、コミュニティとは個人の集合であり、何らかの個人間のネットワークの構造を持つ。組織とコミュニティはともに構造を持つものの、一般的に区別できる。組織は何らかの指令 - 報告型の階層的な意思決定構造、つまり中心のある垂直型ネットワーク構造を持つ。組織では、主体間の役割や権限（命令、管理）の構造において、上司と部下、取締役と平社員のような固定的な垂直構造がある。他方、コミュニケーション・コミュニティを含む広義のコミュニティは、フラットなネットワーク型で、その役割構造は柔軟である。コミュニティの中には、地縁における年功序列制や血縁における家父長制のように、意思決定や役割構造において階層構造を持つものもあり、その点で組織に近い。しかし、国家官僚機構に典型的にみられる組織と隣人・友人関係のようなコミュニティでは、組織やコミュニティの内部の主体間の役割や権限（命令、管理）の構造を決定する if-then ルールに違いがある。前者ではそれが垂直的、後者ではそれが水平的なのである。

経済的調整原理による再分配＝国家、交換＝市場、互酬＝コミュニティの分類によれば、コミュニティは市場でも国家でもない。組織はこの中にはないが、階層型構造を持つものとして国家に相当する。意思決定と役割構造により国家とコミュニティは分かれる。意思決定・役割構造ルールと財・サービス配分ルールはほぼ対応しており、国家においては階層的意思決定ルールにおける階層性が再分配の前提になっており、コミュニティにおいては階層的意思決定ルールにおける水平性が互酬の前提になっている。

6.1.3　コミュニティにおける互酬の分析

ここで、互酬について、さらに詳しく見てみよう。2者間の贈与と返礼は「直接的互酬」、3者以上の間の贈与の円環は「間接的互酬」と呼ばれる。直接的互酬は、現在でも、中元・歳暮、冠婚葬祭時の贈答（お祝い、香典とお返し）、酒席での献杯と返杯といったかたちで存在している。友人・恋人・夫婦間の関係をも契約に基づく交換（投資）と捉えようとする人的資本による分析もあるが、やはり基本的には友情や愛情に基づく親切や思いやりとそのお返しによって成り立っている。とすれば、それらも直接的互酬の一形態である。

他方、間接的互酬は、同じ地方出身者間の相互扶助、同窓会の先輩による後輩の世話、あるいは、職場の共済会や近隣の町内会のようなかたちで存在している。親子関係も、自分が両親にしてもらったことを子へしてあげるというように、過去から、現在、未来への時間軸に沿った互酬関係であると言える。「愛情と養育」という贈与の繰り返しが過去から未来へと繰り返され、いつか未来が過去へと反転して接続すると想像することができる。また、寄付（とくに匿名的なそれら）といった、返礼をまったく期待しない一方的贈与に見えるケースでも、かつて自分が誰かの世話になった、あるいは、世間の世話になったから、いまお返ししなくてはならないという倫理的義務感から生じることも少なくない。これらの場合、「愛情と養育」や「世話」という贈与が人から人へ、過去から未来へと連鎖的に受け渡されたとみなされ、結果的に円環を描くことが想定されている。このように、一見したところ、一方向的な純粋贈与と

見えるものも過去に受けた贈与の返礼と見なせる時、それは間接的互酬の一形態である。

マリノフスキーによれば、トロブリアンド諸島のクラ交易では、貝の腕輪や首飾りがそれぞれ逆方向に循環する円環的構造が長年にわたり存続している。また、モースによれば、贈与物には「ハウ」や「マナ」と呼ばれる超自然的な力が備わっており、贈与物を次の人に贈与する義務に反して所有し続けると呪われてしまうと未開社会や古代社会で広く信じられている。こうした円環的構造の持続や呪術的報復観念の共有として表現される慣習・伝統上のルールは、間接的互酬の複製子を形成するのである。

交換では、等価である商品と貨幣の相互供与が同時的に行われるが、直接的互酬では、贈与される財・サービスと返礼される財・サービスが必ずしも等価でないか、等価という観念そのものがなく、しかも、贈与と返礼の間に時間の経過がある。この等価性／非等価性と同時性／異時性という2点で「互酬」と「交換」は異質である。交換は対価の等価性と確実性を前提とするが、直接的互酬では相手が反対贈与を行うかどうかは不確実であり、反対贈与を行うにしても、それが等価なものであるとは限らない。つまり、贈与者は対価の等価性も確実性をも前提としないのである。互酬には、自分が欲する財やサービスの獲得から効用を得ようという欲求のみならず、贈与によってそうした不確実な返礼へ賭け、純粋な献身を一時的に提供することで、相手にたいする信頼と親密さを示したいという社交的動機が存在する。これにたいし、間接的互酬は、贈与した相手からの反対贈与ではなく、第3者からの贈与によって応報が間接的になされるので、贈与の相手への信頼や親密さというよりも、自分と贈与の相手がともに帰属するコミュニティへの規範的なコミットメントが顕示されるのである。

このような直接的・間接的互酬のための場がコミュニティなのだが、資本主義の成立以降は交換原理が普及し、互酬原理が廃れていく傾向がある。マルクスによれば、市場はコミュニティ間で発生し発展するが、やがて市場交換がコミュニティの内部に浸透して、コミュニティの互酬関係を解体し、それを交換

関係に置き換えていく傾向がある。また、テンニエスやウェーバーなどドイツ系社会学者の多くは、資本主義の発達がコミュニティを掘り崩すと見ている。このように、市場とコミュニティは共存しがたく、前者が生き残るとされているのはなぜか。

　資本主義市場経済の中で近代的個人が確立し、対価にたいする等価性や確実性に基づく自己利益が重視されるようになれば、直接的互酬でも間接的互酬でも、贈与を受け取るが贈与にたいする返礼（相手ないし第3者への）はしないフリーライダー（ただ乗り）が増える。そうなると、直接的互酬が続かず、間接的互酬の連鎖が途絶えてしまうからである。

　このように、市場の複製子である「交換（売買）」の伝搬力は強力であって、個人の利益動機と個人間の競争だけでなく、利益追求による価値増殖を複製子とする資本の膨張によって共同体の複製子である「互酬」をしばしば駆逐してしまう。その結果、経済社会関係の多くが、コミュニティ内の互酬から市場内での交換へと置換される。こうして、市場の交換の複製子が選択され、コミュニティの互酬の複製子は淘汰される。1970年代後半に開始され、1990年代以降急速に高まったグローバリゼーションとは、経済社会において私的領域である市場が拡大し、共的領域であるコミュニティと公的領域である国家の領域が縮小する傾向である。同じ事態を優先される近代的価値（フランス革命を通じて確立されたとされている）の側面から捉えると、交換の自由が拡大し、互酬の博愛と再分配の平等が縮小しているのである（fig.6-1）。

　しかし、先に見たように、互酬は完全に消えてしまうわけではなく、様々な形態やニッチで生き残っている。フリーソフトウェアやコピーレフト付情報財の共有がネット・コミュニティでは広範に見られるが、こうした新たな環境におけるコミュニティの新たな形態において互酬の複製子は繁栄しつつある。

　コミュニティにおける互酬の衰退は、生態学者ハーディンによる「コモンズ（共有地）の悲劇」の議論にも関連する。コモンズの牧草地に農民が牛を放牧する場合、農民は自己利益のみを考えるため、できるだけ多くの牛を放牧しようとする。私有地であれば牧草が食べ尽くされないよう放牧を適度に調整する

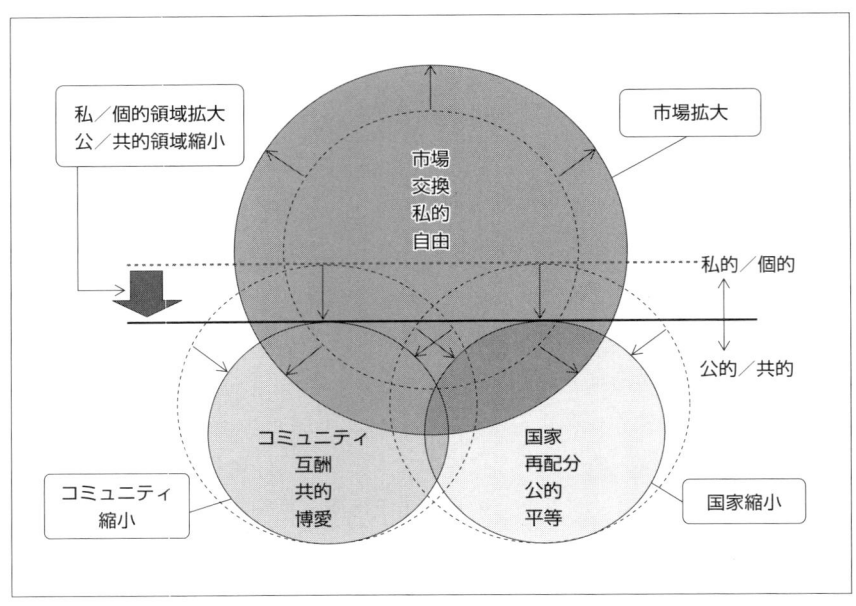

fig.6-1　グローバリゼーション

はずだが、コモンズではそういう考慮が働かないので、競争がエスカレートして牧草を収奪的に利用する過放牧が進行する。推奨される解決方法は、共有地に財産権を設定して私有化することだとされている。ところが、現実の歴史ではコモンズの悲劇が起こった事例はまれである。それは、ほとんどのコモンズでは、牧草地が誰でも利用可能なオープン・アクセスではなく、地域コミュニティの構成員に限って利用できる「ローカル・コモンズ」であるからである。この場合、入会や管理についてのコミュニティによる慣習的なルールや伝統的制度が存在するので、限定された利用者が相互利益を配慮するため、収奪的利用は抑制され、コモンズが持続可能になる。

　だが、ひとたびグローバリゼーションにおける市場交換の普及でコミュニティ自体が衰退してしまえば、慣習・伝統が廃れ、コモンズの悲劇は発生する可能性がある。途上国における森林破壊はそうした事例である。とはいえ、財産権を設定したからといって、直ちにコモンズの悲劇に解決が見られるわけでは

ない。私有地が勝手に利用されないよう監視し、利用者から料金を徴収して放牧を管理するためのコストがあまりに高くなりすぎれば、今度はコモンズの放置による荒廃という別の悲劇（「私有地の悲劇」）が生じてしまう。この場合、コモンズを私有化するのではなく、むしろ利用者間に互酬と信頼が成立するようなコミュニティを再建できるならば、そうした解決の方が有効である可能性もあろう。

温暖化や生物多様性の低下などの地球環境問題はコモンズの悲劇の一例として考えることができる。その解決法として、国家や国際機関による規制、国際法や条約の整備、炭素排出量の国家間配分など国家の「再分配」機能や、炭素排出量取引のような環境利用のための財産権を設定する市場の「交換」機能による方向が有力であるとされているが、ローカル・コミュニティによるローカル・コモンズ管理の手法を応用することもできるのである。

6.1.4 コミュニティの定義と概念上の発展

次に、コミュニティを狭義と広義の2側面から定義し、コミュニティ概念の広がりや近年における発展を理解しよう。

(1) 狭義のコミュニティ

コミュニティとは、同じ地域や地区に居住し、政治・経済・文化など何らかの利害や価値を共有する人間集団を意味している。このため、同じコミュニティ内の諸個人はその外部と比較して強く結びついており、濃密なネットワークが形成されている。日本語の「共同体」はこの意味での「コミュニティ」に相当する。

コミュニティとして、まず、伝統的な村落共同体（農村、漁村、山村）、町内会や互助会が挙げられる。こうしたコミュニティでは、場所的な近さを基本要因として、住民や参加者同士の対面的、人格的な接触が頻繁に発生するため、市場における法的な取引関係とは異なる、自然発生的な互助的関係が形成されている。物理的な局所的空間である「近所」「近隣」「地域」はこうしたコミュニ

ティを意味する。現代的には、都市における互恵的な近隣関係を「地域コミュニティ」と呼ぶこともある。

次いで、コミュニティは市町村や都道府県など地方自治体の行政区に近い意味でも使われる。そうした人間集団は、対面性に依拠した近隣関係が薄い反面、内部における公共性、連帯性、互助性を強調する。公共性、連帯性、互助性を一括して「共同性」と呼ぶならば、こうしたコミュニティは、企業など利益性を中心とする人間集団と比較して、政治意識や集合行為としての「共同性」を軸とする点で異なる。国際的な国家連合（例：EC（欧州共同体）や東アジア共同体）では、地理的近傍性を残しながらも、こうした政治的コミュニティとしての側面が強調されている。

アンダーソンは、ナショナリズム（国民主義）の文化的起源に関する『想像の共同体』で、「国民とはイメージとして心に描かれた想像の政治的共同体である」（訳24頁）と述べている。彼によれば、国民とは国境を持つ限定的であるが主権を持つ国家に想像的に同一化することにより生じるコミュニティなのである。その意味では、政治的コミュニティは次に述べる広義のコミュニティにおける「バーチャリティ」の側面もあるが、地理的・民族的近傍性と国家主権に結びつく限りで、ここでは狭義のコミュニティに分類しておくこととする。

(2) 広義のコミュニティ

コミュニティには、価値や興味・関心によって成り立っている文化的なものがある。これは、しばしばCOI（Community of Interest）と呼ばれる。インターネットを介したメーリングリスト、テーマごとに分類された掲示板や人の集まりを形成することを目的とするSNS（ソーシャル・ネットワーク・システム）におけるネット・コミュニティも「コミュニティ（共同体）」である。ネット・コミュニティでは、地球上どこからでも参加できるので、言語や文化の違いは残るにせよ、地理的近隣性の契機はほぼ消失している。

こうしたコミュニティでは、地域よりもむしろ、宗教、国民主義、エスニシティ、ジェンダーなどを基礎にした、一定の理念、価値、文化の共有が基本要

因である。これらは、相互の価値や関心がほど遠くても、同じ企業や大学などの組織に所属するという意味での帰属集団ではなく、価値や関心が集団への帰属を規定する準拠集団となっている。したがって、帰属といっても同族的感情の共有ではなく、対話と討議を通じた理性的再確認が求められている。デランティは、互酬のような社会的実践ではなく、アイデンティティや帰属を巡る現代的なコミュニティのあり方を「コミュニケーション・コミュニティ」と呼んでいる。

(3) ゲマインシャフトとゲゼルシャフト

テンニエスはゲマインシャフトとゲゼルシャフトという対概念で現代社会の変容を理解しようとする。ゲマインシャフト（Gemeinschaft）とは、地縁、血縁などにより自然発生した社会集団のことであり、「共同社会」ないし「コミュニティ（共同体）」を意味する。

テンニエスは人間社会が近代化するに伴い、地縁や血縁で深く結びついた伝統的社会形態であるゲマインシャフトからゲゼルシャフト（Gesellschaft）へと変遷していくと考えた。ゲゼルシャフトとは、政府や企業のように利害関係に基づいて人為的に作られた集団や組織を指し、ゲマインシャフトとは対照的に、疎遠で希薄な人間関係を特徴とする。

一般に企業はゲゼルシャフトであるが、第二次世界大戦後の日本の高度成長の中で、終身雇用、年功序列、企業別組合の三つの特徴として形成された日本型企業はゲマインシャフトの側面を備えている。従業員を「社員」と呼ぶことにも表れているように、信頼と互酬が形成されるゲマインシャフトないしコミュニティの側面を有していた。しかし、1990年代のバブル崩壊と長期不況の中で、契約派遣社員や年俸制など能力給を特徴とする欧米型企業が増えてきた。

先に、市場＝交換、コミュニティ＝互酬、国家＝再分配の三つの類型を見たが、テンニエスのいうゲマインシャフトがコミュニティに対応していることは見やすい。他方、ゲゼルシャフトは市場を前提とする契約関係に基づいて形成された人為的な組織や集団を指しているので、企業や会社のような私的団体の

ほか、政府や自治体のような公的団体をも意味している。したがって、ゲゼルシャフトは市場と国家の双方を内包する概念である。市場と国家の違いを明確にできるので、ゲマインシャフトとゲゼルシャフトの2分法よりは、市場、コミュニティ、国家の3分法の方がより適切な概念設定であろう。

6.1.5 コミュニティの分類

従来の経済学でコミュニティが扱われないのは、市場経済のグローバル化によりいずれコミュニティが消滅するだろうと考えられているからかもしれない。しかし実際には、個人のアイデンティティや帰属への欲求が高まり、コミュニティの消滅ではなく、多様化と多義化が進んでいる。アンダーソンの議論を嚆矢とする文化的コミュニティ論は、ローカリティに基づく社会的相互作用の具体的形態としてよりも、文化的・認知的・象徴的な構造としてコミュニティを説明するが、それは、文化的コミュニティが興隆してきた現実に対応している。こうしたコミュニティの多様化、多義化に鑑みると、コミュニティを狭義と広義に2分するだけではその全容を十分に把握しきれない。以下ではコミュニティ分類のためのいくつかの次元軸を提示しよう。

(1) リアル／バーチャル

コミュニティの中心原理は共同性の既在(地縁、血縁)であるばかりか、共同性の創設あるいは創設への期待や希望というような「想像された共同性」でもよい。後者において重要なのは、アイデンティティや帰属(belongings)という問題であり、人間が完全に孤立した個では生きられず、自らの固有性や属性を求めざるをえないという意味で社会的動物(コミュニティ的動物)であるということに由来する。デランティは、これらを場所のコミュニティと「コミュニケーション・コミュニティ」と呼んでいる。

(2) 顔が見える／顔が見えない、顕名／匿名

何らかの直接的なコンタクト(視覚・聴覚的な感覚)に基づく相手の特定化、

相手を「知っている」ことを要件とするか、そういうものを必要としないか、むしろ、顔見知りであることを忌避するかである。匿名ないし偽名でも参加できる SNS か、実名でないと参加できない SNS かによって、そこで生じるコミュニティの特性は異なる。とくに匿名性が要求されるのは、個人の特殊な嗜好や属性からなるプライバシーが侵害され、その個人の実社会における地位やステータスが脅かされる恐れがあると考えられる場合であり、そうした匿名的コミュニティは自ずとバーチャル・コミュニティとなる。

(3) 単一帰属／複数帰属、クローズド／オープン

コミュニティへの帰属において、単一帰属を要求するのか、複数帰属を許容するのかという違いがある。通常、人はいずれか一つの国家、企業、地域、家族、ジェンダーなどに帰属するのであり、多重帰属は例外的にしか認められない。しかし、同好会、学会、SNS などは複数帰属が認められている。単一帰属コミュニティの場合、コミュニティ A に属すれば、コミュニティ B に属せないので、各コミュニティは相互に排他的になり、その内部の関係は拘束力が強く、クローズドになりがちである。他方、複数帰属コミュニティの場合、コミュニティは完全に排他的ではなく、個人の嗜好と利用できる時間、予算、能力などの制約条件を巡り競争的になる。コミュニティの内部はより流動的で緩やかなネットワークになり、出入りが自由なオープン型になる。

6.2 貨幣の生成と機能

6.2.1 貨幣生成の論理

チンパンジーは霊長類の中で人類（ホモ・サピエンス）にもっとも近縁であり、遺伝子の98.5%を共有しているにもかかわらず、チンパンジーが広く貨幣を使用しているという観察事実は存在しない。この点から、人類は系統発生的

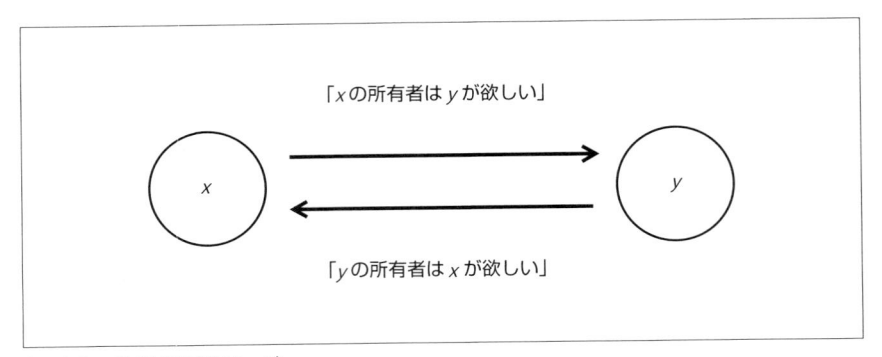

fig.6-2 欲望の二重の一致

進化の途上のある時点で貨幣を使用するようになったと考えられる。では、貨幣が存在しない状態から、いかにして貨幣は発生したのだろうか。この貨幣の創発について、経済学において様々な議論が存在する。ここでは、「直接交換可能性」という概念を使って貨幣の生成を論理的に説明してみよう[2]。

物品 x と物品 y の物々交換（直接交換）が成立するためには、x の所有者 X が y を欲しがると同時に、他方、y の所有者 Y が x を欲しがるという、「欲望の二重の一致」が必要である。ここで、「x の所有者 X は y を入手したい、その代わりに x を提供する」と申し出ていることを x から y への→で表すとすると、「欲望の二重の一致」とは、fig.6-2のように、x と y の間に逆向きの2本の→が描かれている状態を意味する。

実際に物々交換が成立するためには、さらに、両者が希望する交換比率が異なる場合、両者の交渉や妥協を通じて交換比率について合意が成立しなければならない。こうした物品が多数存在する場合、一般的に物々交換が成立する確率はきわめて低い。

n 人が各1種類の物品を所有し、1種類の物品をランダムに欲求するとすれば、「欲望の二重の一致」が偶然実現する確率 $1/n^2$ は物品の数が大きくなればなるほど小さくなる。n が1000ならば、$1/n^2$ は100万分の1である。だが、貨幣が存在すれば、すべての商品の所有者はとにかく貨幣と交換する（売る）ことを前提としてよいので、貨幣所有者が自分の望む商品所有者を偶然見つける

第6章 進化経済学の対象

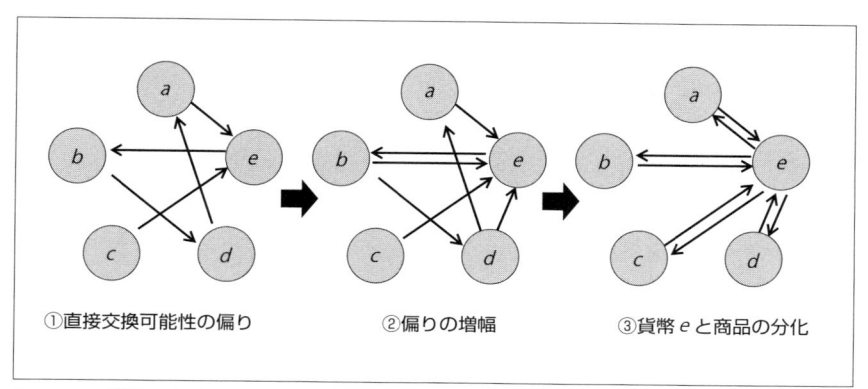

fig.6-3 　貨幣の生成

①直接交換可能性の偏り　②偏りの増幅　③貨幣eと商品の分化

確率はn倍の$1/n$となる。nが1000ならば、それは1000分の1であるから、飛躍的に確率は高まる。

さて、ここで$a〜e$の5つの物品がある場合を考えよう（fig.6-3）。いま各物品の所有者が消費の対象として他の一つの物品を欲求していると仮定すると、それは、各物品からその所有者が欲求する他の物品へ→が一本描かれているということを意味する。①図の場合、二つの物品の間に2本の逆向きの→が描かれてはいないので、だれも直接交換を行うことはできない。しかし、すべての物品のそれぞれがちょうど一つずつ自らに向かう→をもっているわけではないので、相対的に多くの所有者によって欲求される物品が必ず一つ以上存在するはずである。①では、aとcという二つの物品の所有者に欲求されているeがそれである。多くの所有者が共通にある物品を欲しがる時、その物品の「直接交換可能性」が高いという。それは、その物品を持っていると、それを欲しがっている所有者の物品と直接交換できるということを意味する。

ここで、ある物品xの直接交換可能性$\delta(x)$を「xを欲しがる物品所有者数÷すべての物品所有者数」と定義する。これは、ある物品と直接交換できる他の物品の数が全物品数に占める比率、言い換えると、ある物品が直接交換できる確率を表している。①において、物品eの直接交換可能性は$\delta(e) = 2/5 = 0.4$であり、それは五つの物品のうちもっとも高い[3]。この時、物品eを持っ

153

ていれば、40%の確率で他の物品と直接交換できるのだから、物品 e を欲求の対象としていなくとも、それを交換のための手段として欲求するという事態が生じる。消費のための直接的欲望のほかに、物品 e に対して交換のための間接的欲望が生じたとも言える。

①では、d の所有者は a を欲しているのに、a の所有者は d ではなく e を欲しているので、d と a の直接交換は成立しない。だが、d の所有者は、この経験から次のことを学習するであろう。もし自分が e を持っていれば、それを a と直接交換できるので、まず d を e と直接交換し、次いで e を a と直接交換することによって、自分が欲求している a を手に入れることができるだろう、と。ここでの連続する直接交換は「間接交換」と呼ばれ、e は間接交換を媒介する手段として利用されることになる。このような学習を通じて、各所有者の欲求は変化するのである。

例えば、各物品の所有者が、(ルール i)「自分が消費したい一つの任意の物品を欲求する、また、もっとも直接交換可能性の高い物品を交換手段として欲求する」という共通の内部ルール（if-then ルール）に従うとすると、各物品間の→②のようになろう。この時、物品 e は他のすべての物品の所有者により欲求されることになり、その直接交換可能性は $\delta(e) = 0.8$ と、最大値をとる。このようにもっとも高い直接交換可能性を獲得した物品 e が貨幣になる。

やがて、e 以外の全物品の所有者はもっとも直接交換可能性が高い貨幣 e との直接交換（売り）と、貨幣 e と他の物品との直接交換（買い）だけを欲求するようになり、それ以外の直接交換の欲求が消えてしまう（③）。この時、物品は貨幣と商品へと分化する。e 以外のすべての物品は貨幣による売買の対象である商品になる。貨幣は全商品に対する一般的等価形式になり、王のような特権を得る。そこでは、商品の貨幣との交換、すなわち、商品の貨幣への「売り」と、貨幣の商品との交換、すなわち、貨幣による商品の「買い」という2種類の取引のみが成立する。③における単一貨幣と商品という構造は、先に見た、物品所有者の内部ルールの下では安定的である。

しかし、物品所有者は（ルール i）以外の内部ルールに従うかもしれない。

第6章　進化経済学の対象

たとえば、（ルールⅱ）「自分が消費したい一つの任意の物品を欲求する、また、直接交換可能性がε（$0 \leqq \varepsilon < 1$）を超える物品をすべて交換手段として欲求する」というルールの下では、εが大きすぎると、貨幣はまったく生成しないし、εが小さすぎると、いくつもの物品が直接交換可能性を高めたり低めたりしながら、いくつかの物品が貨幣として生成したり消滅したりというプロセスを繰り返すようなダイナミックスが見られるであろう（安冨［2000］）。εが一定の範囲内にあれば、単一ないしごく少数の物品がより多くの物品所有者に欲しがられる結果、その直接交換可能性は次第に増大し、やがて最大値を取って安定する。その結果、③のような単一の貨幣とその他の商品という構造が成立する[4]。

内部ルールが（ルールⅰ）と（ルールⅱ）のいずれの場合でも、人々の交換実現の追求が「他人が欲しがっているモノを自分も欲しがる」という他者の欲求の模倣あるいは他者依存的欲求の学習を生みだし、そうした人々の欲求の変化が、意図せざる結果として貨幣を創発する。ここでは、学習を通じた主体の欲求（内部ルール）の変化が貨幣制度（外部ルール）の生成をもたらすという、ミクロからマクロへの因果関係（fig.6-3の①から②へいたる）を主に論じているが、貨幣の生成が人々の欲求を他者依存的にするという、逆のマクロからミクロへの因果関係（②から③へいたる）も存在しているはずである。その意味で、内なる制度である人々の欲求・選好と外なる制度である貨幣はミクロ・マクロ・ループの関係に立つ。

また、このような貨幣生成論は、貨幣が元来は「商品」であることを仮定しているので、「貨幣商品説」と呼ばれている。しかし、ある物品が貨幣になると同時に、他の物品は商品になる、あるいは、貨幣と商品は同時に分化するというのが正しい。貨幣が成立する以前には商品も存在しない以上、こうした議論はむしろ「貨幣物品説」ないし「貨幣実在説」と呼ぶべきであろう。

そもそも、①の初期時点で、ある物品が他の物品より高い直接交換可能性を持つのはなぜだろうか。それは単なる偶然というよりも、その物品の何らかの有用性や希少性がより多くの欲求を引きつけたからであろう。たとえば、日本

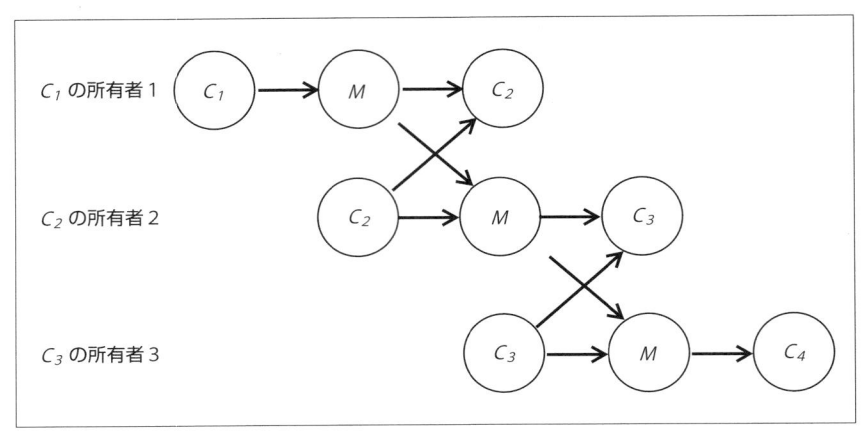

fig.6-4　流通手段としての貨幣

では米は主食品であったため、他の物品よりも高い直接交換可能性を持ったのではないか。これと対照的に、金は美しく、希少性の高い奢侈品であるだけでなく、耐腐食性や可塑性など貨幣として優れた物理的特性を持つがゆえに、きわめて高い直接交換可能性を獲得したものと考えられる。

6.2.2　貨幣の諸機能

貨幣は大きく分けると、(1) 交換手段、(2) 価値尺度、(3) 価値保蔵手段という三つの機能を持っている。

(1) 交換手段（流通手段）

物品 x と物品 y の間に物々交換（直接交換）が成立しない時でも、貨幣を媒介にした間接交換によって x を手放す代わりに y を入手することは可能であった。間接交換とは、商品 x を貨幣 M と交換し（商品 x の売り：$Cx \to M$）、それで得た貨幣 M を商品 y と交換する（商品 y の買い：$M \to Cy$）ことであり、売りと買いの二つの取引をまとめて $Cx \to M \to Cy$ と表現できる。このように、貨幣が所望の商品を入手することを目的とする間接交換（売買）の手段として利用されるとき、貨幣は交換手段として機能する。貨幣が交換手段として次々

と商品と商品の間接交換（売買）を媒介していくことで、貨幣は転々流通していく。この意味で、貨幣は流通手段であり、通貨である。

　fig.6-4は、貨幣Mが三つの商品C_1、C_2、C_3の間接交換を媒介しながら、左上から右下へ川を下るように転々流通していく過程を表している。Mは、繰り返し購買に出動することで、その持ち手を変えながら多くの間接交換を織物のように縫い合わせていく。売りと買いからなる間接交換では、各主体の所有物は元々の商品→貨幣→他の商品と形態変換する。たとえば、C_2の所有者2の所有物は左から右へ$C_2 \to M \to C_3$と変化する。こうした交換過程からは見えないものの、その背後には、所有者2がC_2を生産し、それを販売して得た貨幣Mで元々の欲求の対象であったC_3を獲得し、それを消費することで家族が暮らしているといった経済活動や生活が存在するはずである。

分散的ネットワークとしての市場

　貨幣が流通手段として実現していく多数の商品の売買（間接交換）の連鎖ないしネットワークが分散的市場である。そうした多数の商品売買のネットワークを通じて生産や消費が行われることで社会全体の経済が再生産されている。貨幣は、社会全体の物財・サービスの生産・流通・消費というフローを駆動しながら、分散的市場を創り出している。このように、分散的市場は物財の生産・流通・消費からなる再生産過程と分かちがたく結びついており、それらを結びつけているのが、流通手段としての貨幣なのである。したがって、貨幣が市場という「場」を流通するというよりも、貨幣が流通することで市場という「ネットワーク」が絶えず形成されているのである（より詳しくは第6章第3節を見よ）。

　貨幣が流通手段である時、Mは売買$C_x \to M \to C_y$における自分の商品C_xと他人の商品C_yを媒介する手段にすぎないので、Mそれ自身が価値ある物品であるかどうかは問題ではなく、それが広く貨幣として認知し受領されていれば、それ自身が価値を持たなくともよい。発行主体により金兌換が保証されている兌換紙幣や金兌換がなされない不換紙幣のみならず、名目価値を表象する象徴

である鋳貨や紙券や名目的な計算単位である電子通貨で構わない。

　貨幣流通が円滑であれば、商品は首尾よく売れ、購買された商品は消費される。逆に、貨幣流通が停滞すると、商品は売れ残り、在庫が積み上がってしまうであろう。古典派や新古典派は、貨幣を諸商品の間接交換を円滑にする潤滑油とみなすので、販売（供給）はそれ自身の購買（需要）を生み出すという「セー法則」を主張する。もしこれが成立すれば、マクロ的な総需要と総供給の不均衡は存在しないので、各財の市場におけるミクロ的な需要と供給の不均衡は価格調整を通じて解消され、すべての市場が均衡する競争均衡が可能になる。しかし、こうした議論は、貨幣が人々により保蔵されて市場内に滞留することで、貨幣流通が円滑に進まない可能性を考慮していない。

(2) 価値尺度（ニュメレール）

　貨幣は、すべての商品の価格を単一次元の数量として斉一的に表現することを可能にする。貨幣のこのような機能を価値尺度という。たとえば、貨幣が金であるならば、「リンゴ1個＝金10mg」「牛肉1kg＝金1g」等々というように表示される。

　金本位制の下では、国家通貨の単位は金の一定量で表現され、日本ではかつて1円＝金750mgと法律で定められていたが、現在では円の通貨単位は金の度量標準として定められていない。さらに、1973年以降の変動相場制の下では、「1円＝1／100ドル＝1／150ユーロ」のように、ある国家通貨は他の国家通貨の一定量で表示され、しかもその数量は外国為替市場で決定されるので変動する。

　しかし、貨幣が、商品の価格を通貨単位の倍数で表している点に変わりはない。商品の価格表現は「リンゴ1個＝100円」であって、「1円＝リンゴ1／100個」ではないのである。一般に、商品 i の価格 p_i とは、1単位の商品 i の対価として授受される貨幣 j の数量であり、$p_i = m_j$ のように表示される。貨幣は、もっとも高い直接交換可能性を持つ一般的等価物として、すべての商品から交換を求められる。その結果として、商品の単価が貨幣量により表現され

るのである。「100円でリンゴ 1 個は買えるが、リンゴ 1 個で100円は買えない」のは、貨幣は価値尺度だが、商品はそうではないからである。貨幣と商品の間にはこうした非対称性が存在している。

財の価値単位を定めるのに用いられる任意の財はニュメレール（価値基準財）と呼ばれる。a、b、c という三つの財が 1：2：3 の比率で交換されるとき、ニュメレールを c として選び、その価格を 1 とおく（$p_c = 1$）と、$p_a = 3$、$p_b = 2$ と表せる。この場合には、ニュメレールを a ないし b にすると、絶対価格の表現は変化する[5]が、相対価格（相対的な交換比率）は変わらない（$p_a : p_b : p_c = 3 : 2 : 1$）ので、何ら実質的な影響は生じない。ここでは、各財の関係は対称的である。貨幣もこのようなニュメレールではあるものの、より特殊な性質を持っている。

同一の財には常に一つの価格しか付かないという「一物一価」を想定すると、先の例と同じく財の相対価格ベクトルは一意に決まる。しかし、多くの売り手と買い手が相対取引を逐次的に行う分散的市場では、同一商品であっても、時間と場所が異なる個々の取引において異なる価格が付くのが通常である。このような場合には、相対価格体系は一意に決まらない。ニュメレールの選択次第で、相対価格体系は異なったものになるだろう。新古典派理論では、貨幣はインフレーションなど名目価格に影響を与えることはあっても、実質価格（相対価格）に影響を与えないとする「貨幣の中立性」を仮定することが多い。しかし、一物多価を伴う分散的市場では、貨幣は物財の生産や消費などに実質的影響を与えうるので、ニュメレールの任意性は成立しない。貨幣は中立的な任意のニュメレールの一つではなく、実体経済に影響を持つ、非中立的で独占的なニュメレールである。貨幣はすべての商品の価値を測定・表示する唯一の物差しである。

このように、貨幣と商品の関係は対称的ではない。この非対称性は、売りと買いの非対称性として現れる。貨幣で商品は買えるが、商品で貨幣は買えない。貨幣所有者はどの商品を買うかを選択し、所定の商品を一定の価格で買うかどうかを決定する自由を持っている。つまり、商品売買を実行する決定権は売り

手である商品所有者ではなく、買い手である貨幣所有者にある。個々の相対（あいたい）取引のイニシアティブを有するのが貨幣であれば、相対取引のネットワークである市場を形成するのも貨幣である。貨幣こそ市場の形成者である。

　他方、商品とは、貨幣にたいして売られ、貨幣で買える財・サービスのことである。財・サービスの所有者が、一定量の貨幣を対価としてその所有物を貨幣所有者に譲渡することを承認すると、それは商品になる。このように、価値尺度としての貨幣が財やサービスを商品にするのである。水、炭素排出権、個人情報、命名権、名誉、地位、選挙権、臓器などおよそあらゆる物事は、貨幣による売買の対象たる商品になりうる。ほんの200年ほど前まで、奴隷は合法的商品として売買されていた。ある商品が違法であるかどうかは、国や地域の道徳、倫理、価値観に依存しており、時代を通じて変化する。また、貨幣の種類が異なれば、それで買える商品も異なる。大判・小判は日常品を買うのに使えなかったし、金やドルは国内の商品を買うのに使えない。貨幣が市場の形成者であるということは、こうした貨幣による財・サービスの商品化という内容をも含んでいる。

(3) 価値保蔵手段（蓄蔵手段）

　貨幣は、その実質価値が安定的であるならば、価値保蔵手段として機能する。このような貨幣を蓄蔵貨幣という。価値保蔵の目的は、将来の商品購買のための貯蓄、一般物価の変動、予期せぬ事故・災害への備え、あるいは、株や不動産等資産の価格下落を予想しての流動性確保などである。物財の在庫は、未来の不確実性と人間の無知に対処するための緩衝（バッファ）として働くが、ストックとしての蓄蔵貨幣も同様な機能を果たす。

　金のように物質的有用性や価値を持つ商品貨幣である場合には、それは富の独立の担い手として価値保蔵手段になる。また、不換紙幣や電子通貨のように、それ自身が物理的な有用性や価値をほとんど持たない貨幣の場合も、それが交換手段として広く受領され、価値尺度として一定の購買力を備えている限り、価値保蔵手段になる。しかし、そうした貨幣は、歴史上、品質劣化、過剰発行、

財政破綻、信用失墜といった理由からしばしば貨幣価値が急減するハイパーインフレーションに見舞われている。このようなリスクがあるため、そうした貨幣の価値保蔵機能は長期的には信頼できない。

　流通手段や価値尺度としての貨幣は商品を購買するための手段であるが、価値保蔵手段としての貨幣はそれ自身が目的として、すなわち一般的富として追求される。ここから、蓄蔵貨幣を無制限に貯め込もうという守銭奴的な欲望も発生する。近代資本主義の離陸にとって資本の本源的蓄積は不可欠であったし、現代の経済成長にも貯蓄は重要な役割を果たしたが、これらは貨幣の価値保蔵機能によるものである。

　蓄蔵貨幣は支払手段としても機能する。商品の売り手は買い手に対し、商品代金の支払を一定期間猶予する「掛け売り」を行うことができる。買い手は期限が来れば、約束通りに貨幣を支払わなければならない。このような場合、約束や信用を決済するために出動する貨幣は支払手段である。信用は、貨幣の存在を前提として、貨幣貸借により商品売買を先取りしたり、債権・債務を相互に相殺して貨幣を節約したりするための社会的な仕組みとして派生した。先の事例で、買い手が企業であるならば、自らが発行する約束手形や為替手形で支払うこともできる。手形とは、振出人が受取人または持参人に対して、一定金額を満期に支払うことを約束した債務証書（IOU）である。商品の売り手（債権者）は所定価格による商品販売を実現して、売れ残りや価格変動のリスクを回避することができるし、信用供与の代価である利子を取得するメリットがある。他方、買い手（債務者）は、信用供与を得ることで商品購買のための貨幣の支払を将来に繰り延べることで、現時点での商品の購買と消費が可能になる。支払手段としての貨幣は、債務を返済し、債権・債務関係を解消する信用決済機能を果たす。銀行券や預金通貨などの信用貨幣は、支払手段としての貨幣を基礎にして発展する。

貨幣の流通速度

　いま社会全体における貨幣ストックを M、貨幣流通速度を V、商品 i の販売

価格を p_i、その販売量を q_i とすると、商品の総販売額は $T = \Sigma p_i q_i$ と表せる。この時、$MV = T$ が成立する。この方程式における因果関係が重要である。いま貨幣流通速度 V が一定であるならば、商品の総販売額 T（右辺）は、それを実現するために必要な流通貨幣量（流通必要量）M（左辺）を決定する。したがって、$M = T/V$ が貨幣の需要関数を与える。ここでは、この貨幣の流通必要量 M を超えて貨幣供給を増やしても、その超過分は取引に使われないので T は増えず、インフレーションは起きない、と考えられている。

ある時点で M が所与であるとすると、貨幣速度 V は販売額 T に比例するので、それは、社会全体の売れ行き、すなわち、マクロ的な有効需要を間接的に示す景気のバロメーターであると考えてよい。景気が好転して販売額 T が増加すると貨幣速度 V は上昇し、景気が悪化して販売額 T が減少すると貨幣速度 V は下落する。この時、商品の販売価格 p_i が不変ならば、販売額 T の増減は商品の販売量 q_i の増減を意味する。

これに対して、新古典派の貨幣数量説は同じ方程式に異なる解釈を与える。M を操作可能な変数である貨幣供給量としたうえで、V が一定であるならば、商品販売額 T は貨幣供給量 M に比例すると論じる。しかも、q_i を販売量ではなく生産量と考え、それを所与と見なすので、T の増減は商品価格 p_i の上昇ないし下落、すなわち、インフレーションやデフレーションを意味する。貨幣供給量 M が増減すると、それに比例して商品の名目価格が増減する結果、物価水準が上下する。こうして、新古典派では、貨幣は名目変数に影響を与えるが、実物変数には何の影響も与えないという「貨幣の中立性」が主張されている。しかし、V を不変に保ったまま、中央銀行が M を操作できると考えることはできない。中央銀行がマネーサプライを増やしても、それが市中に滞留すれば、流通速度 V は低下してしまうからである。このように、V の変化を考慮すると、「貨幣の中立性」は正当化できない。

6.3 分散的市場

6.3.1 分散的市場の生成者としての貨幣——切り離し、緩衝、情報、プラットフォーム・メディア

前節では、貨幣の生成の論理と貨幣の諸機能を見てきたが、ここでは、貨幣の分散的市場の形成者としての側面に焦点を当てる。まず、これまでの貨幣に関する議論がいかなる市場モデルを導くかを考察しよう。

(1) 一般均衡理論の集中的市場モデル

新古典派は、貨幣を重要視しないだけでなく、それを適切に概念化していない。それは、新古典派がモデル化する市場の特性から生じる問題である。その理論的なハード・コアをなす一般均衡理論は、すべての財の市場で需要と供給が一致するような均衡価格をセリによって試行錯誤的に見つけ、そうした価格で全ての財を一度に交換するための取引所として市場をモデル化している。

こうした集中的市場モデルでは、一物一価が前提されており、財と財との相対比率（相対価格）を表す価格ベクトルだけが需要や供給を決定する変数なので、貨幣は名目価格を決定するためのニュメレール（価値基準財）にすぎない。しかし、すべての財の需要と供給はゆるみなく緊密に結びついているため、一時点で相互調整を行おうとすると、中央にきわめて大きな情報負荷がかかる。このため、現実的な動作可能性を考えると、集中的市場では、膨大な種類の財が存在する大規模で複雑な現実の経済を運営することはできない。また、企業や消費者も、利潤や効用の最大化を行うための情報収集能力と計算能力を持ち合わせていない。経済全体を集中的市場で運営するのは、それを集権的計画で運営するのと同じく、実行不可能なのである。

一般均衡理論は、しばしば商品取引所や証券取引所の仕組みを単純化してモデル化したものだと考えられている。しかし、必ずしもそうではない。証券取

引所では、開始時と終了時を除く取引時間中、「ザラバ」と呼ばれる売買ルールを採用している。売り手が希望する最低価格と買い手が希望する最高価格が一致すれば、その価格で一致した発注量の取引を継続的に実行していくという方法である。それは、できるだけ高く売りたい売り手とできるだけ安く買いたい買い手が提示する価格と数量が一致する時、取引を次々に実行していくので、絶えず価格は変動するし、一度実行された取引を取り消すことはできない。これと異なる「板寄せ」という方法では、ある時点で売りと買いの発注数量を集計して両者が一致する価格で取引が行われるので、一般均衡理論が想定する市場ルールにいくらか近い。だが、それは取引の開始時と終了時に限定されているし、価格付けは個々の銘柄ごとに行われる。一般均衡理論が仮定するような全商品価格の同時決定というような市場モデルは、現実からかけ離れた、実行不可能なモデルにすぎないのである。

現実の経済では、限定合理的な主体は最適化計算を行うのではなく、満足化原理に従う。たとえば、予期せざる需要変動などの不確実性に対しては、在庫や貨幣といったストックを保有して、それらをバッファ（緩衝）とすることで対応し、在庫や貨幣のストックの増減を外部環境のモニタ情報として利用しながら、一定のルールに基づいて数量や価格を自律的に調整している。そして、様々な時間・空間の中で、買い手と売り手が一対一で価格や数量に関する条件を定め、商品売買を行っている。こうした相対（あいたい）取引の全体が中心なきネットワークである分散的市場を形成する。それは、各種バッファによるたるみを持った、緩やかな結合系である。そこでは、一物一価も需給均衡も前提することはできないし、一般均衡理論のように、価格メカニズムを通じてすべての財が効率的に配分されると考えることもできない。

貨幣は、交換可能な商品を探索・発見するための取引費用（サーチコスト）を最小化し、財と財の効率的な間接交換を促進するための交換手段であるという議論や、貨幣は、名目価格を決定する単なるニュメレールであるとする理解は完全な誤りではない。だが、それらは、貨幣のごく一部の側面を抽象したものにすぎず、いま述べたような現実の市場のあり方を理解するためには十分な

説明ではない。貨幣は、流通手段かつ価値尺度であると同時に、商品売買の「ネットワーク」である分散的市場の形成者でもある。

(2) 分散的市場のプラットフォーム・メディアとしての貨幣――過程の切り離しと情報のカプセル化、バッファ機能と情報機能

貨幣は、商品の売りと買いを相互に独立な過程として時間的・空間的に切り離す。売りや買いはそれ以上分割できない素過程であり、モジュール（部品）である。売買の中で、貨幣が価値情報のカプセルを買い手から売り手へと次々に受け渡すことを通じて、商品流通が逐次的に成立していく。インターネットでは情報のカプセルである「パケット」がバケツリレー式に伝達されるが、パケットと同じような役割を貨幣が果たすことによって、市場はインターネットのような中心なきネットワークになりうる。その過程で、相対取引の集積体として分散的市場が生成される。このように、貨幣は、切り離しと情報のカプセル化という機能を通じて分散型市場を生成するプラットフォーム・メディアである。

貨幣は、集中的市場において生じる情報収集、計算、実行上の合理性の限界という問題に対して、次のような解決方法を与える。まず、ミクロレベルの自律的主体は、プラットフォーム・メディアである貨幣を前提にして、一定のルーティンやルールに依拠した分散的な意思決定や活動・取引を行うことができる。大規模で複雑な経済では、売りや買いというユニット取引に分解し、経済主体が価格や数量を相対で決定して、取引を逐次的・分散的に実行するのが実行可能な方法となる。次いで、マクロレベルでは、プラットフォーム・メディアである貨幣を媒体とするミクロ主体間の相互作用が自己組織的（自生的、自己創出的）にマクロ的な制度（たとえば、市場や信用）や秩序（たとえば、経済成長や景気変動）を生成し、その帰結がミクロレベルの自律的主体へとフィードバックされる。こうしたミクロとマクロの相互規定的因果関係を通じて、経済社会の全体が運営される。

物々交換では、ある財と別の財を直接交換するためには、「欲望の二重の一

致」が必要であった。貨幣を介する間接交換、すなわち、市場における商品売買は、この厳しい条件を除去することができる。しかし、それだけではない。間接交換は、直接交換で必然的なある財と別の財の同時的交換というもう一つの厳しい条件をも除去する。なぜなら、貨幣を伴う間接交換では、ある商品を売って得た貨幣を必ずすべて支出して別の商品を買う必然性はなく、貨幣を将来へ持ち越すことができるからである。この時、予算制約式（収入＝支出）は等号で満たされる必要はなく、不等号でも構わない（収入＞支出）。さらに、信用による貨幣貸借を考慮すると、この不等号は一時的に逆向きでもありうる（収入＜支出）。このように、主体は各時点で貨幣をストックとして保有するので、予算制約にたるみが生じる。貨幣とは、主体にたいして、任意の時間・空間に任意の商品を選択して買う自由と、何の商品も買わずに貨幣を保有し続ける自由を与えるメディアである。そのおかげで、経済主体は自由度の高い自律的決定を行いうる。

　ある財の需要と供給を一致させる一つの価格によってではなく、経済主体が自己の判断に基づいて価格を設定し、売りや買いを逐次的かつ分散的に行うと、同時点で一物多価が生じる。いま売り手として企業を考えれば、この場合、多くの企業において商品の売り切れや売れ残りが生じ、全体は必ずしもうまく調整されない。ある企業のある期の実現販売収入が予想販売収入に満たず、赤字計上することもありうる。しかし、その損失が保有現金の一定の範囲内にとどまっていれば、当面、必要な原材料や資材を購入して生産を連続的に遂行することができるので、将来利益を上げればよく、直ちに倒産というかたちで経済的に淘汰されないですむ。

　一般に、経済主体は一定額の貨幣を蓄蔵することによって、生産、流通、消費のような一連の経済活動を中断することなく連続的に営むことができる。それは、ストックとしての貨幣が、不確実な状況下における予想と現実のギャップを吸収するバッファ（緩衝）として機能するからである。貨幣ストックをバッファとして保有する経済主体が、貨幣フローをメディアとして利用して行う個々の売買が市場をボトムアップに形成する。したがって、市場経済は、主体

間が緩やかに相互連結される分散型システムであり、多対多の非線形的な関係により構成される複雑系である。市場経済は、インターネットと同じようにフレキシブル・頑強・創発的といった性質を持つが、それが安定的かつ効率的（静学的な意味で）であると期待すべき理由は存在しない。内包される非線形性やネットワーク外部性などのために、ゆらぎが自己強化過程で増幅され、カオス的な変動や相転移が生じる可能性は大きいのである。

　分散的市場では、「供給はそれらの需要を作り出す」ことによって、すべての財について需要と供給の一致を保証する「セー法則」が成り立たない。セー法則は、物々交換の状況か、各個人の販売額（収入）と購買額（支出）が常に一致し、貨幣ストックが存在しない状況でしか成立しないのである。貨幣ストックが存在し、個々の主体が貨幣残高を自由に決定できるとすると、商品の需要と供給はそれぞれ独立な変数となるため、一般に、マクロ的な総需要と総供給は一致しない。このため、市場の自動調整メカニズムは有効に機能せず、多くの場合、不完全雇用や不況を伴うマクロ的な景気変動が生じるであろう。また、こうした市場の下では、静学的な競争均衡の存在や安定性に関する議論に基づいて、完全競争市場はパレート効率的であると主張する厚生経済学の基本命題も成り立たない。このように、分散的市場では、価格メカニズムの安定性や効率性は何ら保証されないどころか、投機による価格の乱高下、バブルの形成と崩壊という現象が準周期的に発生し、価格変動も正のフィードバックによるトレンドが形成される（3.4を見よ）。分散的市場は、きわめてダイナミックで不安定だが、多様性や新規性を生み出す能力も備えている。

　さらに、分散的市場における貨幣は情報機能をも果たす。貨幣は、その価値尺度機能によって、大規模で複雑な外的環境の複雑性を縮退して、あらゆる価値（経済的のみならず、文化的・倫理的価値も含む）を一次元量（スカラー）で表す。多様な価値情報の一次元化は、過度の単純化を免れないものの、世界の複雑性を縮退することで過大な情報負荷の問題を回避しつつ、意思決定と実行を可能にするための実行可能な情報フローを生み出す。この意味で、貨幣は人間が迅速で自律的な判断を行うのを助けるための価値情報媒体である。

貨幣が人間の自律的判断をいかにして助けるかを、企業を例にとって具体的に見てみよう。製品や原材料・仕掛品の在庫残高の増減は企業にたいして、市場における需要にたいする供給の相対的な大きさを伝達するシグナルである。在庫の増大は、売れ行きが悪く、需要に比べて供給が多いことを教えてくれる。在庫が閾値を超えれば、企業は生産量を減らすべく、生産設備の稼働率を引き下げ、原材料発注や雇用を削減するであろう。それでも、売れ行きが改善せず、在庫がさらに積み上り続けるならば、企業は生産設備の稼働停止や工場の閉鎖など、よりドラスティックな調整を強いられるであろう。このように、在庫は企業に市場の販売動向を教える情報の役割を果たす。こうした調整行動は定型的であるが、どの程度在庫が積み上がれば、生産をどの程度、どのように削減するかに関する調整ルールは様々でありうる。企業の調整行動の多様性や異質性は、このような調整ルールの特徴の中にある。

　貨幣も在庫と同じような情報機能を担っている。ここでいう貨幣とは、企業の当座資産（現金・預金、受取手形、売掛金、有価証券）など短期間に現金化できる資産を指す。設備や土地などの固定資産は流動性がきわめて低い。流動資産には、当座資産のほかに、在庫（製品・原材料・仕掛品など）である棚卸資産があるが、これは完成品である商品が売れなければ貨幣にならないので、当座資産より流動性が低い。ここで、固定資産、繰延資産、流動負債、固定負債、資本金が一定であり、前期からの利益や損失の繰り越しがないと仮定すると、貨幣（当座資産）は、当期純利益が上がれば増え、当期純損失が出れば減る。商品の売れ行きが良くなれば、在庫（棚卸資産）は減る一方、貨幣（当座資産）は在庫の減少分と純利益の分だけ増えるので、流動資産は純利益分だけ増加する。逆に、商品の売れ行きが悪くなれば、在庫（棚卸資産）は増える一方、貨幣（当座資産）は在庫の増加分と純損失の分だけ減るので、流動資産は純損失分だけ減少する。いま流動負債を一定としているので、純利益が出て貨幣（当座資産）が増えれば、短期負債にたいする企業の現金支払能力を表す当座比率（＝当座資産／流動負債）は大きくなる。逆の場合は、逆である。このように、貨幣（当座資産）の増減は、当該企業の商品の売れ行きや損益を測る

ためのシグナルの一つである。

　こうした会計情報は当該企業のみならず、その取引先、金融機関や投資家にとってもきわめて重要な意味を持つ。というのも、貨幣（当座資産）や当座比率の増減は、企業の経営戦略が利益を上げるために適切であるかどうかを判断するための簡便だが有益な情報であるからである。利益が出て資産が殖えれば、企業の現状の経営方針が市場の動向に合致したという意味で「正しい」決定であったことを確認できるので、現状の維持ないしその方向での拡大が是認される。他方、損失が出て資産が減れば、企業は現在の意思決定のあり方を再点検しなければならない。このように、貨幣ストックは、その所有者の行動や意思決定を左右する有益な情報を提供するのである。

6.4　貨幣と複製子・制度

6.4.1.　様々な複製子

　複製子は"if-thenルール"という形式で一般的に表現できる、汎用的で普遍的なプログラムであり、認知・行動ルールないし社会ルールを表現していた（4.2.4を見よ）。認知・行動ルールとは、個人の本能や習慣、性格、価値観など個体に内属する複製子であり、定型化された行動を発現させる「内部ルール」である。他方、様々なレベルにおける慣習、規範、道徳、法からなる社会ルールは、組織、コミュニティ、国家など個人の集合たる集団の複製子であり、そうした集団に属する個人の認識や行動を誘導・規制する「外部ルール」である。外部ルールは、それが有効なものであるである限り、集団成員の多くに受け入れられているものの、あらかじめ個人に内属するものではないし、全成員に受容されているものでもない。外部ルールは、それを受容し、日常的に意識しないで慣習的に従う集団の成員が増えるにつれて実効的になる。そのことを外部ルールの「内部ルール化」（内部化）と呼ぼう。

進化経済学が対象とする複製子は、こうした内部ルールないし外部ルールである「制度」を形成する。内部ルールは個人の心の中に「内なる制度」を、外部ルールは個人の集団である組織や社会の中に「外なる制度」を形成する。こうした制度はその具体的内容を特定化することなく、抽象的形式としてその含意や帰結を理論的に考察することができる。それらが前提とする経済社会の目的、状況、場面を特定することにより、制度の具体的内容は決定される。

　本書は、複製子の基本形を抽象的・形式的な遺伝子型として定義するところから始め、複製子の内容を具体化する方向へと議論を進めてきた。これとは対照的に、初めから複製子の種類を具体的に示さなければ理論が抽象的すぎて、経済学として有効な理論にならないという考え方もありうるだろう。たとえば、『進化経済学ハンドブック』(p.14) は複製子として商品、技術、行動、制度、組織、システム、知識の七つを列挙している。しかし、これら七つは商品や技術のような具体的なものと、制度、組織、システムのような抽象的なものの双方を含んでおり、どれが複製子の基本形であるのかが必ずしも明確ではない。多くの種類の複製子を単に並列するだけでは、カテゴリー上の混乱を生じる恐れがある。本書のように、複製子を"if-then ルール"という基本形として定義すれば、"if-then ルール"の集合であるプログラムとして表現できるものはすべて含まれることが明瞭になる。

　まず、抽象的な原理のレベルで考えてみる。環境からの入力にたいして内部状態に応じた処理の結果を出力する仮想的な自動機械は「オートマトン」として知られている。ここで、自動機械は相互作用子であり、入力にたいして内部状態に応じた処理の結果を出力する"if-then ルール"は複製子であると考えることができる。また、その特殊な型である「セルオートマトン」は、内部状態を持つセル（格子）と単純なルールにより構成されている。$t+1$ 時点におけるセルの内部状態を決めるのは、t 時点におけるセル自体および近傍のセルの内部状態に依存する"if-then ルール"である。したがって、セルオートマトンでは、セルが相互作用子であり、各セルの内部状態を決定するルールが複製子である。

さらに、より具体的なレベルで考えよう。商品が複製子であるという時、それが意味しているのはどういう事態であろうか。自動車や機械などの工業製品が工場において大量生産される時、その同一性が保持されるのは、設計図や仕様書、それに基づく部品構成、製造ライン、製造工程が同種製品について同一であるからである。したがって、そこで複製されるのは「商品」そのものというよりも、その素材、構造、機能的特性、形や色などの外観、それを生産する主体の技能や経営に具体化される技術、デザイン、組織に関わる「知識」である。こうした知識はすべて"if-thenルール"の集合であるプログラムとして記述できる複製子である。こうした複製子を持つ相互作用子としては企業を考えることもできれば、商品を考えることもできる。それは、進化過程における淘汰の単位を企業とみるか、商品とみるかに応じて変わってくる。ある商品が淘汰された結果、それを生産する企業自体も淘汰されることがある一方、ある企業が淘汰されても、その企業が生産する商品は別の企業が生産を続けるので淘汰されないこともある。両者は関連しているが、同一の進化過程ではない。

複製子は"if-thenルール"であるという抽象的規定を前提すると、技術、デザイン、嗜好、行動、制度、組織などは、問題状況を表現するための具体的なカテゴリーとして概念化される。複製子としての技術や知識が遺伝子型であり、商品の特性や機能はこれらの複製子の表現型である。その時、商品自身は複製子の乗り物としての相互作用子であると考えられる。

6.4.2 経済調整制度の複製子としての貨幣

経済社会における財の生産・流通・消費を相互調整し、社会の再生産を可能にする経済調整制度として、市場における交換、コミュニティにおける互酬、国家における再分配の三つがある（6.1を見よ）。交換、互酬、再分配のいずれにおいても貨幣は使用されうるし、歴史において使用されてきた。貴金属を素材とする金属貨幣が支配的になる以前には、主に家畜や穀物のような物品貨幣が使われた。

互酬における贈与と返礼、再分配における徴税と分配では、貨幣を使わずに

モノやサービスのやりとりとして行うこともできる。事実、市場経済が十分に発達する以前は、互酬では贈物、供宴、労務提供、再分配では穀物、特産物、工芸品、武器、労務・兵役提供など、貨幣が介在しないで行われるのがむしろ一般的であった。つまり、互酬や再分配という経済調整制度では、貨幣の利用は可能であるが、必然ではない。これにたいし、市場では貨幣の利用が必然的である。

　市場は、貨幣による商品売買を前提に成立し、多様な物品に関して多量かつ恒常的に売買が行われることをその特徴とする。市場とは、貨幣を介して行われる大量の売買取引が形成するネットワークである。

　市場は、魚市場、青果市場、商品取引所、株式市場などのように、多数の売り手と買い手が特定の商品を特定の売買締結、価格形成方法（価格優先・時間優先原則、個別競争売買原則（板寄せ方式やザラバ方式など））に従って大規模に売買するために運営されている特設取引所を意味することもある。しかし、そうした組織化された集中的市場は市場の特殊型にすぎない。より一般的な市場は、売り手と買い手が一対一で行う相対取引の集積として形成される分散的市場である。個々の相対取引は、貨幣対価を前提として、特定の商品の数量・価格に関して売り手と買い手の双方が同意すれば実行される。

　物々交換では、取引者が互いに相手が所有する物品を欲しがるという「欲望の二重の一致」が必要条件である。ひとたび商品所有者を見つければ、数量や価格に関する条件で合意できれば、相対取引（売買）が成立する。物品の数が大きくなれば、物々交換は不可能に近い。だが、貨幣が存在すれば、貨幣所有者が自分の望む商品所有者を偶然見つける確率は格段に高くなる。このように、多数の商品が恒常的に相対取引（売買）される市場の成立には、貨幣が必要不可欠である。一般には物々交換と考えられている沈黙交易や遠隔地貿易の場合も、相手が欲しがる物品を準備するならば、物々交換というより貨幣交換に近い。

　いま見たように、貨幣は市場における商品売買を可能にするための交換手段である。貨幣は貴金属、紙、電子のような物質的素材や価値尺度、流通手段、

価値保蔵手段のような諸機能を有する。しかし、それは、どのような調整制度の下でも同じ経済的機能や社会的役割を果たす、制度中立的な交換媒体ではない。たとえ物理的特性やそれが果たす諸機能の点で同じでも、発行・管理する主体、売買可能な商品、流通範囲に関するルールが異なれば、それは別の貨幣制度である。つまり、それは異なる"if-thenルール"すなわち複製子の集合を持つことになる。

　貨幣はコミュニティの互酬、国家の再分配でも使用されうるが、互酬や再分配で利用される貨幣は、市場で使われる貨幣とは異なるルールを持っている。たとえば、互酬では貝殻の腕輪や首飾り、大きな石貨のように、美しさ、親密さや友愛といった文化的価値や名誉・地位といった社会的価値を担った貨幣が使用される。再分配では、国家権力を背景に公吏への俸給支払や徴税のために発行される悪質な鋳貨や不換紙幣が用いられることもあるが、国家権力が及ばない世界市場では、金地金が貨幣として使われる。このように、貨幣の物質的素材や物理的特性をも含む、貨幣に関する"if-thenルール"の集合は、市場における交換、コミュニティにおける互酬、国家における再分配といった経済調整制度のあり方を規定する複製子であると考えられる。

　貨幣の本質は貴金属や物品のようなモノにあるのではなく、ルールというコトにある。コトとしての貨幣が経済調整制度の遺伝子（複製子）であり、市場、再分配、互酬などの具体的な経済調整制度のあり方を決定づける。従来、貨幣は経済制度である市場から独立した効率的な交換手段であり、市場の特性に何ら影響を与えるものではないと考える傾向があったが、それは、依然として貨幣をモノ（物品）と考えてきたからであろう。貨幣は、商品や資本と同じく市場形式の一つであるが、貨幣がなければ市場は存在できない。その意味で、貨幣は市場のプラットフォーム制度なのである。だが、新古典派は、市場を貨幣なき物々交換の場とみなし、生産関数（技術）から導かれる供給と選好関数（嗜好）から導かれる需要の均衡として財の相対価格を実物的に決定した後で、名目的価格水準を決めるために貨幣をニュメレール（数）として導入するにすぎない。こうした見方は、貨幣が市場のもっとも基本的な複製子である点を見

落としている。

　市場にも多様性がある。異なる市場の制度的特性は、複製子である貨幣の特性によって決定される。物品貨幣は域内・国内市場を形成し、金貨幣は広域・世界市場を形成する。現金通貨は少額取引の市場を形成し、預金通貨は高額取引の市場を形成する。また、金本位制は正貨自動流出入メカニズムによる為替相場の安定をもたらすが、変動相場制は差益をできるだけ獲得しようと売買する投資家・投機家の思惑と競争によって動かされており、為替相場を安定化するそうしたメカニズムを備えていない。もちろん、貨幣が市場の特性のすべてを決定するわけではない。会計制度、商取引、民法、商法、独占禁止法などの各種の制度や法の全体が市場の特性を決定する複製子なのである。

　貨幣が経済調整制度の複製子だとすると、それに対応する相互作用子はこうした経済制度を採用することになるコミュニティや経済社会であり、個人や企業ではない。貨幣制度の社会的有効性は、外部ルールである貨幣を個人や企業が内部ルールとして受容するか否か、すなわち、外部ルールの内部化により決定される。大多数の個人や企業が受領する貨幣は流通し続け、その信用と価値は安定するが、個人や企業の多くが不信を抱いて受け取らない貨幣は、その価値を低下させる。他方、個人や企業が貨幣制度にいかにうまく適応し、それを利用するかにより、その社会における個人や企業の適応度が決定される。うまく適応できなければ、所得や資産を減らし、最後には破産や倒産に陥ることになり、再生や更正の道は残されているとはいえ、経済的淘汰や社会的制裁を受ける。このように、淘汰は個人や企業という経済主体のミクロレベルだけではなく、貨幣やその他の制度のメゾレベルでも生じ、それを通じてマクロ経済社会の動態が決まってくる。こうした多層的な淘汰の中で、経済主体や貨幣は単一化するのではなく、むしろ多様な変異を示しながら変遷していく。

　たとえば、そうした進化過程の中で個人が貨幣をどう認知・受容し、価値付けるかを「貨幣意識」と呼べば、それは性、年齢、国籍よりも、職業、教育、経験といった後天的要素によって異なってくる。貨幣意識が個人間で異なるのは、同じ貨幣という外部ルールにたいしても異なる内部ルールが多様に分布し

ていることを意味する。こうした多様性が経済社会にたいしてどのような意味を持ちうるのかは今後の課題である。

6.4.3 貨幣の制度設計

　経済の調整制度がいずれであろうとも、大規模で複雑な経済では貨幣は必要不可欠な存在である。そして、貨幣が経済社会の複製子であるという見方に立てば、生命の遺伝子の廃棄は不可能だが、その操作は可能であるように、貨幣を廃棄することは不可能だが、その操作は可能であると言えよう。貨幣の特性に何らかの人為的な変異を意図的に与えることで、その表現形である経済調整制度、なかでもとくに市場の特性を変化させることができる。

　貨幣の特性の変化は、経済主体の認知枠、価値・規範といった認知・行動ルールにも影響を与え、そうした認知・行動ルールの変化が市場の特性を変化させる。したがって、望ましい市場特性を表現型レベルで発現させる貨幣制度の遺伝子型を一義的に決定することは困難である。ミクロ主体の認知・行動とマクロ経済のパフォーマンスは双方向的な決定関係にあるが、それだけではない。両者の中間のメゾレベルには、"if-then ルール"の束である制度が位置している。こうした「ミクロ・メゾ・マクロ・ループ」（2.4を見よ）を前提とするならば、メゾレベルの制度に関する意識的な変更がミクロとマクロの両レベルに影響を与え、またミクロとマクロが相互に影響しあう結果、いかなるミクロ的・マクロ的な帰結が生じるかを決定論的に論じることは困難である。だが、たとえば、市場の特性を望ましい方向へ変化させると考えられる、ある新しい貨幣制度が広く受容され定着するには、個人、企業、コミュニティなどの経済主体の価値・動機といった内的属性を表す認知・行動ルールがどのように変化する必要があるのかを考えることはできるし、その結果、いかなるマクロパフォーマンスが得られるかをシミュレートすることはできる。これは、従来の経済学で考えられてきた制度設計のあり方とは異なる、進化主義的な制度設計の方向性を示している（詳しくは第7章「進化経済学と政策」を参照せよ）。

コラム⑧　ハイエクの自生的秩序論

　現在の進化経済学の隆盛は、フリードリッヒ・ハイエク（Friedrich Hayek）の議論の再評価と時を同じくしている。ハイエクは長らく「忘れ去られた経済学者」であった。だが、1980年代のレーガンやサッチャーの新自由主義の時代に再評価され、さらに1980年代末から90年代初頭の社会主義国の崩壊と市場化の中で、ハイエクの議論を見直そうとする動きが強まることになる。

　ハイエクの社会観の基礎となる議論が、自生的秩序論である。これは個々人が自由に振る舞っていても、社会の中でともに生きる限り、ある人の行動が他の人の行動に影響することは避けられない。しかし、時間が経つうちに一定のパターンを持った人々の行動は、ある人が自分の行動を考える際に予測の中に組み込まれていくことになる。そして、人々の行動パターンが大きく変わらないうちは、その人の予測は大きく外れることはない。つまり、多くの人々が社会の中で歴史的に作り上げてきた行動パターンは、互いの行動から生まれる不確実性を減少させるために大きな役割を果たすことになる。そして、このパターンが、やがて社会を安定的に維持するためのルールとしての役割を果たすこととなる。

　このように形成されてきたルールは、社会を安定させる一方で、そのルールを人々が必要としなくなったり、現状にあわなくなったりした場合には自然に消滅していくという特徴を持つ。つまり、この自生的なルールは安定と発展を両立させることができるのである。また、それは人が意図的に作ったものではないが、人の設計によるルールよりもはるかに詳細で具体的なものとなる。われわれの社会は、このような無数の自生的ルールによって支えられているのである。

　ハイエクが自生的秩序論を案出するにいたった基礎には、彼の知識についての考え方がある。ハイエクは「社会における知識の利用」や「経済学と知識」といった1930～60年代に発表したいくつかの論文の中で、われわれの社会の中で重要な役割を果たしているのは、明文化された科学的知識だけでなく、人々の日々の活動の中で蓄積された現場の知識であること、そしてそれがわれわれの持つ知識

の大部分を占めていることを指摘した。われわれは、他人の持つ知識を市場を通じて、意識することなく、間接的に利用することができる。市場が自生的なルールの束として構成されていることを考えればわかるように、自生的秩序とはこの現場のルールを反映した人々の行動の結果として生じているのである。

　ハイエクの自生的秩序論は彼が社会主義や福祉国家を批判するときの基本的な議論として用いられているが、その議論自体は彼の自由主義論から切り離しても制度論として重要な意味を持つ。さらに現代の進化経済学において認知科学的研究が社会科学において重要であることを最初に示したのがハイエクであった。

6.5 資本主義（市場経済）

　進化経済学を含む様々な経済理論の評価は、現存する資本主義経済システムの諸現象の理解と説明にどの程度寄与するかによって決まると言ってもよい。それゆえ、進化経済学もまた、方法論や歴史的貫通的なレベルでの理論にとどまることなく、「資本主義の理論」の構築に本格的に取り組むことが求められている。

　資本主義がいかなる経済システムであるかはその分析によって明らかにされるべきことであるが、分析の際の着眼点や手法は、自覚的にせよ暗黙的にせよ、分析者が資本主義について持っている基本的な観念（ビジョン）に左右される。それゆえ、緻密な理論やモデルの作成とは別に、資本主義をどのようにとらえるかという点について大きな視野から議論を行うことは有益である。本節では、複製子と相互作用子の概念を用いて市場経済と資本主義経済の原理的な説明を行い、資本主義システムそれ自体の多様性と、このシステムの内部で生産される商品の多様性について考察することにしよう。

6.5.1　経済、市場経済、資本主義

　経済学は、本来、経済一般を対象とすべきものである。経済の再生産を可能にする経済制度には市場、国家、コミュニティがある。これら三つは、地方経

済、国家経済、世界経済などの相互作用子にたいする複製子である。経済には、市場経済のみならず、コミュニティによる互酬経済や国家による計画経済などの非市場経済がある（6.1を見よ）。

　市場経済とは、生産・流通・消費という経済活動が主として独立した所有者間の自由な商品売買を通じて行われる経済であり、部分的には市場以外の国家やコミュニティによって社会的再生産が担われている。資本主義とは、市場経済の中でも、労働力を雇用して生産・販売を行い、利潤追求を行うことを目的とする産業資本（営利企業、現代では株式会社）が生産の主要な担い手となる特殊な形態の市場経済である。

　経済主体間の関係が商品・貨幣関係として現れる様式を「流通形式」と呼ぶ。流通形式には、商品（C）・貨幣（M）・資本（$M-C-M'$）がある。およそあらゆる市場において、この三つが基本的な形式になっており、この関係形式の結合により市場関係が構成されている。商人資本とは商品の売買差益を追求する流通形式（$M-C-M'$）である。「価値保蔵手段としての貨幣を蓄積した資金で任意の商品を安く買い、それを高く売って利潤を獲得せよ」というのが商人資本のルール（複製子）であり、相互作用子（個人ないし組織）がそうしたルールを内部化しているならば、それは商人ないし投機家である。この形式は、他の商品を買うために自己の商品を売ることを目的とする貨幣売買（間接的交換）の流通形式（$C-M-C'$）から派生するが、ルールと目的はまったく異なる。産業資本（工業資本）は、生産手段（機械・原材料など）と労働力を購入して生産を行い、利潤の獲得と蓄積を繰り返す流通形式（$M-C\cdots P\cdots C'-M'$：Pは生産を表す）である。営利企業内部での資源配分は、企業の指導者たる企業家の指揮監督（およびそれを体化した分業体制）の下で行われる。企業家の労働者にたいする指揮監督は、雇用という契約関係に起因する点では市場取引の一部を構成するが、事前に定められた特定の役務の遂行ではなく、企業の活動に関わる任意の仕事の遂行を求めることを本質とする点で、市場取引一般やサービスの購入に還元できない独自性を持っている。

　現代世界では資本主義経済システムが支配的であるので、経済学の具体的対

第6章 進化経済学の対象

```
┌─────────────────────────────────────────┐
│                   経済                    │
│         ╱─────────────────╲              │
│        ╱     市場経済       ╲             │
│       ╱    ╱─────────╲     ╲            │
│      │   │ 資本主義市場経済 │   │           │
│       ╲    ╲─────────╱     ╱            │
│        ╲                 ╱              │
│         ╲─────────────────╱              │
└─────────────────────────────────────────┘
```

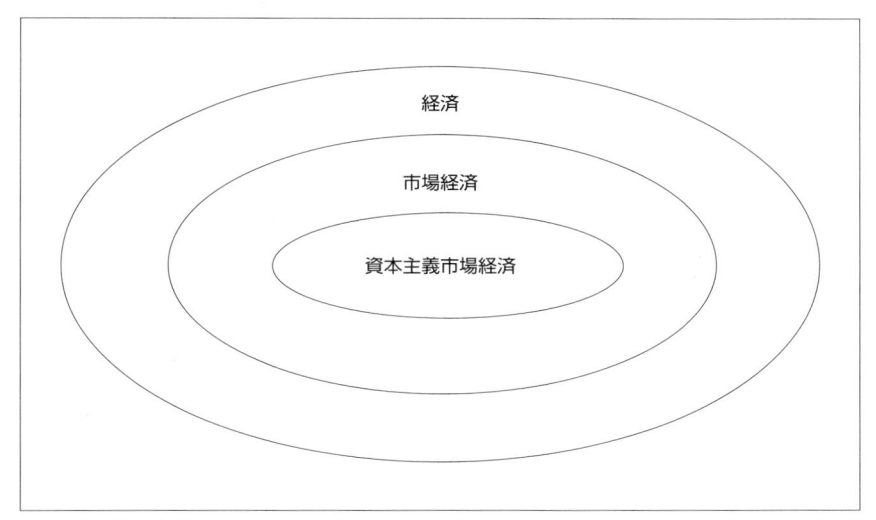

fig.6-5　経済

象は資本主義であることが多い。新古典派経済学はその分析対象を「資本主義」ではなく「市場経済」と呼ぶことで、両者の相違を暗黙的に無視している。だが、厳密に言えば、資本主義とは市場経済の特殊形態としての「資本主義市場経済」のことである。したがって、fig.6-5のように、「経済⊃市場経済⊃資本主義市場経済」という包含関係を考えなければならない。少なくとも理論上は、資本主義市場経済だけでなく、非資本主義市場経済、すなわち、生産の主要な担い手が営利企業以外の、自営業者、協同組合企業、地方自治体であるような市場経済も想定可能である。

　現実の資本主義システムはいつでも市場と営利企業だけでなく、非営利的生産組織、家族（それは生産の主体でもありうる）、政府などの非資本主義的諸制度を含む複合体である。市場-営利企業とこれらの諸制度の間には対抗関係の側面と同時に、分業・補完関係の側面が存在する。すなわち、非資本主義的諸制度はたんに市場の機能や営利企業の活動を制約するのではなく、その存続と発展を支える相互補完的機能をも持っており、過度の「純粋化」はかえって資本主義の安定性を損なう可能性がある。

6.5.2　市場の内部化と資本主義市場経済の成立

　まず、物品・サービス（これを「モノ」と呼ぼう）が商品であるにはどういう条件が必要であるかを考えよう。売買の当事者がせりや相対の交渉で自由に価格を決められれば、需要や供給の状況に応じて価格が変動しうるし、顧客の愛顧を求める品質の向上も起こりうる。国家やコミュニティのルールにより決められたモノを決められた価格で販売する場合は、そうした競争は生じない。そのようなモノは商品とは言えない。このように、価格・非価格両面での競争が生じる状況において初めて、モノは商品になる。商人資本（$M - C - M'$）は「貨幣で商品を安く買って、それを高く売る」ことで利益を得ることを目的とするが、そうしたさや取り（裁定取引）が多数の商人より頻繁に行われれば行われるほど、様々なモノが世界中で商品になるであろう。その結果、商品の種類や量が増え、市場の範囲が拡大し、労働の分業（産業の分化、職業の専門化）とそれに伴う知識の分業が発達していく。

　では、市場はいかに発生、拡大し、市場経済の特殊形態である資本主義市場経済はいかに成立、進化するのだろうか。まず、市場の拡大というと、その範囲が空間的に広がっていく、グローバル化するというイメージになるが、市場は規模や範囲を拡大するだけではない。市場は、人間の生活・生命、情報、自然環境といった、経済社会を支えるより基礎的な部分へと浸透し深化していくのである。このことを、先に見た、市場、コミュニティ、国家という三つの調整様式の関係で考えれば、次のようになる。すなわち、市場は、コミュニティ（地域社会）や国家（帝国）の外部や周辺に発生するが、資本はその利潤追求活動を通じて市場を拡大・深化させ、徐々にコミュニティの互酬や国家の再分配を商品売買（貨幣商品交換）の原理に置き換えていく。その結果として、経済社会は市場経済として再組織化され、資本主義市場経済が成立し、進化していく[6]。

　このような市場の拡大・深化のイメージを論理的に説明するため、商品関係から派生する市場の形式が非市場社会の内部へ浸潤し、経済を自己組織的に統

	市場の内部化のパターン	生産の目的に関するルール
I	外部商品化	消費
II	内部商品化	所得
III	一般商品化	利潤

table.6-1　市場の内部化

合する過程を市場の「内部化」と呼ぼう。市場の内部化は、①外部商品化、②内部商品化、③一般商品化という三つの商品化のパターンをとる（table.6-1）。後で見るように、①、②、③と進むにつれて、市場が実体経済（社会的再生産）を支配・統合する度合いが高くなっていく。

そうしたパターンの違いは、様々な経済社会において、一般財（労働力・土地を除く通常のモノ）が商品として取り扱われる場合の、所有、契約、取引などに関するルール（複製子）の違いとして表現される。歴史を振り返ってみれば、米、塩、奴隷、牧草地などはある時と所では商品だが、別の時と所では商品ではないのだから、それらが商品になるには一定のルール（慣習、価値観、法律）の存在が必要であることがわかる。そうした商品化のためのルールが市場経済の複製子であり、こうしたルールを受け入れる社会やその中の組織や個人が相互作用子である。そうすれば、資本主義市場経済とは、市場の内部化の三つのルールを組み合わせた、より特殊なルールを持つ市場経済であると考えることができる。

以下、これら三つの商品化の複製子について説明した上で、資本主義市場経済の複製子を特定化してみよう。

①外部商品化とは、非市場社会の外部において市場関係が偶然的・散発的に発生・拡大する過程であり、自己消費ないし共同消費を目的として生産された一般財 G が非市場社会の外部の市場へと持ち出され、貨幣 M による売買の対象である商品 C になる事態である。これを記号で書けば、$G \rightarrow C - M - C'$ となる。ここで「→」は一般財 G の商品 C への転換を表す。たとえば、自分たちが消費するために生産していた米や香辛料にたまたま余剰分が生じたとき、外国の商人がそれを買い付けにやって来た、といった状況を考えてみるとよい。

その時、あなたは仮に米や香辛料を売ることができるにしても、それは偶然的な出来事であり、初めから売ることを想定して米や香辛料を生産したわけではなかったはずだ。カール・ポランニーは、労働、土地、貨幣を「擬制商品」(Polanyi［1944］) と呼んだ。それは、これらがいずれも市場社会で生産され売買されるモノではないにもかかわらず、一般のモノと同じように売買可能な商品であるとみなす擬制（フィクション）に基づくことを示す表現である。「外部商品化」とは、コミュニティや国家の内部における自己消費や共同消費を目的に生産されたモノも、その外部へ販売する商品になりうるということを意味する。

②内部商品化とは、コミュニティや国家の外部に発生した市場がその内部へと反射・浸透する結果として、それらの外でも中でもモノの商品化が成立することで、コミュニティや国家が崩れ、市場と非市場の境界が消えていく過程である。ここでは、独立小生産者や職人、さらに農民までもが生活物資を買うために貨幣が必要になる。そのため、彼らの生産は自己消費ではなく、貨幣所得を目的とするものになる。彼らが生産費（費用）に一定のマージンを上乗せして販売するにしても、それは飽くなき利潤追求を目的とするものではなく、在庫と同じような一定の緩衝（バッファ）を持つためのものである。売買が繰り返されると商品価格は変動しながらも相場を形成する。予算や費用の制約があるため緩やかな等価原理が働き、コミュニティの互酬や自給自足、国家の再分配の原理が競争的な市場原理に取って代わられる。

③一般商品化とは、もっぱら利潤獲得を目的にして商品を生産する主体が登場する事態を指す。効率追求と費用削減のため、生産は組織化、集中化されるが、家族経営による家内制手工業や問屋制家内工業のレベルにとどまる。士農工商やカーストなど非市場社会的分業はすべて市場内分業に置き換えられ、職業の専門化とそれに伴う労働と知識の特化が生産技術や商品の革新を通じてダイナミックに行われる。だが、労働者を雇用する大規模な工場生産や機械生産は行われない。

最後に、資本主義市場経済は、一般財の一般商品化に加えて、労働力の外部商品化という条件が整うことによって成立する。労働力の外部商品化とは、人

間の労働力がコミュニティ（村落共同体や家族）の外部の労働市場で契約に基づいて「自由」に売買されることである。資本主義市場経済が生成するための歴史的条件は、村落共同体のきずなや保護も、生活のための生産手段もまったく持たない「二重の意味で自由な」賃労働者が大量に存在することであったとされる。こうした事態を労働力の外部商品化は商品化という視点から記述する。産業資本は単純労働を行うための労働力を低賃金で大量に雇用することで、機械化された工場において安価な商品を大量に生産できるようになった。ここでは、労働力を含むすべての投入生産要素が商品化されているため、生産物の費用が明確に計算でき、その結果として、利潤を目的とする「商品による商品の生産」が実現する。労働力と生産手段（原材料、工場、機械、土地）を使って何らかの商品を生産・販売し、できるだけ大きな利益を挙げるという複製子（ルール）を持つ産業資本（営利企業）が、資本主義的市場経済における主要な相互作用子となる[7]。

6.5.3 労働力商品化の三つのタイプと資本主義の進化

あたかも「個体発生が系統発生を繰り返す」ごとく、資本主義経済では一般財だけでなく労働力についても、外部商品化、内部商品化、一般商品化という3パターンを再度繰り返しながら、市場の内包的深化が進む。このような市場の内部化という傾向性を通じて、資本主義市場経済は3パターンを示す（table.6-2）。労働力は利潤を産まない「単純商品」から、利潤を目的として生産されるとみなされる「（擬似）資本主義的商品」へと変容する。

資本主義市場経済は、労働力商品の存在を条件として成立し、労働力商品化の高度化を伴いながら進化する。労働力は、一般財のように利潤追求を目的として生産される商品（資本主義的商品）ではなく、家族というコミュニティ内で自家生産される商品（単純商品）である。だが、現代の資本主義市場経済について、労働力商品化のパターンに変化が生じている。以下、労働力商品化に関するルールの変化による資本主義市場経済制度の進化を見ていこう。

前項で見たように、資本主義市場経済の原型は Ⓐ労働力外部商品化型であ

った。ところが、現在進行しているグローバリゼーションは資本主義市場経済の労働力に関する複製子（ルール）に変異を生じさせている。これまで家族コミュニティにおける単純商品であった労働力が資本主義的商品になりつつあるという傾向は、資本主義の純粋化とも言いうる。自給自足や互酬を原則とする家族コミュニティが市場原理により解体されて、生活がすべて貨幣による商品売買によって置き換えられてくると、「機会費用」[8]の考え方が一般通念になってくる。そうなれば、家族の中で主として女性（主婦）によって担われてきた家事・育児のような影の仕事（シャドウ・ワーク）は貨幣所得を稼がないから、価値のない仕事であるとして社会的に低く評価されるだけでなく、それは外で働けば得られるはずの貨幣所得を失うこと、つまり、機会費用であるとみなされるようになる。そうなると、家事・育児が愛情表現や意思疎通の手段であり、自らの喜びや楽しみであるといった、コミュニティにおける人間活動の価値は消え失せてしまうため、そのような機会費用を発生させる家事・育児労働はできるだけ減らすべきだと考えられるようになる。他方、現実にも、そうした労働を減らすような商品も登場してくる。企業は冷蔵庫、洗濯機、食洗機、掃除機、電子レンジなどの家事を軽減する家電製品を続々と開発・販売する。また、清掃、食事、託児、保育、介護に関する多くの有償請負サービスもいまや、個人ではなく企業によって、提供されるようになってきている。主婦が外で働いて得た所得でこれらの商品を購入し、家事・育児「労働」を軽減・代替できるならば、所得からこうした購入費用を控除した純所得がプラスである限り、主婦には外で働くインセンティブがあるわけだから、やがて外で働いて得られる賃金は家事・育児を代替する商品やサービスの購入費用と同じになるであろう。こうして、「育児・家事労働の機会費用」＝「それらを代替する家事・育児に関する商品やサービスの価格」＝「家族の外で働く労働賃金」という同等性がルール（複製子）として普及すると、家事・育児労働が家族の内部で商品化することになる。これが、Ⓑ労働力の内部商品化である。そもそも、家事・育児・介護とは現在・過去・未来の労働力（夫婦・親・子）を再生産する労働であるのだから、以前はコミュニティであった家族もⒷのレベルでは、生産財や消費財

	資本主義市場経済の進化	生産の目的
A	労働力外部商品化型資本主義市場経済	一般財の利潤目的生産＋労働力の消費目的生産
B	労働力内部商品化型資本主義市場経済	一般財の利潤目的生産＋労働力の所得目的生産
C	労働力一般商品化型資本主義市場経済	一般財の利潤目的生産＋労働力の利潤目的生産

table.6-2　資本主義市場経済の進化

を生産する部門と同じく、労働力を生産する部門であるとみなしうる。すると、家電製品の購入は労働力生産部門への新技術の導入として捉えられ、有償サービスの購入は外注として捉えられるであろう。このように、機会費用の考え方が家族というコミュニティへ浸透してくると、労働力を再生産する家事・育児の位置付けが無償活動（シャドウ・ワーク）から有償労働へと転換する。

さらに、各種の学歴・資格、専門技術・知識・技能が将来所得を増大するための「人的資本」であるという概念が一般化し、人々が教育、職業訓練、熟練形成、健康増進等を人的資本投資と考えるようになった結果として、ルール（複製子）が変化すれば、ⓒ労働力の一般商品化が成立する。労働力も他の生産財や消費財と同じく、その販売価格が利潤マージンを含むことになり、人的資本投資は労働力生産部門における利潤増大のための投資活動であると位置付けられる。その結果として、労働力は、利潤追求を目的として生産・販売される擬似的な資本主義的商品になる。「擬似的」という修飾語は、労働力を再生産する家族が営利企業のようにそれを行っているとみなされていることを表している。

家族における労働力再生産を担う家事・育児の目的が消費（A）、所得（B）、利潤（C）と変化すると、家族コミュニティの境界が消失し、資本主義市場経済は進化する。この進化の過程で、実質賃金率が増大し、労働者の生活水準が向上する一方、資本の一般的利潤率は低下し、潜在的な成長率も低下する。このため、資本主義が進化すれば、労働者の生活水準と資本の利潤率をともに増大させるような技術革新が加速されるのである[9]。

このように、資本主義市場経済は、家族コミュニティという非資本主義的制度を自ら駆逐することによってますます純粋化し、最後に、労働力を含むすべての商品が利潤を目的として生産されるような一般商品化の段階に達する。も

しこの移行が完全に達成されれば、そこでは、家族コミュニティとともに人間労働力の非資本主義的性質も消えてしまうことになる。しかし現実には、資本主義による労働力再生産の内部化には限界があり、家族が全面的に資本の論理に組み込まれることはない。高度に発達した資本主義の下でも、家族は、大きな変容を伴いながらではあるが、契約的結合や「人的資本」の生産単位に還元できない、社会の本源的コミュニティとしての機能を果たし続けている。

労働力商品化に関する三つのルールの変化により資本主義市場経済が進化するためには、家族コミュニティのメンバーである個人の価値、規範、意識である内なる制度と、そうした内なる制度の変化を社会的に承認し促進するような倫理、法、法律などの外なる制度が変化しなければならない。さらに、政府は、扶養手当、所得控除、介護保険、子育て支援補助金などの制度変更型政策によって、そうした内なる制度と外なる制度からなる複製子の組を別の型へ変えようと試みる。したがって、時代とともに必ずしも A → B → C という順序で資本主義が発展していくわけではないであろう（7.1、7.2を見よ）。

6.5.4 資本主義の類型論

様々な時代や地域の資本主義は、競争の様態、企業の組織構造、生産技術、商品構成などにおいて、さらに、市場 − 営利企業の制度と非資本主義的諸制度の結合のあり方において異なっている。資本主義の地域的な拡大と歴史的な発展がそれ自体としてこれらについての大きな相違や変化を作り出すことから、資本主義の理論的分析は、一般理論だけには収まらず、資本主義の特定のタイプを対象とする類型論が必要となる。後者はまた、歴史的類型論（段階論）と国民的（地域的）類型論に分けることができる。かつてはK. マルクスの史的唯物論（『経済学批判』の「序言」）やそれに対抗するW.W. ロストウの成長段階論（『経済成長の諸段階』）のように、発展段階の特定の継起や一つの型への収斂を前提とする類型論（およびその国民的類型へのあてはめ）が有力であった。ところが近年では、「資本主義の多様性論」や「比較制度分析」のように、諸類型の時間的継起や優劣評価を前提せず、資本主義の歴史的・空間的な

多様性をそれ自体として強調する類型論が注目を集めている（P.A. ホール & D. ソスキス『資本主義の多様性』、B. アマーブル『五つの資本主義』、青木昌彦『比較制度分析に向けて』）。こうしたアプローチをとる場合には、資本主義の理論モデルは、類型論の次元での複数のモデルをその一部に含むものとして構成されることになる。

　資本主義は、一方では競争の圧力を通じて（市場価格での評価において）非効率的な活動主体を市場から排除しようとする傾向をもつ。しかし同時に、資本主義の下での生産性の持続的上昇は、経済に多くの「余裕」(生産物のうち、経済の存続という要件に拘束されることなく自由な処分が可能な剰余部分）を与えることによって、生存や利潤獲得を一義的な目的としない市場内外での種々の活動のための物質的条件を提供する。すなわち、資本主義システムはその総体としての生産性の高さによって、ある限界内で、市場の観点からは生産性がきわめて低い活動の継続を広く許容することから生じる負担に耐えることができる。このため、利潤原理の支配にもかかわらず、資本主義の内部では、拠出や寄付を原資とする非営利的活動が広範に展開される。こうした非営利的な活動の中には、信頼、道徳、知識、文化などの面で資本主義の安定的な機能を側面から支える役割を果たしているものもあり、また既存の制度の修正や改革を志向するものもある。このこともまた、資本主義システムの多様性の源泉の一つである。

6.5.5　商品の多様性

　それ以前の経済システムに比較すると、資本主義システムは、生産量の急激な増大だけでなく、古い商品の衰退を上回るテンポで新たな商品が次々に登場することによる商品種類の累積的な増大という点でも際立っている。資本主義の下で進行する工業化と資本蓄積は、生産組織と生産手段の革新（イノベーション）の過程であると同時に、新たな欲望を充足する無数の新商品やそれを体化した新たな生活様式の生成過程でもある。

　これらの成果の根底に、資本主義による生産手段の私的所有と取引の自由の

法的保証があることは広く認識されている。これによって個人の私的創意に広く機会が開かれ、人々はその分散的な知識を自由に活用・伝達して新たな探求を行うことができるようになった。しかし、資本主義の下での商品世界の不断の拡大は、自由な探求の可能性だけでは説明できない。この点について決定的に重要であったのは、この探求の多くの部分が、利潤追求を媒介として、他者の欲求を充足する活動と強く結びついていたということである。

　イノベーションを伴う商品を市場で販売する企業家は、それが競争上の優位をもたらす場合には、イノベーションが普及するまでの間、超過利潤（準地代、マルクスの特別剰余価値）を獲得することができる。この超過利潤獲得の機会は、特許や商標などが設定する独占権によっても保護される。このように、資本主義は、その内部に需要適合的あるいは需要創造的なイノベーションを誘発しうるインセンティブ・メカニズムを内蔵している。そして、このメカニズムは、市場が集中型市場ではなく、在庫や貨幣のストックのような緩衝装置を持つ緩やかな結合系としての分散型市場であることと不可分である。産業資本は、利潤獲得という目的のために、生産物を生産・販売するだけではなく、イノベーションを通じて商品（財・サービス、情報）の多様性を積極的に生み出していく主体である。それゆえ産業資本は「if 予想超過利潤 ≧ 0, then イノベーションを推進」という複製子を持つ。

　資本主義システムの財市場では、売手たる企業の間に買手の需要をめぐる激しい競争が存在し、個々の企業の生産と利潤は、需要によって制約される（有効需要の原理）。このため、競争で優位に立とうとする企業には、買手の需要に適応し、あるいは買手の需要を創造するための改善と革新が必要となる。さらに、それほど野心的でない企業や、何らかの非営利的な社会的な価値の実現を志向する企業であっても、自立した企業として市場の中で活動し続けるためには、需要獲得のために最低限の努力を行わなければならない。

　需要獲得をめぐる競争の圧力は、企業の内部では、労働者の労働時間、効率性、緊張度などに関する企業家の厳しい要求というかたちをとって現れる。この要求に労働者がどのように反応するかは、労使関係に関わる一連の要因と並

んで、賃金によって買うことのできる商品の数量と種類——商品の価格だけでなく多様性を勘案した「質的購買力」(安冨[2000])——に依存する。賃金で購入可能な範囲に含まれる商品が多様性に富んでいるほど、同額の賃金が労働者にとってもつ魅力はそれだけ大きい。労働者が多様な商品に満たされた便利で快適な消費生活を強く志向し、賃金がまじめに働き続けることでそうした生活に段階的に接近できる水準に設定されている場合には、企業内での労働の勤勉性は、企業家の管理だけでなく、労働者の側での意欲によっても支えられる。

歴史的にみると、資本主義の成立やグローバルな拡大は、しばしば大規模な国家的および私的な暴力を伴ってきた。資本主義の初期の局面では、労働者の労働条件は概して奴隷的であり（またある時点までは奴隷制が合法的に存在し）、労働者の多くにとって、購入可能な商品は生存に直結した必需品の範囲を越えるものではなかった。しかし、労働者の賃金が上昇し、需要の増大と生産拡大に伴う生産性の上昇の間に累積的な好循環が生じると、当初は贅沢品であった多くの商品が次々と大衆的な消費財に移行し、ますます多様な商品が労働者の消費生活に入り込むようになる。それに伴って、資本主義は、少数の富裕な人々の奢侈的需要に強く依存するシステムから、労働者大衆の多種多様な欲望に奉仕しつつ絶えず新たな欲望を作り出す（そして人々をその充足に駆り立てる）システムへと進化する。

人々を賃労働者に変えるだけでなく、これらの賃労働者をその欲望の充足と創造のメカニズムの中に取り込むことに成功すると、資本主義は企業家の支配が及ぶ範囲や市場での売買の場面をこえて、消費生活の内部に、したがって経済の全体に深く根を下ろす。商品の買手（「消費者」）としての労働者の役割が大きくなればなるほど、資本主義はそれだけ強固なものとなり、システムを維持する上での直接的強制の必要はそれだけ小さくなる。

もちろん、資本主義システムならば常に上のような方向での累積的過程が進行するというわけではない。とくに、生産の拡大を消費の大衆的な拡大に結びつける経路が弱い場合には、少なくない国で実際に見られた（また現在でも見られる）ように、労働者の低消費水準と経済成長の停滞の間に生じる悪循環が

長期にわたって持続することもありうる。さらに、いったん消費が大衆化した国々が今後そうした悪循環に落ち込む可能性も否定できない。しかし、これまでの資本主義の発展史を総体としてみるならば、それは、内的な浸透とグローバルな拡大の両面において、人々の生活が不断に多様化する商品世界に包摂されてゆく過程であったと特徴づけることができる。

以上の議論では利潤と欲望充足の結びつきを強調したが、資産市場で得られる差益としてのキャピタルゲインは、利潤と異なり、必ずしもこうした結びつきを伴っていない。商品の範囲を生産物に限定せずに考えるならば、投機的な差益を追求する活動の拡大（それは現代の資本主義ではとくに顕著である）は、投機の方法や形態の多様化を通じて、生産物と資産をあわせた総体としての商品世界の拡大に寄与しているとみることができる。とはいえ、リスクへの志向が快適な生活への志向ほど普遍的ではないとすれば、こうした金融商品の多様化は、大多数の労働者にとってはおそらく、消費財たる商品の多様化に匹敵するほどの魅力を持つことはないであろう。

6.6 会計

営利企業などの組織の活動の全体像はどうやって把握されるのだろうか。組織の活動は広範多岐にわたる。製造業であれば、購買・製造・販売などいわゆる現場の活動と、それを支える研究開発・総務・人事・経理・品質保証などの間接的な活動があり、業務内容も異なれば実際に活動が行われている場所も違う場合が多い。五感によって組織の全体像を把握するのは不可能に近い。

組織の全体像を把握するためには、組織活動を網羅することが必要となる。その第一歩は記録するに値する活動を認識し、それを記録することである。製造業であれば、原材料の購入から製造・販売にいたるまでの過程において行われる活動を認識・記録することになる。しかし、膨大な量におよぶ多種多様な活動はたとえ技術的に網羅認識・記録することができたとしても、その結果を

そのまま全体として理解することは普通の人間には不可能である。そこで、網羅的に認識された活動記録を何らかの方法で分類し、集計整理するなどして、情報を縮約し理解可能な体裁で情報利用者に伝達する必要がある。これらの作業（認識・測定・記録・集計・伝達）を、組織において体系的にかつ継続的に行っているのが会計である。

会計は、組織の活動を「取引」の単位で認識し、それぞれの取引を貨幣単位で測定し、分類・記録することから始まる。たとえば製造設備を購入するという活動であれば、「現金1億円で機械設備を購入」という一つの取引として認識し、現金1億円の減少と機械設備1億円の増加と二面的に分類・記録するのである。このように取引に基づいて分類・記録されたデータを一定のルールに従って集計し、最終的に膨大な企業の活動の全体像を簡潔な一覧表にまとめるのが会計の役割である。伝統的に、会計によって作成される損益計算書（P／L）と貸借対照表（B／S）という2種類の一覧表によって企業の全体像が把握されてきた。

損益計算書は、企業の活動の全体像を「一定期間における変化」として示す表である。たとえば、損益計算書では「純利益」が表示されているが、純利益とはその企業に帰属する富の一定期間における増加量のことであり、損失とはその減少量のことである。利益や損失のような一定期間における変化量のことをフローという。

貸借対照表は、企業の活動の全体像を「一時点における状態」として示す表である。たとえば、貸借対照表では「資産総額」が表示されているが、資産総額とはその企業に将来的に現金流入をもたらす源泉となる資産の総額のことであり、この一時点における存在量をストックという。

フローとストックの関係は、それぞれの次元をみると理解しやすい。会計上のフロー概念は、貨幣を時間で割った次元で表される。たとえば、会計期間の長さが1年であれば、フローである利益や損失の次元は（円／年）となる。それにたいして、会計上のストック概念は貨幣単位で表現される。たとえば、日本円を用いている場合であれば、ストックの次元は（円）である。会計は、フ

(単位:億円)

期	1	2	3	4	5	6	7	8	9	10
製造個数	1	1	1	1	1	1	1	1	1	1
販売個数	0.8	0.8	1.2	1	1	1	1	1	1	1
在庫個数	0.2	0.4	0.2	0.2	0.2	0.2	0.2	0.2	0.2	0.2
機械設備市価	1	1.2	1.4	1.2	1	0.8	0.6	0.4	0.2	0

table.6-3 製造・販売・在庫・機械設備市価の推移

ローとストックの両面から企業の全体像を示している。

　会計を実践するためには、一定のルールが必要になってくる。何が会計上において認識されるべき「取引」なのか、どのような取引がどのように分類されるべきなのかについて、首尾一貫したルールが定められていなければ企業の全体像を把握することが難しいことは説明する必要もないだろう。会計に特有の問題の多くは、フローとストックの切り分けに関する問題であり、それは組織の自己認識のプロセスにおいて将来予想がどのように織り込まれるかという問題でもある。

6.6.1　会計ルールによる企業状態・変化の表現類型

　2時点間でのストックの差分は、フローに反映される関係にある。2億円の元手で、1億円の機械設備を購入し、その機械を利用して製品を製造し、販売する単純な例に基づいて、この関係を考えてみよう。単純化のため、機械設備の耐用年数は10年、10年後の機械設備の価値（残存価格）ゼロ、製品の販売価格1円／個、変動費0.5円／個として、最初の2年間は、毎年1億個の製品を製造、8千万個を販売し、3年目は製造個数1億個、販売個数1億2千万個、4年目以降は毎年1億個ほど製造・販売していくものとする。機械設備の市場価格（市価）は、当初は好景気を反映して高騰したが、それ以降は中古品相応の価格で table.6-3 のように推移したとする。

　さて、現金の出入りでもって企業の状態や変化を把握する現金主義と呼ばれる考え方にたって、この例（機械設備を購入して製品を製造・販売）を考えてみよう[10]。1年目は現金収入8千万円に対して、現金支出が機械設備購入額1

(単位：億円)

期	1	2	3	4	5	6	7	8	9	10
現金収支	−0.7	0.3	0.7	0.5	0.5	0.5	0.5	0.5	0.5	0.5
現金残高	1.3	1.6	2.3	2.8	3.3	3.8	4.3	4.8	5.3	5.8

table.6-4　現金主義に基づく利益計算例

億円と変動費合計額5千万円のあわせて1億5千万円となる。現金主義の立場では1年目の成果は、7千万円の赤字である。一方で、現金残高はもともとあった2億円から7千万円少ない1億3千万円に減少している。2年目は、現金収入8千万円と現金支出が5千万円なので、3千万円の黒字、現金残高は1億6千万円である。3年目は、現金収入1億2千万円と現金支出5千万円なので、7千万円の黒字、現金残高は2億3千万円となる。4年目以降は現金収入1億円・現金支出5千万円で5千万円の黒字が続くことになる。このような現金主義に基づく利益計算例を表示したのがtable.6-4である。

現金主義では、現金の流出入を基準にして、現金収支（フロー）を計算し、それから必要に応じて現金残高（ストック）を計算する。現金残高は、金庫に眠っている現金を数え上げればわかるが、盗難などがなければ期首の現金残高に利益（現金収支）を加えれば期末現金残高が計算できる。現金主義の考え方におけるフローとストックの考え方をまとめると次のようになる。

　現金主義の考え方：
　　現金の流出入→現金収支（フロー）→現金残高（ストック）

次に、取得原価主義に基づく考え方にたって会計手続きを行う場合をみてみよう。取得原価主義会計では、利益＝収益−費用、で計算される。この計算の基礎となる考え方は、収益に対応させて費用を計上すること（収益費用対応の原則）と、資産の評価を取得原価で行うことである。さきほどの例で収益費用対応の原則がどのように適用されるのか見てみると、1年目の販売収入8千万円に対応した8千万個分の製造原価4千万円が1年目の費用として計上される。2年目も同じく4千万円の製造原価が費用計上され、3年目では1億2千万個

(単位：円)

期	1	2	3	4	5	6	7	8	9	10
利益	0.3	0.3	0.5	0.4	0.4	0.4	0.4	0.4	0.4	0.4
総資産	2.3	2.6	3.1	3.5	3.9	4.3	4.7	5.1	5.5	5.9

table.6-5　取得原価主義に基づく利益計算例

の製造原価である6千万円が費用計上されることになる。また、取得原価主義の考え方では、在庫や機械設備は取得原価の金額でもって資産として計上される。ただし、機械設備の場合は、当該機械設備が利用される期間にわたって規則的に減価償却費が費用として計上されることになる。たとえば、定額法と呼ばれる規則的な償却方法だと、毎年、決まった金額を減価償却費として計上し、資産としての機械設備の価値は減価償却費用額だけ減少していくことになる。さきほどの例では、機械設備の残存価格はゼロと想定されているので、定額法だと毎年均等に1千万円を減価償却費として計上することになる。このようにして、1年目は収益8千万円と、費用5千万円（製造原価4千万円＋減価償却費1千万円）の差額3千万円が利益として計算され、その裏返しとして総資産2億3千万円（現金1億3千万円、在庫1千万円、機械設備9千万円）が貸借対照表に計上される。2年目は、利益3千万円（収益8千万円、製造原価4千万円、減価償却費1千万円）、総資産2億6千万円（現金1億6千万円、在庫2千万円、機械設備8千万円）、3年目は、利益5千万円（収益1億2千万円、製造原価6千万円、減価償却費1千万円）、総資産3億1千万円（現金2億3千万円、在庫1千万円、機械設備7千万円）である。4年目以降は、利益4千万円（収益1億円、製造原価5千万円、減価償却費1千万円）が続く。これらをまとめると table.6-5 になる。

　取得原価主義会計のこの例では、初年度の期首に1億円で購入した機械設備の価値は、期末には9千万円として貸借対照表上に計上される。これは、損益計算書上で減価償却費1千万円／年が計上されているからである。ここからわかるように、期首と期末でのストックの差額がフロー（減価償却費）と一致するという関係の下で、取得原価主義会計はストックとフローの両面から企業の

全体像を示している。フローの会計情報は、ストックの変化の原因を説明している。減価償却の例であれば、機械設備を利用して生産活動を行った結果として減価償却費の分だけ機械設備の価値が費消されたので、期末の貸借対照表上の価値が減少すると考えられるのである。

　ここで、注意してほしいのは、減価償却のような会計処理の場合、企業外部との取引は購入時のみで、いったん購入した後の取引は会計上の内部取引だということである。内部取引に関わる会計手続きは、市場の動きとは切り離されて会計の論理にしたがって進められる。つまり、減価償却の例に示されるように、ストックとフローの組み合わせで表現される企業の全体像は、どのような会計ルールが適用されるかによって変化することになる。

　ストックとフローの関係の考え方には、フローがストックの変化をもたらすという考え方と、ストックの変化がフローを規定するという考え方がある。従来の会計の考え方は、フローがストックの変化をもたらすという考え方に立ってきた。つまり、機械設備を利用して製造活動を行ったために減価償却費（フロー）が発生したから、それだけ資産としての機械設備の価値（ストック）が減少したと考えるのである。このよう取得原価主義の考え方をまとめると次のようになる。

　　取得原価主義会計の考え方：
　　　生産活動→利益（フロー）→総資産（ストック）

　近年、伝統的な取得原価主義会計の考え方とは異なる「公正価値」と呼ばれる考え方が会計制度に反映されるようになってきている。これを「公正価値主義」と呼ぶことにしよう。公正価値主義に基づく会計では、市場価格（および市場価格を近似する理論価格）に基づいて資産負債を評価することから利益計算が出発する。公正価値主義の考え方では、ストックの変化がフローを規定している。これは、資産や負債の評価を公正価値によって行い、その結果として得られる2時点間の評価差額をもってしてフローとみなす考え方である。たとえば、機械設備の場合であれば、当該機械設備を市場で売却したならばいくら

(単位:億円)

期	1	2	3	4	5	6	7	8	9	10
資産評価額	2.5	3.2	3.9	4.2	4.5	4.8	5.1	5.4	5.7	6
評価益	0.5	0.7	0.7	0.3	0.3	0.3	0.3	0.3	0.3	0.3

table.6-6　公正価値評価に基づく利益計算例

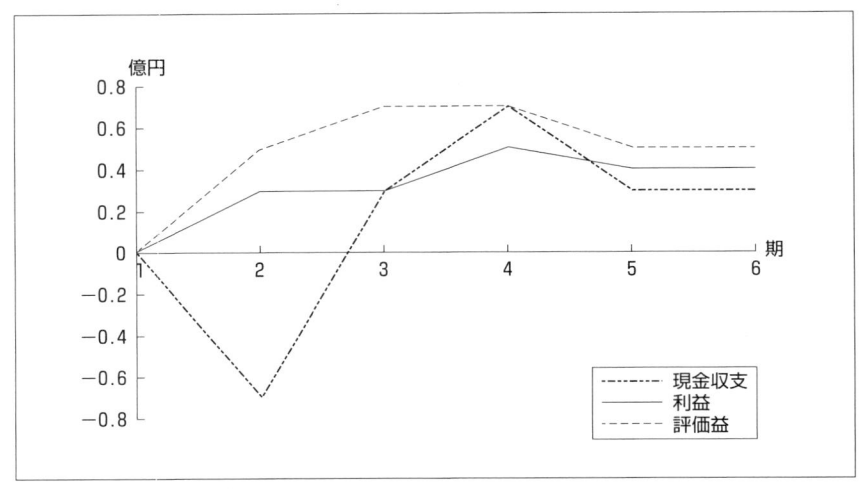

fig.6-6　期間業績のパターン

になるのかという評価に基づき資産価額を決定し、その評価額とこれまでの帳簿上の価額との差額を利益や損失として計上するのである。これは、公正価値の観点からみて資産や負債というストックの価値が変化したから、それだけ利益や損失といったフローが生じたと捉える見方である。

　さきほどの例で公正価値主義の考え方がどのように適用されるのか見てみよう。この例では負債は存在しないので、公正価値評価が適用されるのは資産についてのみである。資産としては、現金、在庫、機械設備の3種類がある。公正価値主義の考え方に基づき、資産の価値を、それを市場で販売したならば得られるであろう対価によって評価すると[11]、1年目の期末時点での資産の総額は、現金1億3千万円、在庫2千万円、機械設備1億円を足しあわせた2億5千万円となる。期首の資産額が2億円であるから、1期目の利益は2億5千万

円と2億円の差額である5千万円となる。2年目の期末時点の公正価値評価資産総額は3億2千万円（現金1億6千万円、在庫4千万円、機械設備1億2千万円）なので、利益は7千万円となる。table.6-6は、このように資産を公正価値で評価し直して、期首と期末の評価額の差額をもってして求めた利益を示している。

table.6-6に示されているように、ストックとしての資産の価値を期末に公正価値でもって評価することで、フローである利益を求めるという考え方を公正価値主義はとっている。

　　公正価値会計の考え方：
　　　　市場の評価→ストック価額→フロー価額

現金主義・取得原価主義・公正価値主義と異なる三つの利益計算の考え方を単純な例によってみてきた。fig.6-6からすぐにわかるように、異なる考え方に基づいて計算された期間業績のパターンは一致しない[12]。一般に「利益」と呼ばれている期間業績は、企業の経営業績を示す指標であるが、その数値は会計ルールがどのような考え方に基づいて作られているかによって変化するのである。

6.6.2　会計ルールに埋め込まれた将来予想

ストックとフローの間の関係を決める会計ルールは、実は、組織の現在と将来がどのように結びついているかについての考え方を内包している。別の言い方をすると、現在の利益の計算は何らかの将来予想に基づいて行われている。

現金主義では、利益計算は現金の流出入を、資産の認識は現金の有無を、それぞれ基準として会計計算が行われる。そのため、機械設備などの長期的に利用される資産があろうとなかろうと、在庫が多かろうが少なかろうが、それらは会計上無視される。ストックとして会計上認識されるのは現金だけである。現金主義では、現在から将来にわたって存在が認められているのは現金のみである。この事実から理解できることは、現金主義会計の世界では、現在の現金

は将来も同じ役割を持ち続けるという想定がおかれていることである。

　現金主義における将来予想：
　　現金の役割は現在も将来も不変

　取得原価主義会計では、経営者の主観的予想が重視される。減価償却の例では、まずもって耐用年数と残存価格という将来事象に関する予想を出発点において、その上で機械設備の価値の費消パターン（定額減少や定率減少）といったやはり将来事象に関する一定の想定に基づいて、ストックとフローの切り分けが行われることになる。これらの機械設備の将来に関する予想は、通常は経営者が行っている。しかし、経営者の主観的予想を重視しているということは、経営者が勝手気儘にできるということを意味するのではない。取得原価主義の考え方は、機械設備取得時における経営者の予想を尊重しつつ、その予想を経営者が一定期間（減価償却であれば耐用年数の間）維持することを求めている。経営者が当初に行った予想を自由勝手に変更することを許さず、首尾一貫した利益計算を求めているのが取得原価主義の考え方である。

　取得原価主義会計における将来の反映：
　　取得時の経営者の主観的予想を維持

　公正価値評価を基礎とした会計ルールの場合、将来にたいする期待は、その時点時点での市場価格（あるいはそれを近似した理論モデル）を資産・負債の評価基準として利用することで利益計算に取り込まれている。公正価値主義の前提している世界では、市場参加者は、将来キャッシュフローに関する予想をたてて、リスク等を考慮して設定した割引率を用いて現在価値を計算し、それに基づき意志決定を行っている。この想定に基づき、公正価値主義は市場価格を利益計算の土台におく。期末ごとに公正価値によって資産・負債を評価し直すことで、利益計算の根拠となる将来予想がその時々の市場参加者の平均的な期待によって更新されるのが公正価値主義の会計である。取得原価主義との比較で言うと、経営者の主観的予想ではなく、市場参加者の平均的な予想に基づ

き、一度決めた将来予想を維持するのではなく、利益計算のたびに予想を更新するというのが公正価値主義の立場ということになる。公正価値評価を基礎とした会計ルールでは、経営者の主観的判断とは別に、その時点時点での市場の動向を反映して企業の全体像が描かれることになる。

　公正価値会計における将来の反映：
　　時点時点での市場（モデル）の平均的想定の更新

　機械設備を購入した時点で将来にたいする一定の期待を会計ルールに反映させてストックとフローの切り分けを行う取得原価主義会計における将来の考え方と、その時点時点での公正価値に基づいてストックとフローの切り分けを行う公正価値会計の考え方とでは、将来の予想の組み込まれ方がまったく異なっており、それぞれの会計ルールに従って構築される自己像は大きく異なることになる。取得原価主義会計の下では順調に利益を計上している企業であっても、公正価値会計の下では赤字にあえいでしまっていることがある。

　このように、ストックとフローの連動という制約の下で、将来の期待に関する考え方を体現しているという特徴を会計ルールは持っている。このような会計ルールが、実際にどのように会計実践に反映されて企業の自己像が作っていくのか、また会計イメージを介してどのような経済現象が生じるのか、さらにそのプロセスが会計ルール自体の進化にどのように関わるのかを明らかにすることが、進化経済学の課題となる。

6.6.3　会計にみる複製子と相互作用子

　進化経済学では、ルールやルーティンを複製子として、個人や組織を相互作用子として把握することで、進化のプロセスにおける継続性と変化を統一的に理解しようとする。会計現象は、このような枠組みに基づく分析・理解と相性が良い。というのも、会計現象の場合、複製子に対応するのは会計ルールや会計ルーティンであり、相互作用子は企業や投資家として捉えることが自然だからである。

会計ルールを複製子として、企業を相互作用子とすることで、同一の会計ルールが用いられているにもかかわらず多様な会計実践が観察されたり、異なる会計ルールが用いられているにもかかわらず類似の会計実践が観察されたりする現実をうまく説明するこができる。また歴史的には、同一の企業行動が異なる会計ルールに基づき認識・測定されることで、新しい意味を持つようになり、新しい企業行動が累積的に生み出されるようなことがある。このような複製子と相互作用子の歴史的なダイナミズムを進化経済学は説明の対象としている。

　伝統的な会計の考え方として上記で説明した取得原価主義会計の考え方は、実は、19世紀から20世紀初頭にかけて確立した考え方でしかない。取得原価主義会計が確立する以前は、購入した機械設備は、購入時に費用として会計上処理されて、資産としてはみなされないことが一般的な会計手続きであった。このような会計手続きの下では、機械設備の購入は購入年度の利益を大幅に圧迫する行動であった。取得原価主義の考え方は、取得した機械設備を、購入した期の費用として処理するのではなく、資産として認識する。機械設備を資産として認め、耐用年数全体にわたって減価償却費用を段階的に計上することで、各年度の費用負担が平均化され、その結果として年度間の利益が平準化されることになる。利益平準化を自動的に進めるような会計ルールが確立されることによって、企業経営の内実をよく理解できていない外部利害関係者が株式や社債を購入しやすくなるような状況が生まれ、資金調達が容易となる。購入した機械設備を資産としてストック計上し、時の経過に従って減価償却費として費用化するような考え方は、資本市場の発展をささえた近代的な考え方の一つなのである。

　次に、会計ルールを複製子として、企業や組織を相互作用子として捉えることで、同一の会計ルールによって多様な会計実践が観察されている具体例の一つとして、限界利益を紹介しよう。

6.6.4　限界利益の例

　新古典派経済学の誕生は、19世紀後半の「限界革命」にある。1870年代に

W.S. ジェボンズ、C. メンガー、L. ワルラスの3人の経済学者が、それぞれ別々に「限界効用理論」を基礎にした経済学の体系を築き、それ以前の古典派経済学にたいして新古典派経済学を創始した。教科書的に説明すれば、限界効用とは、ある財をもう1単位だけよけいに消費ないし保有することにより可能になる効用の増加のことを意味する。ここから、たとえば、コーヒーへの支出をもう1000円だけ増やした場合の効用の増加が、ビールへの支出を1000円だけ減少させたときの効用の減少より大きければ、ビールへの支出を減らしてコーヒーへの支出を増加すべきであるといった意思決定をはかるうえでの基本的な考え方が導き出される。限界効用の考え方を合理的な経済人の行動原則の基礎におき、経済学の体系が樹立された。

　利益獲得を目的とした営利企業の場合、「限界利益」が「限界効用」に相当する。「限界利益」は、ある財を1単位だけ多く生産することにより獲得される利益の増分として定義される。この場合の限界の意味は、生産量を限界的な1単位増加させるという意味の限界である。この限界利益の考え方が、企業による生産活動を経済学的に理解するための基礎となっている。

　会計学における「限界利益」は、売上高から変動費を差し引くことで求められる。ここで、会計学上の変動費とは、売上高の増減に応じて変動する費用のことであり、売上高のいかんにかかわらず一定額を必要とする固定費の対概念である。ある財の売上高が増大したとき、それに対応して増加する費用である変動費を、売上高増分から差し引いて計算される会計学上の限界利益は、経済学上の限界利益概念と似ているようで異なる概念である。両者の違いは、何にたいする限界かという違いである。

　会計学的な限界利益概念は、売上高の変化に対応しているが、それは会計期間の変化に対応した結果としてもたらされている。つまり、会計学的な限界利益概念は、限界的な会計期間に対応した概念なのである。経済学的な限界利益が限界的な売上高によって定義されているのにたいして、会計学的な限界利益は限界的な時間によって定義される。これは、会計学上の売上高概念が一義的には会計期間について計算されるフロー概念であることから確認できる。

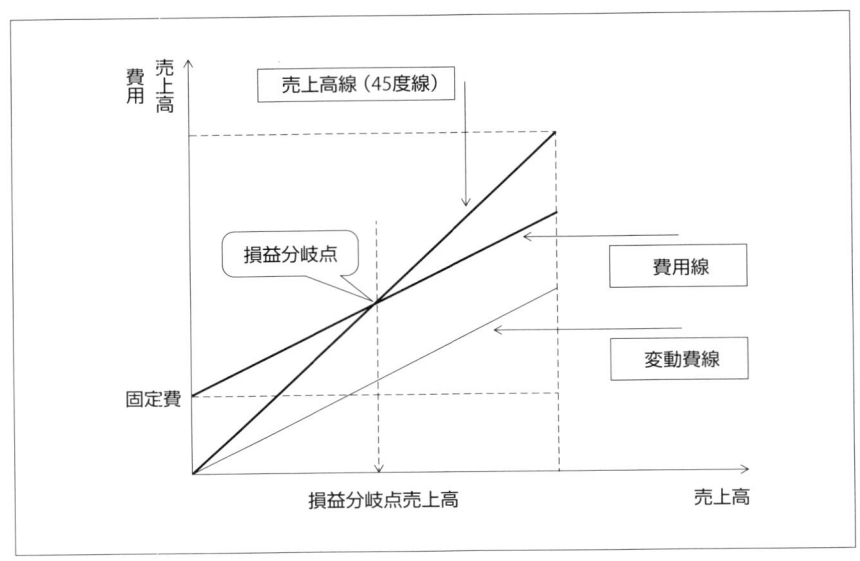

fig.6-7 損益分岐点図表

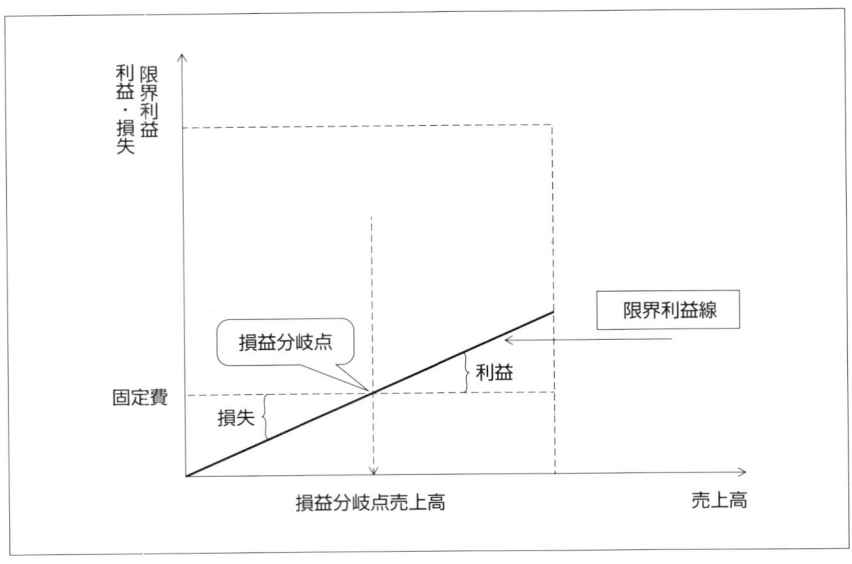

fig.6-8 限界利益図表

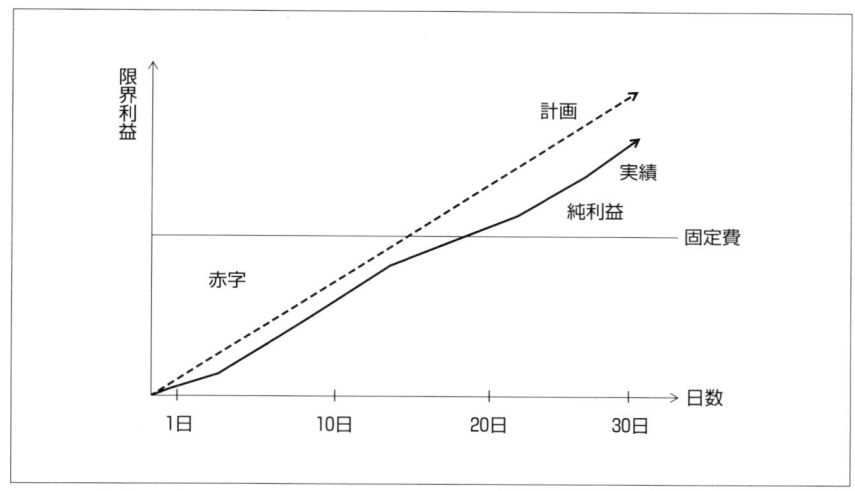

fig.6-9　横軸に時間をとった限界利益図表

　fig.6-7は、損益分岐点図表と呼ばれる図表である。損益分岐点図表は、売上高線と費用線（固定費＋変動費）とが交差する点として損益分岐点を示している。fig.6-8は、限界利益図表と呼ばれる図表である。限界利益図表では、固定費と限界利益線（売上高－変動費）とが交差する点として損益分岐点を示している。つまり、売上高が小さい間は、売上高から変動費を差し引いた限界利益は固定費の回収に貢献し、固定費の回収が完了してから以降の売上高の増大は利益の実現につながることを限界利益図表は示している。fig.6-7、fig.6-8ともに、横軸に売上高をとっており、経済学においても用いられる図表である。

　fig.6-7やfig.6-8は、現実の会計実務・実践のなかで、販売計画などを立案する場合や、各部署の業績評価を行う場合などでごく一般的に用いられている。多くの場合、このような計画立案や業績評価は組織のトップレベルで行われる。

　fig.6-9は、横軸に日数をとっていることを除けば、基本的にはfig.6-8と同じ図である。しかし、横軸を「売上高」から「日数」に変更することで、限界利益概念が実務実践で利用される状況が変わる場合がある。fig.6-9における

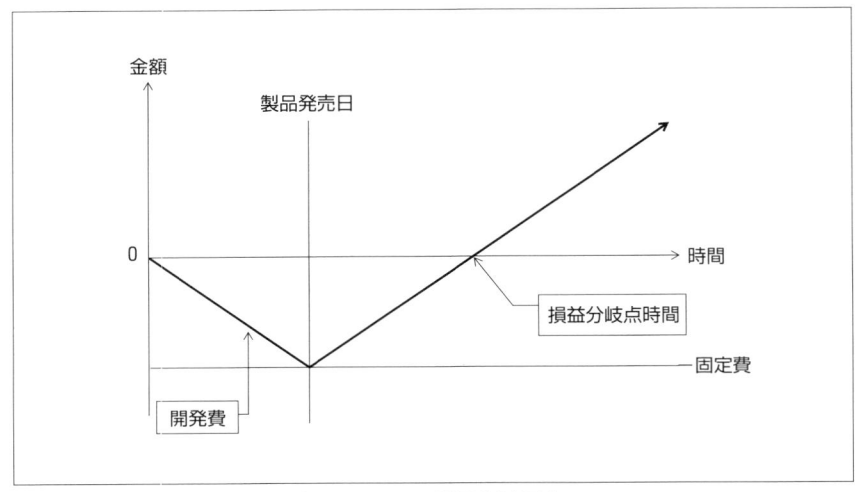

fig.6-10　新製品開発管理で利用されている限界利益図表

点線の限界利益線は、月初の計画段階で目標として設定されるものである。それにたいし、実線の限界利益線は実績としてどれだけ限界利益を獲得することができたか担当者が毎日記入することで描かれるものである。fig.6-9のような限界利益図表は、毎日の営業活動を目標に近づけていくために行われる営業管理などにおいて用いられている。これは、事前の意志決定や事後の業績評価とは異なる、期中の統制活動や業務管理活動に用いられる図表であり、組織の現場レベルで利用されることが多い。

　fig.6-10は、新製品開発管理のためにヒューレット・パッカード社が1990年代に開発した損益分岐点図表の一種である。新製品開発の場合、製品が市場に売り出されるまで製品開発費が増大していくことになる。この製品開発費は、製品の売上高の大きさにかかわらず一定であるという意味で、固定費的性格を持つ。製品発売日から以降の右側の図表の意味は、fig.6-8などで行った説明と同じである。つまり、売上高が小さい間、限界利益は開発費（固定費）の回収に貢献し、開発費を回収し終わって以降は利益の実現に貢献することをfig.6-10は示している。ヒューレット・パッカード社が開発したこの図表は、

現在では多くの企業の開発現場で利用されている。

　fig.6-8〜fig.6-10は、いずれも限界利益概念をもとに作られた図表である。fig.6-8とfig.6-9などは、形式的には同一であるが、横軸の意味の違いひとつで、fig.6-8は事前の意思決定や事後の業績評価に、fig.6-9は事前と事後を結ぶ期中の活動を現場レベルで管理するために用いられるという違いが生じている。fig.6-8〜fig.6-10の例は、限界利益を基礎として開発された類似した会計技法（複製子）が、異なる行為主体（相互作用子）によってそれぞれの独自の状況や目的のために使われるようになったこと、またその過程において複製子そのものが変わるという意味で進化し多様化していることを示している。会計の世界は、このような例に満ちている。形式的に同一の会計技法や会計ルールが、個性をもった相互作用子に利用されることで多用な実践がもたらされる経済社会の一端を会計から理解することができる。

6.7　ルールと法

6.7.1　進化経済学の射程としての「ルールと法」

　法（律）学の世界では「法」を実定法（positive law）と自然法（natural law）に分類する。前者は、人為的に定立されたまたは実際に人々が従っている（実効性をもつ）規範を指し、後者は、人間や事物の本性を基礎とする規範を指す。一般に、前者のみを「法」として捉える立場を法実証主義（legal positivism）と呼ぶ。

　前者の中心は、制定法や判例法といった、議会、裁判所という公的権威によって形作られた「ハード・ロー」であるが、最近は証券取引所の自主規制や企業の行動規範憲章のように私的な主体が自己規律のために形作る「ソフト・ロー」の存在が注目を浴びている[13]。また、われわれの社会においては、法典や規則・規程といった形式、表現をとらない規範を人々が遵守し、一定の秩序

が保たれることがよくある。エスカレーターに乗るとき立ち止まる人と歩く人が左右に分かれる光景はよく見かけられるものである（関西と関東とで左右が逆であることもよく知られている）。しばしば伝統、慣習・慣行、常識といった「社会規範（social norms）」についての研究も少し前から盛んになされている（Posner［2007］等参照）。

　一方、自然法の議論は、形式または現象として「法」を捉えるだけではなく、時代的、地理的特殊性を超えた普遍的原理としての規範、すなわち、社会の、人間のあるべき姿としての「法」を追求する。一見、自然法論者は義務論（deontology）に拠って立つかのようにも見えるが、ハイエクのように自然法論者でありながら帰結主義者（consequentialist）である者もいる[14]。

　ルールそれ自体である複製子とルールを実行する相互作用子によって経済現象を捉え、それを「進化」の観点から説明しよう（言い換えれば、各相互作用子の行動を決める複製子の変化が社会全体の変化に結びつき、そしてまた各相互作用子の変化をもたらす過程を明らかにする）という進化経済学においては、実定法は当然のこと、自然法もがその射程に入ることとなる。なぜならある特定の「規範的なものの考え方」が制定法や判例法といった「法の形式」を超えて普遍的に存在すると人々が考え、そういった規範が社会の行動原理に据えおかれた時点で、当該規範はすでに複製子として存在し、機能していることとなるからである。自然法を義務論的に捉える考えが人々にインプットされているのであれば、それは進化の過程を通じて以前の複製子が変化しつつ複製されてきた結果なのである、ということになる。

　「法」という言葉にこだわると、そこでいうルールは「正義」「公正」という道義的基礎に支えられているとう感覚を抱く。しかし、進化経済学の射程となるルールは「正しい」とか「正しくない」とかいった視点にこだわらない。人々の、そして組織の振る舞いのパターン、そのパターンを支えるシステムとその変化にこそ、進化経済学の関心がある。敢えて「正しさ」にこだわるならば、進化経済学は、ある振る舞いが「正しいもの」として出現し、人々に、あるいは組織に定着していくその過程を考察しようとする。

6.7.2 「ルールに従う」ということ

複製子が各相互作用子の行動を決める、とはどういうことか。

この問題は、簡単に言えば人々はどうやってルールに従う（ことができる）のか、ということであり、しばしばコンプライアンス（compliance）という言葉で表現される現象を扱っている。制定法や判例法のように「言葉によって表わされた」規範に従うことは容易であろうし、法制定、法改正や新しい判例が登場したり、判例変更がなされたりしてルールが変化しても、変化したルールが「明確性」「予見可能性」「普遍性」などの属性を備えていれば、人々は自分がどのような行為をすることができるのか（してはいけないのか）、そして他の人々がどのような行為をできるのか（できるのか）を予測することができる。予測できるようなものだからこそ、ルールは採択される。

人々は「明確性」「予測可能性」「普遍性」などを欠くルールに従おうとはしない。ルールが何を定めているかわからず、そのためどのように従ってよいかを知ることができないからである。その場合、ルールは相互作用子の行動を決定しなくなる。つまり複製子として機能しないのである。同様に、国家による強制力がないなどの理由で誰もルールを守らないのであれば、自分もルールを守る理由がなくなり、ルールは複製子として機能しないこととなる。

ところが人々は制定法や判例法といった「言葉によって表わされた」規範のみならず、伝統や慣習といった「言葉によって表わされていない」規範にも従っている。そこには、周りが従っている伝統や慣習の観察を通じて人々が一定の規則性を見出し、その規則性に自らの行動原理を従わせることで、伝統や慣習へ自らを適応させるという過程が存在する。観察できる知識は全体からすれば断片的なものかもしれないが、人々はそれまでに培った経験や思考手法によって、伝統や慣習が全体としてどのようなものであるかを表現できないまでも（包括的に）理解することができる。伝統や慣習に従わない者は、その集団内部では不適応者の扱いを受け、無視されるか、場合によっては迫害されることとなるだろう。伝統や慣習に従っていれば、その内部にいる限り集団に受け入

れられ、居心地がよく、そうでない場合と比べ様々な恩恵を授かることができるかもしれない。もしかすると、そういった伝統や慣習はありうる選択肢との比較でより合理的でない場合もあろうが、ルールが守られるという期待が堅固であればあるほど、伝統や慣習はより安定的となるだろう。

6.7.3 「ルールが変化する」ということ

　複製子の変化が社会全体の変化に結びつき、そしてまた各相互作用子の変化をもたらす、とはどういうことか。

　制定法や判例法の場合には「変化」は説明しやすい。民主的な手続きを通じて立法がなされ、紛争の解決手段として裁判官が判決を下す。これまでの制定法を改めるか、新たな追加を行えば、または、これまでの判例法を改めるか（判例変更）、新たな規範を判例法に付け加えるのであれば、それらは複製子の変化である[15]。こうして変化した複製子（制定法、判例法）は、国の強制力を背景に、各相互作用子の行動を変化させる。その結果、新たな秩序が生まれ、それが所期の成果を収めなかったり、国民の規範感情に合致しなかったりする場合には、再び法改正や判例変更というかたちで複製子の変化へとつながるだろう。

　では伝統や慣習の場合はどうか。この場合の「ルールの変化」とは既存の伝統や慣習が新たな伝統や慣習にとって変わることをいう。そのきっかけはさまざまであろう。文化や宗教の輸入は人々の価値観を変え、生活スタイルを変える。わが国では明治維新の前後、第二次世界大戦の前後を比較してみればよいだろう。20世紀になってキリスト教が非常に普及した韓国社会を考えてみても面白い。

　伝統、慣習と制定法、判例法の変化がミックスされた例を挙げよう。「入札談合」である。歴史的に見れば、わが国は入札談合にたいして寛容であった、ということはしばしば指摘されている。入札談合の存在が公共工事の失敗のない遂行に資するものであったことを論理的、実証的に説明する一連の研究がある（武田［1994］など）。談合は勝者と敗者を生み出す競争システムよりも、和を尊ぶ日本人的思考に合致するという意見は、かつては根強かった。刑法典

に談合罪（刑法96条の3）が導入される際、談合それ自体ではなく、談合によって不正な利得を得ること、公正価格を害することが非難に値するものだという考えを反映して、「不正な利益を得る目的」「公正な価格を害する目的」という文言が挿入された。判例法上も地裁レベルでは、「談合金の授受」を伴わない、いわゆる「出血競争（cut-throat-competition）」回避のための談合は違反にならない、との判断が示されていたし、独占禁止法を運用する公正取引委員会も1980年代までは入札談合を摘発することはほとんどなかった（郷原［2004］第3部第2章参照）。人々は（企業は）「談合やむ無し」とする規範意識によって導かれ、実際上入札談合がわが国には蔓延していたという事実は否定し難いものであった。

　ところが、ここ10数年で入札談合にたいする情勢が一変した。談合は「必要悪」ではなく「絶対悪」であるとする風潮が強まったのである。そのきっかけの一つは1990年代半ばのいわゆる「ゼネコン汚職」であった。これにより、入札談合は血税の浪費という代償により政治家の不正蓄財の手段となっているという批判が高まった。そしてこの頃から、入札談合が政治資金や天下りなどの政官財の癒着構造の中心にあるという認識が国民の間に広まり、規制緩和など一連の競争原理を推し進める改革の流れの中で、入札談合を正当化する考えは一掃された。1990年代に入ってから、公正取引委員会による入札談合の摘発件数は飛躍的に増加し、警察・検察による入札談合の摘発も談合金の授受とは無関係になされるようになった。2005年には入札談合を念頭においた独占禁止法制裁制度の大幅な強化がなされている。そして、現在の経済社会では反談合が「正義」であり、談合が「悪」であるという考えが「常識」となっているのである。つい20年ほど前までは談合容認の風潮が強かったことを考えると、この変化の早さは驚くべきものである。

　同様の変化は「インサイダー取引」についても当てはまる。

6.7.4　企業行動と企業倫理

　昨今、法（律）学の世界でも、企業の社会的責任（CSR）についての議論が

盛んになされている[16]。CSR の基本的考えは、簡単にいえば、企業は自社利益の最大化（株主利益の最大化）に囚われるのではなく、社会全体の利益へより大きな関心を抱くべきだ、というものである。

　進化経済学にとっての関心事は、社会全体の利益の最大化を自社利益の最大化よりも優先して行動するという複製子が進化の過程において生き残るのか、そして生き残るための条件は何か、ということである。より一般化すれば利他的行動を相互作用子にとらせる複製子が進化の過程で生き残り、安定化するための条件は何か、ということになる。

　生物進化論の世界では、たとえば働きアリなどの利他的行動についての研究がある（長谷川・河田・辻他編［2006］第2章）。一見利他的に見える行動を、遺伝子自身の生存率を高めるような行動を促す遺伝子の存在から説明しようとする、ドーキンスによる著作『利己的遺伝子（*The Selfish Gene*)』(Dawkins [1976]) はあまりにも有名である。

　しかし、企業の経済活動において利他的行動を相互作用子にとらせる複製子が生き残り、安定化するシナリオを考えるのは難しい。特定の相手と無限回取引する場面においては、短期的に見れば利己的行動とはいえない選択を行う、といった聞き飽きたストーリーではなく、知らない第3者のために短期的にも長期的にも自己犠牲的な行動を企業がとる、という行動原理はおよそ想像がつかないものである。

　ありうる一つの説明は、経営者の宗教心がその背景にあるというものである。CSR の発想が欧米、とくに欧州で自然と根付いていることを考えると、そこには自己犠牲を善とするキリスト教的社会観、もしくはそれに基づいた道徳観が背景にあるのかもしれない[17]。しかし、自己犠牲の結果、企業の存続それ自体が危ぶまれてしまっては元も子もない。貧困、差別、疫病といった社会問題の解決のために企業は「殉教」することはしない。株主、債権者、労働者はそれを望んでもいない。結局、企業行動は、宗教心と企業利益との葛藤とバランスの基礎の上にあるといえる。そのときどきの共通了解は、相互作用子たる企業の行動を決める複製子となる。

フリードマン（Milton Friedman）は、「企業の社会的責任は自社利益を最大化することである」と述べ（Friedman [1970]）、激しい批判にさらされたが、これまでほとんど無視されてきた重要な条件が付されている。それは「ゲームのルールを守る」というものであり、その内容として、フリードマンは法律のみならず「倫理的慣習によって形作られた社会の基本ルール」に言及している（*id*）。宗教心などが倫理的慣習というかたちでルール化、すなわち複製子化されるのであれば、それは守るべき規範となる。なぜならば、そういった慣習は複製子として機能し、皆が守ると皆が期待するものとなっているからであって、そのような期待は自生的秩序においては保護されるべき対象であるからである[18]。

　ところで、慣習破りと複製子の変化のシナリオは、進化経済学のコアな関心事である。ライブドアによる東証時間外取引の事件はその一例として興味深い。経営権取得のために上場企業の株式の「3分の1」超を買い付けるには当時の証券取引法で株式公開買付け（TOB）を実施することが義務づけられていたが、市場外取引はTOBの規制対象から外れていた。これに目をつけたライブドアが、市場の目を逃れつつニッポン放送の経営権を取得するために時間外取引を利用した。関係者は慣行として経営権取得のための時間外取引を行わなかったし、誰もそういったことをしないだろうと期待していた。

　関係者が従っている複製子は「経営権取得目的での時間外取引を行わない」という慣習であった。法規制の潜脱となり非合法との主張もあったが、この手法の合法性が問われた裁判所の決定でその合法性が認められた。この時点で、この慣習破りは、時間外取引を行ってもよいという判例法（決定）を引き出し、時間外取引を行わないという関係者の複製子を、時間外取引を行うという複製子へと変化させるきっかけを作ったのである。しかし、そうなると、上場株式に関わる経営権取得をTOBで行わせることで市場に情報を与えるという証券取引法の狙いと齟齬をきたすことから、その直後に時間外取引による経営権取得の場合にもTOBを義務付ける法改正がなされた。つまり、複製子に従わない相互作用子の慣習破りが判例による複製子変化のきっかけを導き、（相互作

用子が新しい複製子に従った行動をとる場合に生じる）制度上の歪み、齟齬を生み出し、それが連鎖的に立法という複製子変化を招くにいたったのである。

6.8 産業およびイノベーション

新産業、新商品、新技術、新サービス、新生産方法、また新形態の企業組織など、現代の経済はこうした「新しいもの」を継続的に生み出してきた。「イノベーション」とは、シュンペーターの「新結合」概念が示す通り、経済の中にすでに存在する諸要素を新たに結びつけ、新規に財・サービスなどを生み出すことにほかならないから、現代の経済は、上記のようなイノベーションを生み出す機構を埋め込んだ経済として分析しなくてはならないだろう。本節では「イノベーション」のうちでもとくに「技術革新」に焦点を絞る。その上で、複製子としての技術をどのような枠組みで捉えるべきかを論じた上で、その枠組みによって、相互作用子レベルで現実に見られる技術革新がどのように理解できるのかを論じる。

6.8.1 複製子としての技術とその構成

本節では技術を、「ある目的を達成するための方法に関する知識・能力の総体」と定義しておきたい。この知識は、たとえば工学のように体系化されて普及し保持される場合もあれば、熟練技能のように、徒弟制的な枠組みの中で人から人へと直接に伝授され保持されるものもあるだろう。また、パソコンのUSBインタフェイスや電源コンセントの電圧・形状などのように、規格が詳細に定められた「技術標準」も、体系化されて普及し保持される知識だと考えることができる。したがって、経済にとって技術は、序章で述べられている「複製子」の一つであるということが明らかである。

ところで、複製子としての技術は、どのような特徴を持っているのだろうか。技術が「複製」される具体的な場面を手がかりに考えてみたい。技術の複製の

典型例として「技術移転」が挙げられる。ある技術が別個の文脈で再現されるというのが、技術移転の表象であるが、以下の事例に見られるように、現実の技術移転はこうした「コピー」の如き単純なプロセスではないことがよく知られている。

（例1）液晶ディスプレイ製造技術の移転
　液晶ディスプレイをはじめとする電子デバイスの製造技術は、製造装置の中に大幅に体化されてしまっているため、多くの電子デバイスは「装置を買えさえすれば作れる」としばしば言われる。しかし、後発企業が生産システムを確立するに際しては、装置を購入するだけでは十分ではなく、現実には、先発企業出身の技術者による指導が必要だった。たとえば、韓国・台湾企業では、生産システム構築に際して、多くの日本企業出身技術者が指導していたと言われている。この事例は、装置導入やプラント輸入のような、簡単に見える技術移転の場合ですら、相互作用子にはいわば「技術吸収能力」が要請されるということを示している。

（例2）いわゆる「日本型生産システム」の形成
　「全社的品質管理」（TQC：Total Quality Control）は、いわゆる日本型生産システムの一つの特徴である。統計的手法による品質管理自体は、戦後に米国から導入された技法であるが、その後日本では、TQCというかたちに変型され、独自の発展を遂げたのである。品質管理技法に限らず、戦後、多くの生産管理技法が米国から欧州各国および日本に移転されたものの、それらが現地で変型されて定着したケースが多いということが明らかになっている。このように、技術移転とはいっても「コピー」という表象とはほど遠いことが多いのである。換言すれば、導入された技術を変型し、ローカルな諸条件に適応させる「技術変形能力」が、相互作用子に要請されていたということができる。

技術の複製とは複製子の変型を含む過程であり、複製の遂行には技術吸収・

変型能力が相互作用子にしばしば要求される。上記事例から判明するこの事情から考えると、相互作用子が保有する「複製子としての技術」には、次のような二つの次元が存在すると考えねばならない。第1に、ある一定水準（例：品質、製品性能、数量）での定常的な生産を可能にする技術である。これを「静態的技術能力」と呼ぼう。たとえば工場であれば、安定的に操業するのに必要な知識体系がこれに該当しよう。静態的技術能力はまさに、上記事例において複製の対象とされた技術にほかならない。しかし上で見た通り、静態的技術能力を複製するためには、技術吸収・変型能力が必要であった。それゆえ第2に、静態的技術能力を吸収し、さらに変型する能力が存在するはずである。かかる能力を「動態的技術能力」と呼ぼう。複数の相互作用子間にまたがる複製において動態的技術能力が重要であることは、上の事例で見た通りだが、単一の相互作用子内で保持されている静態的技術能力を刷新し、新たな技術水準を達成する場合にも、動態的技術能力は必須である。たとえば、自動車エンジンの燃費を向上させる場合、そのために取りうる手段を構想し、それを具体化する技術が、動態的技術能力にほかならない。それをもっとも広く定義するならば、「問題発見の方法・心構え」のような、いわばヒューリスティックに属する知識ですら、動態的技術能力に含まれるということに留意されたい。

6.8.2　相互作用子レベルでの技術進化とその固有性

　経済全体も進化するが、構成要素である複製子＝技術もまた進化する。技術進化は生産性向上や新産業の登場、産業連関の再編などのかたちで、経済の進化をもたらす。逆に経済の進化は、技術開発投資の促進・抑制、また投資の方向付けの変更などを介して、技術進化に影響を及ぼす。この相互連関の解明は経済学にとってきわめて重要な課題であるが、ここでは、個々の相互作用子レベルでの技術進化という、別の重要なトピックに焦点を絞って論じることにしたい。
　しばしば、優れたパフォーマンスを示す技術は、合理的に構想・計画され採用されたものであり、いわば事前の合理的計画の産物であると考えられること

が多い。しかし現実には、たとえ事後的に見て優れた技術であっても、それが多分に偶然の産物であるというケースが少なくない。たとえば「トヨタ生産システム」はその典型例である。確かにそれは今日では、効率的な技法の集合体であると目される。しかし実は、個々の技法は必ずしも、効率性を達成すべく事前に合理的に計画され設計されたものではなかった。効率性を実現すると今日される技法のうちには、狭小な国内市場や資金・人員不足といった制約条件のためにやむなく採用せざるをえなかったものや（例：限量生産、多品種生産、多能工化）、他産業での慣行が偶然のきっかけで定着したもの（例：重量級プロジェクトマネジャー制、部品取引慣行）が多いのである。

この事例は、技術進化が事前の合理的計画によって説明しきれず、むしろ事後的にこれら技法を変型し吸収・定着させる能力＝動態的技術能力が、技術進化を説明する上で重要であることを示している。したがって、各企業に固有の技術進化経路を理解する上でも、動態的技術能力は重要な役割を果たす要因であると言える。たとえば、新車開発を効率化するシステムである「重量級プロジェクトマネジャー制」は、元来は戦時中の航空機産業で採用されていたものであったが、戦後に航空技術者が自動車産業に流入するにしたがって各社にもたらされたものであった。しかし藤本（1997）によれば、こうした偶然の契機をいかし、重量級プロジェクトマネジャー制を自社の開発体制に定着させたのはトヨタのみであった。このことは、効率的な技法も単なる偶然の産物とは言えず、その定着如何は各社の動態的技術能力にかかっているということを示唆している。

複製子としての技術のうちでも、動態的技術能力の複製はかなり困難である。それには一見すると技術能力とは無関係な、多くのいわゆる「組織ルーティン」やヒューリスティックが含まれている。こうした動態的技術能力を複製することの困難は、何より、そこに含まれる知識群を完全に明示化することが出来ないという事情に起因する。また、動態的技術能力を保持することにも、たとえば持続的に人材育成に投資を行い、さらには企業文化を維持・発展させるなどの努力が必要とされている。しかしこのように、複製・保持が容易ではな

いがゆえに、各企業の動態的技術能力はしばしば、当該企業に持続的な優位性を与えることが多い。

6.9 国家経済（開発・成長）

国民の生活を支えるため、国が選択する経済開発の方向性は何に影響されながら形作られ、変遷してきたのだろうか。本節では、1945年の第二次世界大戦終結後、国境線によって規定されている主権国家を経済システムの主体者とする経済世界を対象として「国家経済」について考えてみよう。

6.9.1 国家経済開発計画

第二次世界大戦によって、多くのヨーロッパならびにアジア太平洋地域諸国は経済基盤の危機的破壊を被った。これらの地域における戦後の経済復興・開発に影響を与えたのは、次の二つのことが上げられる。一つめは、1944年の連合国通貨金融会議にて、来る戦後を想定し、国際金融システムを構想したブレトン・ウッズ協定の締結と同協定により国際通貨基金（IMF）と世界銀行が設置されたことである。二つめは、ヨーロッパ諸国の戦後復興にたいして、アメリカが財政支援と技術支援を組み合わせたマーシャルプランを提案、実施したことである。マーシャルプランの狙いは、資本主義国陣営への組み入れを意図していたものだが、ヨーロッパ経済の復興に続き、1950年代から60年代にかけて大きなうねりとなっていったアジア・アフリカにおける新興独立国の経済開発支援、とりわけ「国家経済開発計画」の導入に大きな影響を与えることになったのである。

多くの新興独立諸国では、国家経済開発計画を策定し、経済の順調な発展と国民の経済水準の向上を目指すこととなった。初期の新興国の経済開発計画策定に影響を与えたものに、ルイスの2部門モデル理論（Lewis［1954］）がある。このモデルによれば、国家経済の発展の鍵は、第一次産業に従事する余剰労働

力を第二次産業にシフトさせるように産業開発を進めることであり、第二次産業への効果的な投資による国家経済開発計画が奨励された。

6.9.2　開発計画指標としてのGNPの役割と限界

GNPは、クズネッツが一国の国民経済計算として開発した経済指標であり、実際にアメリカのデータを用いて計測（Kuznets [1941]）した。その後、アメリカ政府によってGNPは「豊かさ指標」として用いられ、国家経済計画策定の際に重用されるにいたる。また、アメリカ主導の戦後経済体制構築の下、国家開発計画策定においても、毎年、あるいは、計画期間ごとの達成目標水準となるGNP成長率が提示され、その達成のために必要な経済政策策定がなされていくことになったわけである。

国家単位の経済開発計画を支援しながら、世界全体の経済的豊かさの実現を目指したのが、国際通貨基金（IMF）、世界銀行や国際連合という国際機関であった。たとえば、国際連合は、1961年に「第一次国連開発の10年」を開始し、途上国各国が達成すべき年間GNP成長率を最低5％と設定した。第一次国連開発の10年により、目標設定したGNP成長率をおおむね達成したと評価されているが、国内の経済格差は深刻化し、貧困問題が浮き彫りにされるようになった。GNPを高めていくことによって、国家経済の規模的拡大を実現しえても、国内の経済格差が解消されないということへの疑問が投げかけられていったのである。

6.9.3　GNP代替経済指標の開発

1980年代になると、GNP計測の対象としている経済活動について、その社会的便益の観点から、財・サービスの質的評価が行われていないこと（たとえば、公害などの環境破壊、社会不安を惹起する監視カメラの増産などをマイナス換算すること）や、経済の重要な一部を構成しながら、市場取引の対象になっていない活動（たとえば、イリイチのいうところのシャドウ・ワーク（家事労働））の除外などの問題点が指摘されるようになり、GNP代替指標開発がな

されるようになった。環境経済学者であるデイリーはコブ（Daly and Cobb [1994]）とともに、ISEW（Index of Sustainable Economic Welfare：持続可能な経済的福祉の指標）を開発した。その後、生産される財・サービスの経済価値算出において、単純に市場価格を適用するのではなく、社会的費用をもたらす財・サービスであれば、個別の社会的費用算出のための割引率を設定した上で計測したり、現実には市場価格を持たなくとも社会的便益の高い財・サービス活動については、その価格評価算定を試みるなどの調整を行うことで、新しいマクロ経済指標であるGPI（Genuine Progress Indicator）が開発された。GPIは、まだ、どの国の国家経済計画にも、導入されてはいないものの、個々人の生活の豊かさが市場取引される財・サービスの量的拡大によってのみ計測されればよいという考え方では不十分であるということを具体的な代替案のかたちで示した。また、GPIを開発したのは、アメリカのNPOであり、市民社会の成熟によって、国家エリート主体の量的拡大主義の国家経済開発計画・推進の段階から、生活当事者たる市民の目線に立つ生活の豊かさの概念化とその実現に向けた経済システムのあり方を目指すものへと変容していることがわかる。

6.9.4 包括的な国家経済開発の視点：人間開発、ソーシャル・キャピタルと創造性指標

1998年にノーベル経済学賞を受賞したセンは、「人間の潜在能力アプローチ」を提唱（Sen [1985]）し、人間の求める豊かさとは、経済規模拡大のみによって実現されるものではなく、個々人の持つ能力を伸ばしたり、その可能性を開花しうるような経済環境を創出することによって獲得されるという考えを提示し、公共政策のあり方に影響を与えた。この考え方に基づき、1990年に国連開発計画（UNDP）は、経済、教育、保健衛生から成る複合指標「人間開発指標（HDI：Human Development Index）」を開発し、以来、毎年人間開発報告書を発行している。UNDPは、国連加盟国に対し、人間開発の理念に沿った国家開発政策の構想を助言し、HDIは多くの国で経済社会開発の指標と

して用いられるようになった。

　国家経済の求める方向性が、量の拡大から質の追求へと転換しつつあることを述べてきたが、最近では、経済規模の拡大を追求したことによって「失われた豊かさ」への着目が始まっている。アメリカの政治学者パットナムの研究（Putnam［1994］）以後、高度産業社会の進展によって、それまでに蓄積していた社会的紐帯（社会的関係資本（ソーシャル・キャピタル））の喪失の問題が指摘され、社会的関係資本の指標の開発と測定が進んでいる。人と人とのつながりそのものにたいして価値を認め、つながりをもつことが社会発展や経済開発にどのような影響を与えるのかに着目する考え方である。

　経済開発主体のあり方にも、新しい方向性と指標が提示されてきている。その一つが、アメリカのフロリダ（Florida［2002］）により開発された創造性指標であり、同指標によれば、ある地域や国の経済成長は、専門性の高い職業種に従事する人、情報やソフト工学に従事する人、芸術家や文化に関係する仕事に従事する「創造性産業」の中核になる人々を数多く有するかどうかによって左右され、政府の取るべき政策選択とは、そのような創造性の高い人々を数多くひきつけるような経済・社会開発政策を打ち出していくことであるとしている。国家経済を量的な経済発展のみで評価するのではなく、当該地域の文化的側面や社会発展の可能性を加えながら評価、推進するという新しいアプローチの登場である。

6.9.5　主観指標の重要性

　1980年代の後半以降、経済成長を遂げた先進国において、経済成長を追求することは、必ずしも、国民の幸福にはつながらないという調査研究が出されてきている。日本においても、主観的満足度の推移を見てみる（Kusago［2007］）と、日本人の中で自分の生活にたいして高い満足度を感じている割合は、1984年をピークに、以降、一貫して低下してきている。前述のGNP、GPIと主観的満足度の経年推移の動きを比較してみると、GNPと主観的満足度の動きには、大きな開きがあるのにたいして、GPIと主観的満足度の動きはとてもよく

似た動きを示していることがわかってきている。国家経済の目標をGNP成長においただけでは十分ではないということを実際に示しているといえるだろう。そして、GNPの改良とともに、生活当事者自身の経済を含む全般的な生活への主観評価指標の大切さが認識されつつある。

国家経済の主体は、先進国では、国家エリートから市民へとシフトしてきているけれども、近代化を十分には遂げていない国々では、国家運営の中核を担うものの考え方が国家経済のあり方を大きく左右していることに変わりはない。その中にあって、比較的最近になって近代化のプロセスをはじめた国にブータンがある。ブータンでは、発展の目的を物質的な豊かさに置くのではなく、国民の生活への幸福や充足感に置き、物心両面での豊かさ実現に向けた国家発展の構想と実行を掲げている。ブータンは、第10次国家開発計画策定と同計画に連動した、GNPとは異なる「国民総幸福（GNH：Gross National Happiness）指標」を開発している。このブータンの試みにたいして、国民の幸福感の低下に悩む先進国が関心を示していることは興味深い動きである。

6.9.6　おわりに

国家経済の依拠するルールは、政治的な要素によって大きく影響を受ける。国の政策決定に関わるのは、旧来は、立法と行政に関わる政治家と中央政府官僚であり、経済の処方箋の選択権を握っていた。戦後の経済開発に影響を与えたのは、経済規模優先の経済開発理論であり、開発を進めていく上では、GNPやあるいはその「国内」を基準とした指標のGDPが重用された。

しかし、先進国を中心にして、市民社会の発達と成熟が見られ、国家経済の評価基準や視座が市民主体のものへと変容を遂げながら、経済開発に活用される指標も変化してきた。また、途上国においても、持続する経済開発の実現を掲げ、国内の格差解消、経済と環境のバランスなどが重視されるようになり、HDIなどが国連やNGOのサポートを受けながら、急速に普及してきている。さらに、客観指標のみならず、主観的な経済生活への評価によって、生活を評価する動きがでてきている。国家経済とは、いまや、一部エリートによって上

からの計画と政策遂行によって立つものではなく、一般市民の意思によって社会経済の進歩が評価されるものへと変容を遂げつつある。

　見てきたように、「豊かさ指標」としてのGNPやGDPの限界が意識され、環境劣化やシャドウ・ワーク、人間の潜在能力や社会資本、幸福、生活の質への主観的側面など市場や貨幣で正当に評価されていない様々な要因を含むべく、ISEW、GPI、HDI、GNHといった代替的指標が開発されてきた。国家経済の複製子という観点から見ると、こうしたマクロ経済指標は、外なる制度として国民の生活水準を包括的、客観的に表現するだけではない。それは、内なる制度である国民の生活意識や価値観の変化を反映するような評価基準でもあり、さらに、こうした指標自身が内なる制度である人々の価値観や行動に影響を与える側面もある。

　一つの例を挙げてみよう。GDPで表現されるマクロ的経済成長が前提となると、ミクロ的なレベルでも人々は物質的繁栄や貨幣的な豊かさを追い求めることになり、その結果、実際に高度経済成長が達成される。しかし、内なる制度である人々の意識や価値観が心の豊かさや自然環境を重視するように変化することによって、外なる制度としてはGDPにたいする代替的指標が次第に受容されるようになり、GDPでは成長が見られなくとも、より豊かな定常型経済への移行を志向していくことになるであろう。

　このように、マクロ経済指標は国家経済の開発や成長のための複製子（外なる制度）として、個人や組織（企業や政府）のような相互作用子の間に伝播・普及していくことで、それら自身の複製子を構成している価値や関心（内なる制度）を規定し、間接的にそれらの行動に影響を与えるとともに、そうした人々や組織の行動によって外なる制度の有効性も現実化するのである。

　一国の経済はその中に多数の相互作用子（個人や組織）を含む環境であると考えられがちであるが、国際経済の枠組みでは、国家経済が一つの相互作用子として相互作用を行う。その際、GDPのような経済指標は、国際経済における各国家経済共通の基準や参照枠として、つまりプラットフォーム制度として機能することにも注意すべきである。

6.10 国際経済・世界経済（国際貿易と国際金融）

　進化経済学的視点から国際経済学を捉え直すことが本節の目的である。国際経済学は、国家間で行われるいっさいの経済取引を対象とする、経済学の一分野であり、その内容から国際貿易論と国際金融論に大別することができる。国際貿易論は、主に商品・サービスの国際貿易と生産要素（生産手段としての資本・労働）の国際移動を対象とするのにたいし、国際金融論は、主に国際資本移動（直接投資、証券投資、現預金等）を対象とする。かつて国際経済学の中心領域は国際貿易論であったが、1980年代に各国で実施された資本移動の自由化後、世界貿易の伸びを上回る伸び率で直接投資と証券投資が増大し、実物中心から、金融・証券中心の経済へと構造変化が生じた結果、国際金融論に中心領域が移動し始めている。本節は、最初に国際貿易論を中心に伝統的な経済学的アプローチを「分析単位」の観点から検討する。国際金融論に関しても必要に応じて取り上げていく。最後に進化経済学的アプローチを提案する。

6.10.1　伝統的な経済学的アプローチ

　国際貿易とは、商品・サービスもしくは生産手段としての生産要素が国家間を移動することである。商品・サービス・生産要素の両端には最小限二つの国家が存在するとイメージできる。国家の中には、その国の産業、企業、国民が存在し、商品等の貿易は、二つの国家間の産業、企業、国民のどの階層間の取引としてもみることができる。国家や産業の階層を分析単位として選択した結果、政策論や貿易論が生み出され、企業の階層を選択した結果、多国籍企業論や国際経営戦略論が研究領域として生み出されてきた。

　このように特定の階層を選択し、国家間の貿易を捉える伝統的なアプローチは、多国籍企業[19]の存在によって長年危機にさらされてきた。多国籍企業の規模、活動領域が拡大した結果、国家の中に多数の企業があり、それら企業の集計が国家を形成するという想定がもはや成立しなくなったからである。

支配的な事実が国際貿易において大きく変化したにもかかわらず、ダニング (1981) が指摘するように、分析単位（国家、産業等）を目的に応じて使い分ける折衷主義的なアプローチが現在まで受け入れられてきた。国際貿易論では理論的矛盾（その場しのぎの分析単位の選択）を解決する新しいアプローチが必要とされている。本節では、新しいアプローチとして進化経済学的なアプローチを提案するが、その前に分析単位の重要性について考察する。

6.10.2 分析単位の歴史的変遷（国家、産業、企業、国民）

国際貿易論をみていく上で、分析単位の選択とその定義は重要性を持つ。まず国家、企業、国民（消費者）といった分析単位の歴史的変遷を概観しながら、分析単位とその生み出す政策的帰結をみていく。

15世紀から18世紀にかけての重商主義者は、国家を分析単位とし、国家産業として商業を重視した。国力の増大は金や銀などの富の蓄積と認識していたため、植民地からの搾取や保護貿易による貿易差額の拡大を目指した。商業において、特許商人が国家の政策を巧みに利用して特権的利益を享受していた。国家＝国王であり、それを取り巻く特許商人以外は、国家の利害当事者として十分に考慮されていなかった。

一方、重商主義に反対したアダム・スミスやそれに追随する古典派の人々は、国家および国家に従属し特権的利益を得る特許商人と国民の利害対立に焦点を当て、国民（消費者）の利益が国家や特許商人の利益に優先するという考えから、消費者主権に力点を置いた。ここから比較優位論、2国2財モデル、生産要素の国内完全移動、国外移動不可といった共通点を持つ様々な自由貿易論が生み出された。生産要素を労働のみとし、各国の生産技術の差から貿易パタンを説明するリカード・モデルがその代表的なものである。自国は、比較優位を持つ財の生産に特化し、比較優位を持たない財は相手国から輸入することによってお互いの国でより多くの財を消費できるという理論である。分析単位は国家（産業）であるが、重商主義者のように国家の利害当事者を国王や特権商人とせず、利害当事者の中心を国民（消費者）とし、さらにそれを地主、労働者、

資本家といった階級に分類し、消費者の立場から国家と国民の利害対立を考察した。

　続いて登場する新古典派経済学の貿易論は、生産要素を資本と労働とし、生産要素賦存比率から貿易パタンを説明するヘクシャー＝オーリン・モデル（H-Oモデル）が代表的なものである。互いの国はその国に豊富な生産要素を用いて生産される財を輸出し、その国に希少な生産要素を用いて生産される財を輸入することで、互いの国がより多くの財を消費できるという理論である。分析単位は国家であるが、利害当事者すべてが資本や労働等の生産要素に還元されるため、国家は独自の意味を持たない。新古典派貿易論が、コスモポリタン的な様相を帯びているのは、このような特徴のためである。理論的に高度な発展を遂げたH-Oモデルであったが、理論的予想と矛盾する実証結果が示され、理論の信憑性に疑問符が投げかけられた。H-Oモデルに基づけば、資本が豊富なアメリカにおいて本来輸出されるべき資本集約的な財が理論の想定とは逆にアメリカに輸入されているというもので、この結果は、「レオンティエフの逆説」と呼ばれている。

　その後、モデルで説明できない産業内貿易の実態なども明らかとなり、新古典派貿易論にたいする疑念は徐々に高まっていった。その中でヘルプマン＝クルーグマン（1989）は、不完全競争下で規模に関する収穫逓増が存在する製品差別化モデルを用い、産業内貿易の説明を試みた。これは「新貿易論（New trade theory）」と呼ばれる。またクルーグマンは、地理的な集中立地（集積）から生ずる規模の経済性を貿易論に組み込むアグロメレーション（Agglomeration）理論を唱え、空間の経済学という視点から貿易論に新風を吹き込んだ。クルーグマンは、規模に関する収穫逓増が引き起こす市場の失敗が存在する場合には、幼稚産業保護論等の国家介入を正当化するなど、自由貿易主義を貫く新古典派貿易論とは一線を画した研究を行っている。

　最近では貿易実態が多様化し、東アジアで見られるように多国籍企業内における工程レベルの国際分業を説明する理論モデル[20]が必要とされており、今後は産業の階層よりも下の階層の企業、工程の階層での理論モデルが追求され

ていくことが予想される。

　こうした現実と理論の乖離を埋める試みが伝統的貿易論の中で現代まで継続する一方で、1960年代から米国の研究者を中心に多国籍企業の研究が進展し、貿易論の中でも重要な位置を占めるようになっている。多国籍企業による企業内貿易が世界貿易に占める割合が増大したことで、分析単位を国家とする伝統的な貿易論のアプローチに疑問が生じる中、分析単位を企業の階層とする多国籍企業論が登場してきた。多国籍企業論の先駆者であるヴァーノン（1966）は、プロダクト・サイクル仮説を提唱した。製品のライフサイクルという概念を用いて、貿易と海外直接投資の変化を理論的に説明したものである。まず、技術的先進国で開発された新製品が、成熟し、製品標準化が進行する中で他の先進国でも生産が開始される。次に発展途上国への輸出が開始され、やがて各国間での競争が激化すると、生産費用を削減するため低賃金国へ生産拠点を移転する誘因が作り出される。その結果、発展途上国へ移転可能な部門に関しての海外直接投資が行われ、現地で生産が開始される。さらに、海外直接投資を実行した親会社と現地の子会社との間での企業内貿易が活発化するという流れである。同様に、多国籍企業による貿易と海外直接投資との関係を理論化したものとしてダニング（1981）のOLIモデル[21]が広く知られている。多国籍企業論は、このように企業の階層から現実の国際貿易や海外投資の実態を理論的に説明した。

　1980年代以降、資本移動の自由化が進展し、それに伴い多国籍企業による海外直接投資は世界貿易を大幅に上回る速度で成長し、世界経済の発展を牽引した。多国籍企業による企業内貿易が世界貿易の3割以上を占めるなか、貿易論を語る上でもはや多国籍企業による貿易活動や海外直接投資は無視できない。また、多国籍企業内における移転価格（Transfer pricing）制度は、本社のある国家に税金が納められるという想定を無意味なものとし、国家という分析単位を見直す上で重要な論点となっている。

　一方、伝統的貿易論も、国家の階層から企業の階層の分析に徐々に移行し、多国籍企業論の視点に近づいてきている。しかし「貿易の政治化」と言われて

いるように国家による管理貿易が依然として力を持つ現状があり、国家の階層の分析を貿易論に含めておくことは依然として重要である。ただし、ここにおける国家とは新古典派貿易論で想定されるような抽象的なものではなく、発展途上国や先進国といった経済力の差異や、中枢国や周辺国といった政治力の差異を含んだものでなければならない。

6.10.3　国際経済・世界経済という場[22]

分析単位を国家の階層でみる場合、世界的構造における国家を歴史的な文脈で捉える必要性がある。ブローデルやウォーラースティンの世界システム論的な視点が必要となる。グローバル化が進行し、拡大・深化を続ける資本主義を基礎にした市場社会は、地球全体の経済活動を包摂するものとなっている。佐々木 (1993) が指摘するように「資本主義社会は本質的に普遍的あるいは世界市場的である」ため、制限的貿易政策の撤廃、金融制度の自由化、情報処理・生産力の発展により外在的な制約から解き放たれた現在、市場社会は容易に国民国家の領域を越えていく。したがって、国家だけではなく、多国籍企業という分析単位を含めて、世界経済という分析の場において統合的に国際経済分析を行う必要性がある。この場を表現するのが、進化経済学的アプローチでは、複製子と呼ばれるものである。以上を踏まえて、国際経済学に対する進化経済学的アプローチを試みる。

6.10.4　国際経済・世界経済における相互作用子と複製子

進化経済学的アプローチでは、貿易論の分析単位として採用されてきた国家、産業、企業、国民を相互作用子として位置づける。相互作用子は、自身の中に階層の異なる相互作用子を内包できるため、国家Aの中に産業B、産業Bの中に企業C、企業Cの中で働く国民Dという入れ子構造により、異なる階層の分析単位を統合的に表現できる（第4章第2.4節を見よ）。もちろん、国民Dは必ずしも産業Bや企業Cの中に含まれる必要はないため、その場合、国民DはDは国家Aに内包されると表現できる。相互作用子は外部環境ないし他の個

体との間で相互作用を通じて淘汰される。ここでの淘汰は失業や破産のような経済的意味であり、必ずしも生物的死や物理的消滅を意味するわけでない。国家、産業、企業、国民の階層での競争、淘汰が生じる。

これらの相互作用子は、内部に保有する複製子によってその基本的な形態や機能が規定されている。複製子とはルールであり、内部ルール（認知・行動ルール）と外部ルール（社会ルール）に大別できる。国家の階層の相互作用子は、憲法や一般の法律等の内部ルールと、国際法などの外部ルールによって規定される。貿易の側面から見れば、内部ルールは「外国為替および外国貿易法（外為法）」となり、外部ルールは貿易に関する国際協定・条約、貿易に関する国際ルール・取引慣習となる。この中にはFTA（自由貿易協定）やEPA（経済連携協定）も含まれる。

次に企業の階層の相互作用子は、憲法や一般の法律が外部ルールに相当し、内部ルールは企業ルール（社内ルール、慣習等）となり、この二つのルールによって規定される。国家の階層の複製子（内部ルール）が、企業の階層の複製子（外部ルール）としても機能している。

国家Aに内包される形で企業Cが存在しない場合、つまり多国籍企業の例を考える。多国籍企業Mは、相互作用子としては国家Aに内包されず、国家Aを内包する世界経済に内包された存在とみなせる。多国籍企業は内部ルールとしてグループ全体での利益を増進させる目標を持ち、国家階層の外部ルールに従い、かつ多国籍企業の子会社が立地する国家における国家階層の内部ルールに従う。したがって、多国籍企業は国家階層の外部ルールの影響を受けると同時に国家階層の内部ルールの影響を受けながら、自己内相互作用と対環境相互作用を行う。対環境相互作用の中では、他の多国籍企業との競争のみならず、子会社の立地する国家へも影響を与える。多国籍企業Mの規模が大きくなれば、国家への影響も強まる。現実に、多国籍企業による企業内貿易（多国籍企業の本社と海外子会社間、および海外子会社間の企業内取引を表す）は世界貿易全体の3割以上を占めており、国家階層の内外ルールに与える影響は強い。その一方で、国民経済に占める政府の関与する貿易（State-trading）が

全世界貿易の2割5分程度を占め、様々な管理貿易が行われている現状を鑑みれば、国家階層の内部ルールが多国籍企業や国際貿易全体に与える影響も大きい。進化経済学的アプローチを用いれば、伝統的な国家階層のみの分析や、企業階層のみの分析ではなく、複数の階層にわたる関係性を考慮した分析が可能となる。

　多国籍企業と国家のどちらを分析単位とするかという難題の本質は、国家を多国籍企業の集合体として表すことができない点にある。多国籍企業は多数の国家に存在するため、一つの国家を分解しても多国籍企業にはならないためである。新古典派貿易論の発想のように、資本と労働というレベルまで分解すれば、国家を再構成することができるが、その場合、国家や多国籍企業の持つ独自の意味は完全に失われてしまう。そこに、新古典派の還元主義的アプローチの限界がある。

6.10.5　複製子（内部ルール、外部ルール）の共進化の事例

　ウォーラースティン（1983）は国家階層の外部ルールをインターステートシステムと呼んだ。外部ルールの変更は、国家や多国籍企業に大きな影響を与える。このような外部ルールは、強国がまず弱小国に押しつけるという過程を経て形成され、システムの漸次的改変さえもそれを実行可能なのはヘゲモニーを有する国家に限られる。したがって、多国籍企業は自身の活動に有利なルール変更を求めて、ヘゲモニー国家への働きかけを行う。つまり国家と多国籍企業はお互いに相互作用子として強い対環境相互作用を持つ。国際金融に関する外部ルールは、国際通貨基金（IMF）、世界銀行（WB）、国際決済銀行（BIS）、国際貿易に関する外部ルールは世界貿易機関（WTO、GATTの継続・発展）によって定められている。これらの外部ルールも国際経済の進化とともに、共進化する。IMFは国際収支危機への短期資金供給、WBは戦後の先進国復興と発展途上国開発を目的とした、長期資金の供給を行う機関として相互補完的に設立された。当初は、融資を行う際に国内ルールの変更を求めなかったが、1979年以降、「融資の効果を阻害するような政治状態の国」には、政策改善を

条件にしたコンディショナリティ（条件付）融資を行うようになった。IMF構造調整プログラムにより、内部ルールを変更したアフリカや南米、アジアのタイ、インドネシア、韓国では、様々な経済問題（失業、企業倒産等）が発生し国内に混乱をもたらした。累積債務問題への取組は、ワシントンを本拠とするアメリカ政府（財務省）、IMF、WB の間での合意に基づくため、ワシントン・コンセンサスと呼ばれ、ヘゲモニー国家の外部ルールへの影響力の強さを見て取れる。

　GATT は世界恐慌や第二次世界大戦の一因となった国内産業保護を反省し、自由・無差別・多角主義の3原則で世界貿易を発展させることを目的として発足した。この外部ルールは、加盟国間の一般協定で、コンセンサス方式の意志決定システムを持っていた。その後1995年に GATT の自由貿易原則を継承した世界貿易機関（WTO）が発足した。GATT よりも強い強制力を持つ国際機関としてネガティブコンセンサス方式[23]を採用したため、国際貿易の紛争解決能力が向上した点に特徴を持つ。しかしこの新しい外部ルールは、2001年のWTO ドーハラウンドに見られるように、貿易障壁を取り除くことにたいする各国の利害対立が先鋭化し、米国、欧州連合、発展途上国の間の対立で自由化への議論が膠着状態にある中、十分に機能していない。外部ルールが必ずしも受け入れられない例である。最近は2国間での自由貿易協定（FTA）や経済連携協定（EPA）を調印する国が増えてきている。外部ルールの変更を受け入れず、内部ルールを優先した結果と言える。

　最後に国際資本移動を簡単に取り上げる。国際資本移動は貿易との関連で意義を持つものとして登場してきた。しかし1980年代の資本移動自由化により、世界貿易の拡大をはるかに上回る速度で直接投資や証券投資が増大した結果、資本移動は、国際経済において貿易以上の意味を持つ存在となっている。国際経済に構造的な変化が生じたのである。この変化には IMF 固定相場制度の崩壊という外部ルール変更の影響がある。また変動相場制導入時に期待されていた各国の経済政策（内部ルール）の隔離効果は機能しなかったため、各国が経済政策の国際協調を行うようになったように、多くの場合どのような外部ルー

ル（国際通貨制度）の変更も内部ルール（対内政策）の変更を引き起こす。国際資本移動に関しては国際金融におけるIMFや国際貿易におけるWTOのような管理機構が存在せず、外部ルールの整備は遅れており、多国間投資協定（MAI）も1998年末に頓挫した状態であった。このような状況下で、2008年9月15日のリーマン・ブラザーズの破綻を契機に世界的な金融危機が生じた。2008年11月14〜15日にワシントンで開催された金融サミットG20は、外部ルールを変更する試みであるが、G7ではなく、新興国を含むG20で検討されたことに重要な意義をもっている。経済的ルールのみならず、政治的ルールも変化しているからである。今後は金融サミットG20を中心に国際資本移動に関する外部ルールの整備が行われるかたちで、内部ルールも変化するかたちでの共進化がみられるであろう。

6.10.6 おわりに

国際経済学にたいする進化経済学的アプローチは、国家、産業、企業、国民を階層の異なる相互作用子とし、それぞれが持つ内部ルールと外部ルールという複製子を共進化させながら、世界経済をダイナミック変化させていくプロセスを理解することを可能にすることによって国際経済分析に対する新しい視点を提供するものである。

6.11 移行経済

6.11.1 移行経済の3分類

1989年の東欧革命以後、社会主義諸国は次々と資本主義経済へと移行を始めた。市場経済の導入（部分的な場合も含めて）は、それ以前からユーゴスラビア・ハンガリー、中国などで行われてきた。これら諸国の改革は、政治的には共産党一党独裁を保持しながら、経済的には生産手段の公有と市場経済を組み

合わせたという意味で、1920年代に端を発する「社会主義経済計算論争」でランゲらが主張した市場社会主義論の系譜上にある。

しかし、政治的には自由主義と民主主義（普通選挙と議会制民主主義）、経済的には私的所有と市場化といった国家・経済の根本的な制度の変更を伴う体制転換（transformation）が世界的に生じたことは、20世紀末における一大事件であった。こうした移行・体制転換の途上にある経済が移行経済または移行期経済（transition economy）である。こうした移行経済では市場経済が発生する過程を観察することができるため、多くの経済学者が注目したと同時に、移行諸国も西側の経済学者によるアドバイスに頼るケースが多かった。

当初、主流の経済学では、適切な条件（私的所有や自由競争など）が満たされれば、自然と市場経済が発生すると考えられていた。しかし、その後の現実は、一様な市場経済・資本主義の発生という経路をたどるものではなく、多様なものであることを示した。ここで「移行→経済成長」ではないという点に注意が必要である。たとえ市場化が進んだとしても、だからといって必ずしも成長するわけではない。これは政治の民主化が必ずしも経済成長に結びつかないことと似ている。また、より広い意味での経済発展と移行は密接に関係してはいるが、同じものではない[24]。

移行経済の歩んだ道にはさまざまなバリエーションがあるが、①急進的改革、②漸進的改革、③その他（改革が進んでいない）の三つのケースに分類することは理解の助けとなるだろう。以下、それぞれの内容を確認しておきたい。

①急進的改革（radicalism）

旧ソ連および東欧で実施された改革は、短期間に政治および経済の全面的な変更を伴うものであった。この方針は主としてIMFや世界銀行の支持したもので、短期的（長くても2、3年）な経済・社会的混乱を生じるが、その後は急激に回復すると予想されたので、ショック療法（shock therapy）ともよばれる。これが支持された主な理由として制度補完性、レントシーキングの根絶、政治的資本が挙げられる[25]。そして予想通り、実施国はすべて深刻な不況に陥

った[26]。しかしその後、ほとんどの国（バルト諸国を除く）で予想された急激な回復は起こらなかった。それでもハンガリーやチェコ、ポーランドといった東欧の改革先進国は徐々に回復し、2004年にはEU加盟を果たしている[27]。一方でロシアは現在でこそ原油高のため指標は改善されているが、国内経済は安定しておらず、地下経済が大きなシェアを占めるいびつな状態を呈している[28]。

②漸進的改革（gradualism）

急進的改革と対照的に限定的な改革を進めた国としては中国およびベトナムがその代表である[29]。漸進的改革を支持する理由として、「制度の真空」や「実行可能性」の問題が挙げられた[30]。これらの国は改革以来、深刻な不況を経験することなく高い成長率を維持している。結果だけを見れば漸進的改革に軍配が上がったように考えられるが、その時その場所での条件を考えれば、漸進的改革が常に可能であったとは断言できない（たとえばペレストロイカ直後のソ連では共産党の信用が低下しており、漸進的改革は支持されなかった可能性が高い）。また、発展途上国であったことがキャッチアップ型の成長に有利に働いたという面もある[31]。漸進的改革のポイントは「単にゆっくり行う改革」ではない。中国の改革は段階的ではあるが全面的で、時には急激な変化も許容する（ストップアンドゴー）側面を持っていた。

③その他のケース

ここに分類できるのは主にバルカン諸国と中央アジアである。バルカン諸国はかつてユーゴスラビア連邦として労働者自主管理型の市場社会主義を目指していた。しかし内戦[32]により分裂した旧ユーゴ経済は市場経済への移行と平時経済への移行という二重の移行過程にあり、移行開始期も遅れている[33]。中央アジアでは、ウズベキスタンのように天然資源に恵まれた国ではそもそも改革のインセンティブが働かず、改革が進んでいない（超長期の漸進的改革）が、旧ソ連中GDPの下落はもっとも小さなものにとどまった。一方で資源を持たない国は改革資金が不足し、IMFからの借入のため重債務国となり、やはり

改革が滞っている（キルギスタンなど）。

こうした移行の速度による分類は理解の上で有用ではあるが、現在ではこの議論は移行の一般理論としてはあまり有効な政策提言には結びつかなかったと考えられている。国によって（地理的・歴史的に）個別の事情が異なり、急進的に行うべき部門と漸進的にしか行えない部門が混在[34]していることに加え、そもそも急進および漸進の定義も明確なものでなかったためである。90年代半ばまでの急進vs漸進の議論は単に速く行うかゆっくり行うかについての漠然とした区別でしかなかった。現実の改革過程はそれほど単純ではなかった。たとえば急進的改革の代表とされるロシアでは私有化そのものは急速に行われたが、新規企業の設立には多くの規制が存在し、自由市場の確立はなかなか進まなかった。漸進的改革の代表とされる中国では国有企業の私有化が進められていないと指摘される一方で、新規参入は比較的自由であり、多くの新規企業が爆発的に設立された（スティグリッツが指摘するincrementalism）。

主流派経済学をもとにしたワシントン・コンセンサス[35]が移行諸国においては必ずしも一般的な処方箋として働かなかったことから、新古典派経済学そのものから見直す必要が主張されている。以下では、新たなアプローチとして期待されている進化的アプローチについて若干の紹介を行う。

6.11.2 移行経済論の進化的アプローチ

ここでは、進化経済学が「移行」という事象を扱う際にいかに有用であるかについて説明する。主流派において急進的なショック療法が容認されるのは、人間に高度な合理性を仮定している点による。つまり、制度が変化すれば、経済主体は利潤や効用を最大化するべく、それに合わせてその行動を即座に変化させる、と。これにたいして、進化的立場は人間に過度の合理性を仮定しない[36]。また、経路依存性を重視する点もその特徴である。移行の現実を見ると、とくにロシアにおいては、改革（とくに私有化）過程の初期において生じた資産収奪[37]や地下経済の拡大といった歪みがその後の経済状態を固定化してい

る（ロックイン[38]）。つまり、人間は将来を遠くまで予想した上で合理的に振る舞うのではなく、近視眼的・定型的に行動すると想定するほうが適切な説明なのである。

　旧社会主義国における計画経済に欠陥があった[39]ことはいまや周知の事実であるが、それにもかかわらず半世紀もの間こうした経済体制が維持されてきたという事実は再考されるべき問題である[40]。第4章第4節で見たように、制度はルールの束であり、各経済主体は内部および外部のルールを反映した複製子と結びついた相互作用子である。比較制度分析では制度補完性が強調されるが、それは主に外部ルール（法や慣習）間の補完性である。ここでは、各主体の内部ルール（本能や習慣）同士や内部／外部ルール間の相互作用を考える。

　ショック療法では外部ルールを人為的に市場指向的なものに変えることが目標とされ、内部ルールは無視されるか、ただちに適応するものと考えられた。しかし、各経済主体（相互作用子）が計画経済に適応した内部ルールを放棄することができなかった場合はどうだろうか。社会生活の上で、人が白紙の状態で意思決定を行うことは困難であり、他者がどう行動するのかを経験的に予測することで意思決定のコストを引き下げている[41]。市場経済の経験を有さない国民にとって、生産・流通・販売の指針となるのが、依然として古い内部ルールであるなら、新しい外部ルールとの間に乖離が生じる。計画経済においてはサボる（ノルマ以上を生産するインセンティブを持たないため）ことが内部ルールであり、（割り当て以上に）必要なものは個人的関係や待つこと（行列）で入手するというのが内部ルールである。市場経済では効率的な（コストの低い）業者を選んで取引されるが、計画経済ではすべて指示される。こうした環境で慣れた主体が新たな市場指向的外部ルールに直面した場合、他者の行動予測そして自身の意思決定に大きなコストとリスクが生じる。その場合、各主体にとって主観的にもっともコストが小さいのは、古い内部ルールに従い続けることかもしれない。具体的には、計画経済において有利な割り当てを得るための内部ルーティンは独占的レント[42]を求めるようになり、個人的関係への依存がバーター取引（物々交換）の原因となることなどである。こうした特

徴は競争的市場の発達を阻害するが、かといって力ずくで外部ルールを変更しても地下に潜るだけで解決されないことが、ロシアの地下経済から観察される。

　上述のように、内部ルールは相対的に、人為的には変わりにくいものに見えるが、変化しないものではない。それは各相互作用子の模倣・学習によって変化する。成功した他者を模倣し、失敗した戦略を変更する過程が機能するためには、先行者（成功者）が明確であり、失敗が致命的にならない程度のセーフティーネットが必要である。進化的視点からは、中国政府がしばしば打ち出す「○○モデル」[43]は模倣・学習の対象を特定するという意味で、ショック療法では保証されない同調的な内部ルールの変更を促したと見ることも可能だろう。

1）第4の方法として、家族により担われる家政（自給自足）をポランニーは挙げたが、ここでは家族もコミュニティに含まれると考えている。
2）「直接交換可能性」は、マルクスが価値形態論で使用した概念である。意味としては、メンガーのいう「販売可能性」と近い。だが、「購買」「販売」「商品」という概念は貨幣の生成後に生じるはずだから、「販売可能性」という概念を貨幣生成論で使うのは論点先取であり、適切ではないという理由で、ここでは「直接交換可能性」という語を用いる。
3）ちなみに、$\delta(a) = \delta(b) = \delta(d) = 1/5 = 0.2$、$\delta(c) = 0/5 = 0$ である。
4）この他、「自分が消費したい一つの任意の物品を欲求する、また、両隣の二つの物品のうち直接交換可能性の高い物品を欲求する」というような内部ルールもありうるが、その場合、必ずしも単一貨幣は成立しないであろう。
5）ニュメレールをAとして$p_a = 1$とおくと、$p_b = 2/3$、$p_c = 1/3$となる。ニュメレールをBとして$p_b = 1$とおくと、$p_a = 3/2$、$p_c = 1/2$となる。
6）マルクスは、商品交換がコミュニティ間で発生し、それが反射的にコミュニティ内にも浸透して、それを解体すると指摘している。たとえば、「商品交換は、共同体の果てるところで、すなわち共同体が他の共同体またはその成員と接触する点で始まる。しかし、物がひとたび対外的共同生活で商品になれば、それは反作用的に内部共同生活でも商品になる」（Marx［1864］S.102）。
7）本節と次節の議論は西部（1996, 1997, 2007）を参照。
8）機会費用とは、実際には貨幣的費用の支出が発生していないにもかかわらず、所得（利得）機会を失うことを貨幣的費用の支出とみなすような費用概念である。
9）労働力商品化が外部商品化、内部商品化、一般商品化と高度化するにつれ、資本主義市場経済が進化するという、ここでの議論についてより詳しくは西部（1997, 2007）を参照。

10) 現金主義会計といっても実際にはいろいろな考え方があるが、ここではわかりやすく単純化して説明をしている。取得原価主義会計、公正価値会計についても、同様の単純化を行っている。
11) ここでは、公正価値は売却価値（Exit Value）によって測定されるものとしている。
12) 期間利益は一致しないが、期間利益の累計額とその時点での清算利益を足しあわせたものは、現金主義・取得原価主義・公正価値主義のいずれの場合も一致する。
13) 東京大学大学院法学政治学研究科による21世紀COEプログラム（2003年度採択）「国家と市場の相互関係におけるソフト・ロー」プロジェクトのサイト（http://www.j.u-tokyo.ac.jp/coelaw/）にソフト・ロー研究にかかわる様々な資料がおかれている。
14) ハイエクの帰結主義者としての特徴については、山中（2007）参照。
15) ここでは、集団内部にすでに存在している伝統や慣習を裁判官が発見し、それを判例として表現することを判例法とみるハイエク的見方を前提にしておらず、裁判官がその合理的判断の下、あるべきルールを提示していくというポズナー（Richard A.Posner）的見方を前提にしている。ハイエク的見方だと、判例法の形成は、すでに定着している複製子を「言葉によって表される」状態にするだけのものになる。ポズナーによるハイエク批判については、Posner（2003）第7章参照。判例法についてのハイエクの見方については、Hayek（1973）参照。
16) たとえば、わが国を代表する法律雑誌の一つである『法律時報』誌の2004年11月号の特集「企業の社会的責任（CSR）」を参照。
17) 自己犠牲を善とする宗教的教義も「神への接近への欲求」といった究極の利己主義がその背景にあることが多い。
18) 誰かがその慣習を破れば、その慣習に従っている他のすべての者は期待を裏切られる。その期待を前提に作られてきた秩序は破壊される。裏切った者が獲得する利益よりも、全体の損失の方が大きいという理由のみならず、そのような慣習破りを認めてしまうと期待の形成それ自体が困難になり、市場による自生的秩序の形成作用が損なわれてしまうという理由で、そのような慣習破りに反規範性を認めることは合理的である。
19) 多国籍企業は、国連の定義によれば、2カ国以上に生産設備や営業施設を所有する企業をさす。複数の国にまたがり事業を進め、かつ企業規模が大きい（ヴァーノン（C.R.Vernon））こととされており、単に製造拠点を海外に置いただけの企業や、2、3カ国でしか展開していないような中小企業を「多国籍企業」とは定義しないのが一般的になっている。
20) フラグメンテーションとは、もともと1カ所で行われていた生産活動を複数の生産ブロックに分解し、それぞれの活動に適した立地条件のところに分散立地させる

第 6 章　進化経済学の対象

ことである。工程ごとの技術特性を考えて世界各地に生産ブロックを分散立地させることにより効率性を追求する。フラグメンテーション理論については、Jones and Kierzkowski（1990）、Deardorff（2001）、Cheng and Kierzkowski（2001）を参照。

21) O は「所有優位」、L（立地優位）、I（内部化優位）を意味し、多国籍企業はこれらの優位性を持つ受入国にたいして海外直接投資を行うインセンティブを持つことを示した。

22) 国際経済と世界経済という用語を併記した理由を説明しなければならない。町田（1976）の指摘するように「世界経済」という用語は、キール大学の B. ハルムス教授の系統に属する経験主義分析論に立つ相互依存関係重視の理論から出たドイツ的発想であるのにたいし、「国際経済」はイギリス古典派経済学の伝統に立つ先進国論理のアングロサクソン的発想からでた用語である。この点を踏まえれば、慣行として用いられる「世界経済」＝「国際経済」という認識は不十分である。そこで、敢えて両用語を併記して載せるが、本章では世界経済を場として捉えていく立場を取る。

23) ネガティブコンセンサス方式とは、多数決ではなく、賛成する国家が一つでもあれば議題が採択される方式である。別名リバースコンセンサスと呼ばれ、採択に反対することにコンセンサスが形成されない限り当該決定案を可決する方式を指す。

24) 中兼（2002）は、移行の特徴として①制度の変化に主たる関心があり、②一定程度発展した国の制度変化に焦点があり、③資源の再分配と要素の効率性の向上によってもたらされる、とある（ただし中兼もこの区分が必ずしも明確なものではないとしている）。

25) 制度補完性とは、各制度が相互に結びついて機能することを表す。つまり単独の改革はそれだけでは機能しないので、全面的な改革が必要であるとされた。また、レントシーキングの連鎖を断ち切るためには既存の利益関係を徹底して破壊する必要があるとされた。政治的資本とはショックの苦痛に国民が耐えて、改革を支持するキャパシティを意味するが、これは時間の経過とともに減少すると考えられている。

26) このときの不況は通常の景気循環で説明される不況とは異なるので、これをコルナイは転換不況（transformational recession）とよぶ。計画経済下で抑圧されていた需要が価格の自由化によって顕在化し、激しい物価上昇を引き起こす。同時に、中央計画を離れた旧国有企業が、新たな需要に対応して供給量を増やすことができなかったため、「不足（shortage）」と「物価上昇（inflation）」が並存し、ショーティジフレーション（shortageflation）とも呼ばれる。

27) 比較的成功したと言われるポーランドにおいてさえ、コウォトコのように転換不況を「余計な回り道」と見て、ショック療法を批判する意見もある。

28) Papava（2005）はこの歪んだ経済を表現するために「死んだ経済」という意味で、ネクロエコノミー（necroeconomy）という用語を使っている。

29) ハンガリーは1968年から段階的に分権型市場社会主義を目指した改革を行ってきた。東欧革命は最後の一押しだったと考えるなら、ハンガリーを漸進的改革に分類する方が適当であるともいえる。
30) 制度の真空とは、旧制度を廃棄しても新制度を構築するには時間がかかること、つまり計画を廃しても市場が機能しない時期を指す。また、そうした全面的改革は既得権益者の賛同を得にくく、政治的に改革実行の障害となることも意味する。
31) すでに独自の技術体系を発展させていたロシア・東欧では、国際競争力を持たない旧技術が、新技術導入によるキャッチアップの足枷になった。逆にもともと途上国であった中国では、新技術の模倣・導入がスムーズに行われた。
32) 直接的原因は民族紛争であるが、民族間の摩擦を助長した一因は経済にもある。自主管理型経済の問題点についてはブルス＝ラスキ（1989）第8章で要点がまとめられている。
33) オーストリアとイタリアに接するという地理的有利さから、スロベニアは順調に改革を進めているように見える。
34) どの改革を優先するかという順序（sequence）の問題も議論の対象となった。経済発展と移行のどちらを優先するか、安定化・自由化・私有化のどれを優先するか、そしてどの産業部門を優先するかについて現在も研究が行われているが、決定的な結論は示されていない。
35) 80年代にラテンアメリカの債務返済支援政策として考案された改革指針であり、安定化（stabilization）、自由化（liberalization）、私有化（privatization）のSLP政策を基調とする。IMFをはじめとした西側アドバイザーおよび東側の改革派がこれに従ってきたが、近年では主流派内部からも疑問・批判が寄せられている。とくにスティグリッツによる批判が有名。
36) 必要な情報を十分に収集できないということと、仮に情報はあってもそれから最適解を計算するには膨大な時間がかかる（塩沢［1990］）ということがその主な根拠として考えられる。
37) 十分な法整備や監査制度の無い状態で急速な私有化を行った結果、国有資産の少なからぬ部分が旧ノーメンクラトゥーラ（官僚）によって私物化された。自由競争とは程遠い手続きで私有化されることは新規企業の参入を制限し、その後の経済成長につながらなかった。
38) ソ連時代の巨大企業がそのまま独占体として存在し、マフィアが広範に牛耳る状態が確立してしまうと、新規参入の余地は小さくなり、その後自由化を進める政策が行われても競争的市場が形成されるのは難しくなる。
39) 一般的に、「ソフトな予算制約（ただしそのマイナス面）」やイノベーションを促進しない誘因両立性（incentive compatibility）などがその代表的な理由として挙げられる。

40) 現実の社会主義経済では、計画的配分の不十分さを補うものとして、地下経済や強制代替（他の財で我慢する）、行列（買えるまで並ぶ）といった機能が生じた。
41) 経済学的に合理的な推論を（あらゆる可能性を含めた）日常の意思決定に使用するためには、すでに他の箇所で述べたように、天文学的な認知的資源を動員しなければならない。「他人を見たら盗人と思え」という社会で円滑な経済活動は困難である。
42) レントは本来「地代」を指す言葉だが、経済学では供給量が固定されていることから生じる超過利潤をあらわすのに使われる。レントシーキングは、独占や政府による規制から超過利潤を得るための政治的活動である（身近な例としては参入規制のある産業に食い込むためのロビー活動）。
43) 初期には経済特区がモデルとされ、のちには「温州モデル」など成功した地域がモデルとされた。こうしたモデルの推奨は成功者を明確にし、模倣のコスト（失敗を模倣するリスク）を低下させる。ここでは中国政府の徹底した情報制御が有利に働いていると考えられるが、同時に民主的・人権的な意味では問題となっている。

コラム⑨　ネルソンとウィンターによる復権

経済学の歴史の中で、進化という言葉を明示的に掲げた経済学者は、制度学派を除けばほとんど存在しなかった。特に戦後の経済学の主流派となった新古典派経済学の中では、市場の淘汰圧という点で暗黙的に示されているにすぎなかった。

ところが、新古典派経済学のアカデミックな訓練を受けた人々の中から、新古典派を批判するかたちで進化経済学の理論が登場する。それが、リチャード・ネルソン（Richard R. Nelson）とシドニー・ウィンター（Sidney Winter）による『経済変動の進化理論』(*An Evolutionary Theory of Economic Change,* 1982年）である。

彼らは企業の日常的な活動をルーティンという概念で捉える。各企業は、それぞれの組織の中で仕事を処理していく手続きを制度化しており、それを繰り返すかたちで日々の活動を継続している。このルーティンの違いが各企業の行動の違いになって現れるし、その切り替えこそが技術

革新をはじめとする企業の革新的行動なのである。

　ネルソンとウィンターは、ソロー型の経済発展モデルにたいして一定の意味を認めながらも、それが技術革新の要素を含んでいないことを批判する。その上で、生産関数に依存しないモデルを、数値シミュレーションを用いて示している。

　彼らが提示したルーティンの概念は、経営学ではバーナードやサイモンといった人々がすでに指摘していた組織の核となる知識についての議論を、経済学的に応用したものである。暗黙知の議論を組織論に応用すること自体は日本の野中郁次郎らがすでに始めていたものであり、それ自体は新しいものではない。また彼らの議論の多くは、デムゼッツなどの新制度学派の議論に依拠しているという点で、新古典派経済学との結びつきも強い。

　しかし、このルーティンを生物の遺伝子に対応するものとして捉え、明示的に進化経済学の復権を宣言したこと、組織論の議論を経済成長の理論と接合したことなど、その後の進化経済学への影響は大きい。とくに、同じ社会科学でありながら、それまではほとんど接点がないと考えられていた経済学と経営学を結びつけ、進化経済学が主体の行動原理を単純な関数ではなく、認知科学や制度論などを基礎とした複雑な議論で構成しなければならないことを指摘したという点で画期的であった。

補論　価値と価格

1　補論の内容

　本書では、進化経済学を以下のような視点から説明してきた（カッコ内は該当箇所）。
 1 ）経済社会は不可逆時間と有限能力主体を根本条件とする（1.1、4.1）。
 2 ）そうした経済社会では、過去から継承された複製子（ルール）である知識や制度に基づいて秩序が形成され、再生産され、進化する（1.1、1.2、4.2、4.3）。
 3 ）経済調整を行う制度として市場（交換）、コミュニティ（互酬）、国家（再分配）がある（6.1）。
 4 ）市場とは貨幣売買取引（相対取引）の連鎖として形成される緩やかな結合系（ネットワーク）であり、そこではストックとしての貨幣や在庫が切り離しや情報の機能を備えた価格・数量上の緩衝（バッファ）として働く（4.5、6.2、6.3）。
 5 ）資本主義市場経済は先の 3 つの制度のうち市場を主軸に形成され、主に営利企業が産業活動を担う経済秩序であるが、コミュニティや国家によって補完される必要がある（6.5.1）。
 6 ）経済社会における 3 つの制度の相対比率は資本主義の多様な進化過程で変化する。グローバリゼーションでは市場が拡大し、コミュニティや国家が縮小する傾向がある（6.5.2、6.5.3）。

見られるとおり、本書はこれまで経済学の中心的な課題とみなされてきた価値と価格を主題的に扱っていない。このことは理論上の欠落に見えるかもしれないが、実は進化経済学の価値・価格にたいする見方を反映するものである。
　この問題を議論するため、古典派、新古典派、進化経済学の理論枠組みの違いを（table. 6-7）にまとめてみた。これに基づいて、まず古典派と新古典派

	古典派（リカード）	新古典派（ワルラス）	進化経済学
経済	経済（労働力）と階級の再生産を前提、競争的技術下での費用・利潤加算	自由な個人による希少財の効率的配分、財の代替性・補完性に着目	制度・秩序の形成・再生産・進化、複数技術下での費用・利潤加算
財・商品	再生産される労働生産物（物財）と労働力（骨董品等希少財は除外）	需給関係において希少な財・サービス全般	設計情報の転写により複製される物財、情報財、サービスなど商品全般
市場	各財に関する集中型市場（せり市場）（産業別、財別市場）	全財に関する一極集中型市場（先物市場含む単一せり市場、完備情報・契約）	分散型市場（商人市場）が中心（緩やかな結合系、自律分散系、商品売買の連鎖、局所的情報）
貨幣	交換手段、貨幣ヴェール観	価値標準（ニュメレール）のみ、物々交換	一般的等価物と蓄蔵貨幣による売買（切り離し、緩衝、シグナル）
時間	部分的仮想的時間（費用・利潤率均等化）	仮想的時間（せり人による模索）	不可逆時間（ルールに基づく認知・行為の相互作用）
競争	価格競争（裁定取引による一物一価の成立、資本移動による利潤率均等化）	完全競争（競争の不在、価格のパラメータ機能）	価格競争と非価格競争（イノベーション）の並存
調整過程	数量調整のみ	価格調整のみ	数量調整と価格調整の統合
取引態様	取引所取引中心	オークション（せり人）	相対取引中心
価格決定	資本の部門間移動による利潤率の均等化 需要から独立な価格決定	利潤・効用最大化 各財の需要・供給均衡 価格と数量の同時決定	貨幣による商品の購買、費用・利潤率の不均等 価格変動（≠水準）の決定
価格の含意	生産技術（労働生産性）の指標（投下労働価値）	希少性の指標（限界効用価値）	販売者の提示価格、複数の技術や利潤率
価格様態	一物一価（相対価格ベクトルの存在）を前提、自然価格が市場価格変動の重心	一物一価（相対価格ベクトルの存在）を仮定 情報の完全性	一物多価を基本的に前提 売値と買値の乖離 情報の不完全性
交換関係	等価関係のみ（推移性成立）	等価関係のみ（推移性成立）	非等価関係含む（推移性不成立可）

table.6-7 市場、貨幣、競争および価格に関する各学派のヴィジョンの違い

の価値・価格決定の説明やその含意の違いを示し、どうして両学派が相いれないかを解説する。次に、古典派や新古典派と進化経済学の違いを論じる。これまで進化経済学と新古典派の違いは何度か説明してきたので、ここでは特にこ

れまで言及してこなかった進化経済学と古典派の違いに焦点を当てる。次いで、新古典派や古典派がともに「一物一価」を前提としていることを問題とし、進化経済学がそのような前提を退ける理由を明確にする。この違いは（table. 6-7）のように、古典派ないし新古典派と進化経済学が市場、貨幣、競争等について異なるヴィジョンから出発していることに起因する。最後に、進化経済学の価格に関する積極的見解として「一物多価」を許容する包括的な価格を論述する。

2　古典派の価値・価格理論

アダム・スミス（Smith [1776]）やディヴィッド・リカード（Ricardo [1817]）を代表とする古典派経済学の考察対象は、骨董品やダイヤモンドといった希少な財ではなく、労働によって繰り返し生産される労働生産物（農産物や工業製品）であった。農産物の場合、気候等の自然環境の変化による豊作や干ばつが生じるため生産性と供給量が変動する。自然環境に依存しない工業製品では、生産性や供給量を制御できるものの、市況や景気による需要変動の影響を受ける。古典派によれば、このように商品の市場価格は需要と供給の状況により絶えず変動するが、その変動の重心には客観的な生産技術条件によって決定される自然価格が存在する。自然価格とは、原料、道具、機械など正常な生産費用の合計に適正利潤を加えたものである。同じ商品の生産でも生産技術が異なれば生産費用は異なる。各産業で費用を最小にする生産技術が採用されるとすれば、そのような単一の技術にたいする生産費用が一つに決まる。また、低利潤率の部門から高利潤率の部門に自由に資本が移動できるとするならば、正常利潤は社会全体で一定水準に決まる。所与の賦存資源である土地は肥沃度の高い土地から低い土地へと順番に利用されていく。ある一定の生産水準における限界的な耕作地で正の地代が通常成立する。こうして、一つの産業の製品の費用、利潤、地代が決まれば、一つの商品に一つの自然価格が対応する一物一価の状況が成立する。リカードの古典派経済学を現代で再興したピエロ・スラッファ（Sraffa [1960]）もこの一物一価を理論の前提としている。

スミスやリカードら古典派は、この自然価格が労働という不変の価値尺度で測られると考え、労働価値説を主張した[44]。原材料や道具・機械とそれらにより生産される工業製品はすべて労働生産物なので、商品の価値はそれを生産するのに社会的に必要な労働量によって決まる。標準的な生産技術の下では、原材料が5時間の労働で、道具の減耗分が2時間の労働で生産されているとし、それらを使用して平均7時間の労働によってある製品が生産されているとすれば、その価値は労働14時間となる。価値は一定の技術水準の下で生産に投下した社会的に必要な労働時間により決まるのである。このような「投下労働価値説」では、労働価値は財を純生産するために社会で必要な労働の総計を意味するので、生産力水準を正確に反映する。つまり、労働価値が低下すれば労働生産性は上がる。それゆえ、労働価値は相対価格(ある商品の他の商品との交換比率)を決定するだけではなく、絶対価値(労働生産性の絶対水準を反映する)を表示する。このため、古典派は市場価格の重心である自然価格を価値と呼ぶのである。

リカードは賃金については生存賃金説を主張した。労働者とその家族は賃金で食料など生活必需品を購入し、それらを消費して生活する。この説によれば、賃金は生存可能なぎりぎりの水準に決まる。なぜなら、賃金が生存賃金を超えると、労働者の生活に余裕が生まれるため子供が増え、人口が増大して労働供給が増える結果、実質賃金は低下し、逆に賃金が生存賃金を下回ると労働者が餓死してしまい、労働供給が減るので賃金は上昇するからである。したがって、このような賃金の変動に伴う人口調節メカニズムを通じた労働供給の長期的調整の結果、実質賃金は生存水準に安定する。これが労働に関する自然価格の決定方法である。リカードが賃金法則を労働者の生物的な再生産という視点から考察したことにより、賃金が生活必需品から構成される賃金バスケットを購入するための金額として決定できるとした点に古典派の特徴がある。

古典派で価値論が重要なのは、それが資本主義社会の3大階級である労働者、資本家、地主へ分配されるべき社会全体の価値生産物(国民所得に相当)の絶対水準を決定するとともに、各階級へ収入(所得)として分配されるべき賃金、利潤、地代を決定することができるからである。つまり、労働価値は国民所得

（純生産物価値ないし付加価値）の大きさとその分配を決定する。賃金、利潤、地代という所得はまた資本主義経済の長期動態的な趨勢を決める。労働者は賃金を生存のためにすべて消費する。他方、資本家が得る利潤のうち消費されない部分が貯蓄＝投資となる。これが国民所得の成長を間接的に決定する。リカードは資本主義の行く末を以下のように考えていた。資本主義経済が成長するにつれて、より肥沃度の低い耕作地が利用される結果、地代が上昇し、労働者の食料の原料である穀物の価格が上昇するので、名目賃金が上昇する。賃金の上昇につれて利潤が圧縮され続け、最終的には利潤率がゼロ、成長率がゼロになる定常状態に到るであろう、と。リカードは資本主義経済の長期動態についてこうした悲観的な見方をした。

3　新古典派一般均衡理論の価格理論

再生産可能な財に考察対象を限定する古典派に対し、新古典派は自然資源など希少財一般に関する価格理論を構築した。ここで「新古典派」とは、レオン・ワルラス（Walras［1874］）を創始者とするローザンヌ学派から現代のミクロ理論までを指す。新古典派の最も洗練された価格理論である一般均衡理論は、古典派のように商品や階級の再生産ではなく、財の交換や資源配分に焦点を当て、より抽象的な市場と価格の見方を提示する。それによれば、市場とは価格が需要や供給という数量上の不均衡を調整する統一的なシステム、すなわち「価格メカニズム」と捉えられる。そうした市場で価格がゼロでも需要が供給より大きくならない財が「自由財」、価格がゼロで需要が供給より大きな財、言い換えると、価格がある正の値で需要と供給が一致する財が「希少財」である。このように、希少性とはある財の価格がゼロの時、需要が供給より多い状態を表す。新古典派における価格は、需要と供給の関係である相対的希少性の程度を示す指標として機能する[45]。そのため、1930年代の社会主義経済計算論争でディキンソンやランゲは「市場社会主義」の実行可能性を擁護するために、価格が市場経済だけでなく影の価格（シャドー・プライス）として計画経済にも適用されうる一般的な概念だと主張することができたのである。

一般均衡理論では、消費者は所与の価格と予算制約の下で消費から得られる効用を最大にするよう財の種類と数量を決定する。他方、生産者は所与の価格の下で費用を最小にする生産技術を採用し、利潤を最大にする生産量を決定する。こうした個別の消費者による需要と個別の生産者による供給を社会全体で集計すると、価格を独立なパラメータとする需要関数や供給関数が得られる。その上で、競り人が仮想的時間において価格ベクトルをすべての財について需要と供給を過不足なく一致させるように調節する。すなわち、超過需要がある財の価格を上げ、超過供給がある財の価格を下げることにより、すべての財の超過需要がゼロである均衡を模索する。すべての財の需要と供給が一致する一般均衡で価格が決定されて初めてすべての取引が一斉に行われる。

　注意すべきは、一般均衡理論が一つの財に一つの価格しか存在しないという「一物一価」の成立を仮定していることである。価格を独立変数とする需要関数や供給関数、および、超過需要関数による価格調整はすべて単一の価格ベクトルの存在を仮定している。また、実際に価格を動かすのは神の「見えざる手」ではなく、競り人の「見える手」である。市場は、競り人だけが価格ベクトルを調節する集中型の価格メカニズムとして描写されている。そこでは、売買を媒介する流通手段、購買力を独占する購買手段（一般的等価物）、価値を将来へ移転する価値保蔵手段として機能する貨幣は存在しない。貨幣があるとしても、それは n 種の財からニュメレール（価値標準）として選ばれる任意の財にすぎない。そのような市場は貨幣なき物々交換の場と同じである。

　一般均衡理論は、すべての財について完全な先物市場が存在するという完備契約と経済主体は将来を錯誤なく見通すことができるができるという完全予見の仮定の下、すべての財の現物価格とあらゆる将来期日における先物価格が決定されると考える。このように一般均衡理論は主体の合理性、完全情報、完全予見、完備契約、完全競争、架空的時間で実行される模索、超過需要関数の粗代替性といった非現実的な諸仮定に基づいて、すべての財の需要と供給が一致する一般均衡価格の一意性と安定性を示す。厚生経済学の第一命題によれば、一般均衡価格はすべての主体が効用（利潤）を最大化しているため、誰かの効

用（利潤）を下げることなく他の誰かの効用（利潤）を上げることができないような、パレート効率的（最適）な資源配分を実現する。新古典派の見方では、市場とは希少な資源配分を効率的に達成するための価格メカニズムなのである。

4 古典派の理論的ヴィジョン：工業技術の客観性に基づく商品と階級の再生産

（table. 6-7）は、進化経済学と古典派、新古典派の経済、財・商品、市場、貨幣、時間、競争、調整過程、取引様態、さらに、価格の決定・含意・様態、交換関係についてのヴィジョンを整理したものである。進化経済学の経済、財・商品、市場、貨幣等に関するヴィジョンは一般均衡理論に代表される新古典派のそれと鋭く対立している。進化経済学は経済社会の秩序の形成・再生産における知識や制度の重要な役割に着目し、経済の進化を知識や制度の質的変化と捉える。そして、価格等のミクロ変数やGDPや経済成長率等マクロ変数の量的変化が知識や制度の変化を伴い、秩序や構造の質的変化を帰結する時に進化が生じると考える。このような視点から、新古典派よりも貨幣や市場をより現実的に認識する立場を採用するとともに、進化過程で生じる多様性をうまく理解できるような理論構築の方向を目指している。それゆえ、価格概念に関しても、進化経済学は希少財の最適配分を主題とする新古典派の価格のとらえ方と大きく異なる。

（table. 6-7）より、進化経済学の経済、財・商品等に関する見方は新古典派よりは古典派に近いことがわかる。だが、進化経済学と古典派も同じではない。進化経済学と古典派の違いは一体どこにあるのだろうか。

スミスやリカードら古典派は単なる数学的な論理体系の構築を目指したのではなく、新たに勃興しつつあった現実世界のヴィジョンを理論化したのであった。18世紀後半から19世紀前半にかけてイギリスで工業革命（産業革命）[46]が起こり、工業製品の少品種大量生産を可能にする機械制大工業が確立し、工業を支配的な産業とする資本主義すなわち「工業資本主義」が誕生した。工業化は、動力機関により駆動され各工程に特化した機械と労働力を組織的・効率的

に配置する工場制度を採用することによって、人間労働による物財生産の能力（生産力ないし労働生産性）を飛躍的に高めた。イギリスは分業の拡大と工業の普及により、資本家、労働者、地主という三大階級により構成される資本主義市場経済を発展させ、急速な経済成長と国富増大を達成した。

　古典派の理論枠組みが新古典派にはない実在論的基礎を持つのは、こうした工業資本主義の主要な特徴を反映して、客観的生産技術に基づく商品による商品の再生産と、資本家、労働者、地主という階級の再生産という二つの視点から経済、財・商品、競争を説明するからである。

　ここで注目すべきは、古典派が工業・製造業の生産技術を前提している点である。機械や工場といった人工環境で営まれる工業（第二次産業）は、天候や季節等の自然条件の不確定な変動に左右される農業・漁業・林業（第一次産業）や言語的コミュニケーションに基づく人間の主観性や多様性が介在するサービス業・情報業（第三次産業）に比べると、技術的な確定性が極めて高い。工場における労働者の作業工程が機械によって統御されるので、同種の製品が正確に一定の費用で製造される。工業生産技術が持つこうした客観的な投入産出関係を基礎として、経済の全体が商品による商品の再生産として運営される。工業ではまた労働・原材料費等の比例費が製造費用のほとんどを占める。このため、機械や工場設備といった固定費を除き、比例費を加算することで製造原価が計算できる。これに対し、農業はいくら機械設備を使おうとも、その収穫は自然環境に大きく左右されるので、技術の不確定要素が大きく、生産される農産物も均質ではない[47]。また、サービス業は、個性ある人間が行う以上、たとえマニュアル化を徹底しようとも、サービスの質的均一化は完全には達成できない。情報業では、情報の複製・提供のための比例費はわずかで、新たなコンテンツ用開発費などの固定費が総費用の大半を占めるため、比例費を加算するだけの原価は適切な費用計算にはならない。情報商品の販売量が増えるにつれて、開発費等の固定費を販売量で除した商品あたりの固定費は急速に小さくなる。こうした規模の経済は工業でもある程度生じているが、その効果は情報産業では極めて顕著である。また、情報産業では標準化競争をめぐる範囲の経済

（事実上の標準）の効果も大きい。以上を鑑みると、第二次産業で妥当なフルコスト原理による価格決定が他の産業でも一般に成立するとは考えられない。

古典派は、工業資本主義の歴史と工業の論理を前提にして、基底的な生産技術による物財商品の再生産と階級的役割主体の再生産という理論枠組みを構築している。工業資本主義は特定の時代・地域で成立した経済社会システムであるにもかかわらず、古典派が工業に固有な生産技術の客観性やフルコスト原理をあらゆる経済社会に適用しうる普遍的な特性・原理であると主張する時に問題が生じるのである。

古典派では、生産技術と実質賃金の客観性に基づいて純生産物の分配が決定され、分配が階級構造を再生産する。資本家、労働者、地主という階級が固定的役割を果たすとみなしうるのは、工業資本主義がたとえ長期的変化をもたらしたとしても、三大階級は再生産され続け、各階級の役割に変化は生じないと想定しているからである。例えば、労働生産性と生活水準の向上に伴って一国の経済が成長し、労働者の実質賃金が上昇したとしても、労働者が多様な選択的消費を行い、自ら貯蓄に努め、銀行預金に預けたり株式投資や人的資本投資（自身の教育や訓練による）を行ったりするなど考えられていない。すなわち、労働者が貯蓄・投資する資本家に近づくことは決してなく、労働者として再生産され続けることが前提されている。ところが、現代のグローバリゼーションは、労働者が富裕化に伴い資本家に類似する利潤追求を行う傾向が増大する事態であり、それを資本主義の進化形態として理解することもできる（本書6.5.3を参照）。

古典派が経済学を初めて体系化しえたのは、工業資本主義の成立という歴史的与件を前提とすることができたからである。だからこそ、古典派経済学は19世紀イギリスという特殊な時代と地域で確立された。もしあらゆる経済社会が工業資本主義へ収束して定常状態に入り、それ以後は変化しないのならば、古典派理論は時代・地域を超えた一般性や普遍性を備えていると言える。だが、果たしてそうであろうか。欧米日などの先進諸国では1970年代よりすでにサービス化と情報化が進み、工業資本主義の特質は薄らいでいる。現在、工業化を

進めているアジア、アフリカ、中南米の多くの新興国では古典派の理論は依然として通用するであろう。しかしながら、こうした国々もいずれ先進国と同じ脱工業化の道を歩むのではないか。あらゆる経済社会が遅かれ早かれ工業化を経て脱工業化へと移行するならば、結果として到来するポスト工業経済では古典派理論はその理論的妥当性を失うと見るべきであろう。

5 マルクスの古典派批判と古典派の限界

カール・マルクスは19世紀後半に古典派経済学が特殊歴史的な限定性を持つことを洞察し、資本主義的秩序が永続化することを想定する古典派経済学のブルジョア的な非歴史性を鋭く批判した。マルクスは『資本論』(Marx [1867]) で、この工業資本主義の経済社会を理論の前提としながら、古典派とは異なり、資本主義以前の市場経済にも共通する商品、貨幣、資本という市場の流通形式の生成と変遷を考察した。そして、そうした市場一般の進化の視点から、市場の勃興とコミュニティの衰退を説明するとともに、市場と社会的再生産が相互作用する結果として成立する特殊な経済社会システムとして工業資本主義を理解するという独自な見方を示した。マルクスはそうした見方に基づいて、資本主義の再生産・存続のための価値・価格体系上の条件を明らかにし、また、その好ましからざる構造特性をも分析した。すなわち、資本家の正の利潤の源泉が労働者の正の剰余労働（剰余価値）にあり、それが資本主義経済の存続と成長の条件であることを明らかにするとともに、景気循環と産業予備軍（失業者）の増減に見られる資本主義の中期的周期性、および、資本蓄積における有機的構成の高度化による利潤率低下などの資本主義の長期的趨勢を説明したのであった。このように、マルクスは古典派の価値論を継承しながら、それを批判的に乗り越えるための理論枠組みを展開した。進化経済学は古典派を批判したマルクスの市場、貨幣、競争および資本主義に関する理論的貢献の独自性を高く評価し、それを批判的に摂取する。

19世紀後半から20世紀にかけて工業が軽工業から重化学工業へと転換する過程で、企業の寡占・独占化、金融資本の成立、飛躍的な生産力の増大といった

一連の新たな事態が生じた。重厚長大化する工業資本主義が世界の各地域へ伝播・普及する際に時間差が生じたせいで、世界の資本主義国は先進国（イギリス、フランス）と後進国（ドイツ、アメリカ、日本）に分化し、それぞれのグループ内でも多様化が生じて、いわゆる帝国主義に突入した。レーニン（Lenin [1916]）は、資本主義の帝国主義段階では重化学工業化と寡占・独占化が「一国一工場」を必然的に帰結するので、それを社会主義計画経済で運営することは可能だと考えた。この展望に基づき1917年に社会主義計画経済がソ連で創設され、その存続可能性にたいして強い疑問が投げかけられたにも関わらず、1990年代前半まで存続した。これらの経済事象はすべて工業革命以降の工業的生産技術が19世紀後半から20世紀にかけて世界中へ伝搬・普及していく過程で生じた、世界的な分岐化と多様化の様態として理解できる[48]。

　すでに述べたように、古典派は工業資本主義経済を描写するのに適した理論枠組みであり、現代の社会経済が工業資本主義である限り有効である。工業資本主義の下での物財生産体系と経済的階級の再生産に焦点を当てる古典派の理論的意義はこのように理解できる。しかし、そのような枠組みだけでは、19世紀後半以降の工業資本主義の重化学工業化がもたらす帝国主義的資本主義の多様化や社会主義計画経済への分岐という事態を理解することはできない。

　さらに、1970年代以降の資本主義は、物財生産技術における工業の少品種大量生産の論理をサービス・情報生産技術にも適用しようとしてきた。コンピュータやインターネットなどの情報技術が情報の大量伝送・複製を可能にし、サービスのマニュアル化と規格化が作業の非熟練化を進めることにより、情報財やサービス財のプロセス・イノベーションが急速に進んだ。ところが、情報・サービスはその特性上、物財と大きな違いがあるので、たとえ資本主義が工業の論理を情報やサービスへ適用したとしても、完全な工業化は不可能である。しかも開発費用が比較的安価な情報財や、生産と消費が現場で同時に行われるサービス財では、むしろプロダクツ・イノベーションが容易かつ頻繁に起きるので、技術や商品の多様性は増大する。経済社会はすでに工業資本主義から情報・サービス資本主義へ転換しつつあると見るならば、適用条件を失った

古典派理論をこの進化過程の分析に使用することはできないと考えるべきであろう。

6 価格の意義に関する古典派と進化経済学の違い

以上をもう一度整理しよう。古典派の再生産原理や価格に関する費用・利潤加算原理は「工業資本主義」という特殊歴史的な経済環境の下で抽象化されたものである。進化経済学は、古典派に由来し、新古典派とは鋭く対立するこれらの原理を基本的に重視するものの、それらに修正を加える必要があると考える。

古典派はこうした理論枠組みの歴史的限定性に無自覚なまま、その普遍妥当性を主張する傾向があった。これは現代の古典派といわれるスラッファ学派にも共通に見られる態度である。かつてマルクスは古典派の非歴史性を批判して、資本主義経済に関するより現実的で包括的な理論的枠組みを提示した。マルクスには、貨幣による商品売買の連鎖（流通過程）としての市場、実物的かつ非実物的（貨幣的）な資本、市場（交換）によるコミュニティ（互酬）の解体、市場による生産過程の統合・発展による資本主義の進化など古典派にはない独自な視点がある。進化経済学は、古典派批判に基づくマルクスのこうした理論枠組みを継承する。付け加えると、進化経済学はまた古典派とも新古典派とも異なる、ケインズ（Keynes [1936]）の貨幣経済における有効需要や流動性といった概念や、ハイエク（Hayek [1948]）の市場の発見的競争や自生的秩序といった基本的視点を導入する。

進化経済学は古典派の理論的枠組みの限定性を自覚するため、再生産原理が常に満たされることを前提しないし、価格に関する費用・利潤加算原理がどのような経済でも普遍的に通用するとも考えない。むしろ、工業製品だけでなく希少な天然資源、サービス、情報にも、また、資本主義以外の市場経済にも適用できるような、より一般的意味における価格が再生産を達成しうるかどうかを分析する。その際、従来の生産や工業の見方を反省し、より普遍的な枠組みの中にそれらを位置づけ直そうとする。

進化経済学の見方では、「生産」とは生産技術に具体化されている設計機能情報を物的素材へ複製・転写することであり、「創造（イノベーション）」とはそうした設計機能情報を変化させ、作りかえることである。また、工業とは所与の設計機能情報を物的素材へ大量に複製転写する技術体系である。今後のポスト工業経済では、工業における物財への設計機能情報の複製転写の効率化を図るプロセス・イノベーションよりも、物財の設計機能情報の創造であるプロダクツ・イノベーション（物財の機能やデザイン等）がより重要になろう。さらに、情報財やサービス財の創造がより日常的になり、その担い手は組織だけではなく個人になると予想される。かくして進化経済学は物財、サービス、情報の生産と創造を同時に扱いうる一般的な視点から、経済、財・商品、市場、貨幣を考察する。したがって、進化経済学は、古典派のように工業資本主義の特殊歴史性に制約されず、より現実的かつ包括的に制度や知識の役割を分析できる。それとともに、制度や知識が常に変化する進化の視点から、経済、市場、貨幣、時間、競争、調整過程および価格を理解できる。

　古典派と進化経済学の理論枠組みの違いはこのような視点の違いから生じる。進化経済学は、古典派のように経済社会の物的生産体系や階級構造の再生産を前提としない。むしろ、メゾレベルの制度を媒介とするミクロレベルの主体の相互作用とマクロレベルの秩序形成を通じて、ミクロ・メゾ・マクロから構成される経済社会の中で、物的生産体系や階級的役割分業がそのまま保持されるか否かを考察する。つまり、経済社会の再生産はもはや分析上の仮定ではなく、経済社会の存続可能条件として分析の対象となる。この点で進化経済学は古典派経済学より広範囲の対象を扱うことができる。このように、進化経済学は古典派や新古典派より現実的で包括的な経済像、市場像、貨幣像から出発する結果、価値・価格についてもより広い見方ができる。そうした進化経済学の視点に立つことで、商品の価値・価格の確定が可能かつ必要であるとの古典派や新古典派の先入観から脱することができる。一般法則や定理を証明する数理的な価格理論は必ずしも不可欠でないばかりか、市場経済の見方を狭めるため不適切でさえある。

7　新古典派と古典派に共通する「一物一価」

　リカードを代表とする古典派の価格理論は、経済や人間の再生産を前提とする生産費説である[49]。それは、所与の生産技術と実質賃金率の下での価値や自然価格の決定を論じる。古典派は、商品と階級の再生産を前提として階級間の所得分配を決定する仕組みとして市場を捉える。

　他方、ワルラスら新古典派の価格理論は財の希少性を前提とする需要と供給の均衡理論である。新古典派は各主体の効用や利潤が最大化するよう希少資源を効率的に配分するメカニズムとして市場を理解し、所与の生産技術と嗜好・選好の下で相対価格の決定を説明する。

　古典派は、新古典派のような強い合理性を前提していないが、費用を最小にする最効率技術を選択し、高利潤率部門から低利潤率部門へと資本移動を行える程度の生産者（資本家）の合理性を仮定している。貨幣は基本的に交換手段とみなされており、価値・価格理論では陽表的に扱われない。新古典派は主体の強い合理性と架空的時間という根本条件に加え、貨幣なき物々交換体系、需要と供給の均衡など非現実的な条件を仮定することで、展開可能な議論であった。

　古典派と新古典派は市場や価格の経済学的な含意については真っ向から対立する見解を提示しているにもかかわらず、次の2点で共通している。第一に、ともに価値・価格の決定原理を価値・価格理論として示すことが経済学の最重要課題であると考えている。第二に、どちらも推移率を満たす整合的な価値・価格体系あるいは交換価値体系、わかりやすく換言すれば、一つの商品ないし財に一つの価格(交換比率)のみが存在するという「一物一価」を前提として、特定の価値・価格体系が決定される法則や定理を究明しようとしている。

　もちろん、古典派と新古典派では「一物一価」を前提する理由は大きく異なる。新古典派は、競り人だけが価格ベクトルを調節してすべての財の需要と供給とを一致させる点で価格ベクトルを決める集中型の価格メカニズム（オークション）として市場を描写するために「一物一価」が必要である。これに対し

て、古典派は、全生産物を中央へ集めて、予め決定された価格（例えば、各生産部門が自部門の収入（売上）と支出（費用）を一致するように価格を決定する等、各企業が費用加算と利潤上乗せに基づくフルコスト原理で販売価格を決定する等）ですべての取引を行う集中型の取引所（プール制市場）を暗黙的に想定する結果、「一物一価」になる。つまり、新古典派と古典派の市場像は「一極集中」という形式面では似ているが、価格決定のためのオークション（新古典派）か、数量決定のための取引所（古典派）かという機能面では異なる。

　古典派と新古典派が財・商品、市場の見方で異なるにもかかわらず、「一物一価」という点で一致するのは、両者とも市場における貨幣の役割を軽視し、貨幣売買（相対取引）の連鎖として市場を考えないからである。もう一つの理由は、価格は整合的な評価体系であるはずであり、市場は競争を通じてそうした矛盾なき評価体系を提示するメカニズムや場であるといった固定観念に囚われているからではないか。進化経済学は価格に関する以上2点において古典派や新古典派とは異なる見方をする。

　たとえ日々観察されるのが一物多価の状況であったとしても、古典派や新古典派はそうした状況の存在を認めず、それを予め排除する一物一価の仮定から出発する。そうすることで、価格に関する一般的な定理や命題が得られるという理論上の利点を得る。だとしても、それは多様な現実に目を閉ざすという理論上の代償を支払うことになる。

　進化経済学はこれとは対極的な立場を取る。もしそのような一物多価が現実の状況であるとすれば、それを理論枠組みから排除するのではなく、それを許容できるようなより包括的な理論的枠組みを採用し、その下で何らかの一般的な定理や命題を追求する。一物多価の状況を一般的に分析する価値・価格理論を構成することは容易ではない。だが、たとえそれが困難であるとしても、そのような状況下で経済社会が存続可能かどうかを吟味することは理論的に可能であり、それを優先すべきである。つまり、貨幣で実現されるすべての取引の価格が不確定かつ多様になる現実の市場経済が存続可能かどうかを考察すべきである。

8　進化経済学における価格：「一物多価」を許容する市場経済の意味

　第6章で論じたように、進化経済学は価格と市場を従来よりも広い概念として理解するため、市場、貨幣、在庫、価格の意味を次のように捉えている。

　市場にとって貨幣は本質的に重要な役割を果たす。それは、貨幣だけが購買手段ないし一般的等価物として他の商品と直接交換可能な地位にいるからである。貨幣は購買力を独占しており、貨幣による買いまたは貨幣に対する売りとしてしか取引を行いえない。貨幣を持つ主体が商品を買うか買わないかというイニシアティブ（決定権）すなわち買う自由を持っている。したがって、市場における取引は総じて貨幣売買（相対取引）の形式を取り、市場とはそうした売買が分散的に行われる場、あるいは、そうした取引が連鎖するネットワークである。

　市場には常に在庫と貨幣が緩衝（バッファ）として存在する。緩衝とは、根本的に不確実な環境下で予想外の結果に適応するための予備的ストックであり、一定範囲のショックを吸収して定常性を維持する役割を果たす。それらはしばしば無駄や非効率と解釈されるが、そうではなく、市場経済の安定的な機能にとって不可欠な制度である。在庫ストックは物的制約を緩和する数量上の緩衝として働き、貨幣ストックは金融的制約を緩和する価格上の緩衝として働く。市場は、各主体が常に価格と数量の両面における緩衝を持ちつつ相互作用する緩やかな結合系である。その時、主体は在庫ストックや貨幣ストックをシグナルとして利用する。すなわち、在庫ストックの増加・減少や貨幣ストックの減少・増加によって売上げの減少・増加を判断し、それに基づき生産稼働率や新規設備投資を増加・減少させる。このように、多くの経済主体が競り人のような中央制御装置に依存することなく、貨幣と在庫を緩衝かつ情報として利用しつつ独立に認知、判断、行為を行い、自己組織的に市場経済を形成している。進化経済学が考える市場とは、価格と数量が一斉かつ同時に決定される集中的な価格メカニズムや取引場ではなく、このような自律分散系である。そして、自律分散系としての市場の作動を通じて社会集合的知性が発揮される。

第6章　進化経済学の対象

したがって、中央制御に必要となる整合的な価格体系すなわち「一物一価」を最初から前提することはできない。むしろ、貨幣売買がさまざまな時間・場所で分散的に行われ、同じ商品にもいくつかの異なる価格が付く事態として「一物多価」を認める。進化経済学がそう考えるのは、市場を貨幣売買の連鎖として把握するからであり、したがって、市場を「一物一価」を前提とする需給調整ないし価格評価のメカニズム、または「一物一価」を自動的に形成するメカニズムであるとみなさないからである。

　進化経済学は、価格を経済主体が個々の売買取引で実際に支出した貨幣量と定義する。価格をこのように広い意味を持つ概念とすれば、同一商品でも時空や取引相手が異なれば価格が異なりうる「一物多価」を許容することになる。進化経済学は、貨幣を媒介とする相対取引を基本とする市場と一物多価を含みうる価格を考察の対象にすることで、古典派や新古典派の射程外にある市場や価格を考えることができる。整合的な価値・価格体系に関する従来の価値・価格理論では考察されない主題として、一物多価における経済の再生産、一物多価から一物一価へ収束する過程、一物多価における価格決定やマクロ経済動学などがありうる。

　最後に、一物多価を許容するモデルを具体的に示す。ただし、ここではあくまで最も単純なモデルを使って一物一価と一物多価の違いを説明するにとどめる。本書に続き公刊が予定されている『進化経済学応用』では、こうした広義の価格の概念を使って、主体近傍のローカル価格情報のみを使って価格が決定される一部門モデルや工業製品である生産財と消費財の価格決定過程を含む二部門モデルを提示する。ここでは、古典派理論を現代的に洗練したスラッファの『商品による商品の生産』と同様の数値例を使って、一物多価における再生産モデルを示すことで、以上述べてきたことを例示したい[50]。

　主体 A、B、C が商品 a、b、c をそれぞれ450個、21個、60個生産し、相互に補填しあうことで「生存のための生産」を行う、「ちょうどそれ自身を維持するだけのものを生産するような極めて単純な社会」[51]を考える。この自己補填系は以下のとおりだとする。

$$240\text{個の}a + 12\text{個の}b + 18\text{個の}c \rightarrow 450\text{個の}a$$
$$90\text{個の}a + 6\text{個の}b + 12\text{個の}c \rightarrow 21\text{個の}b$$
$$120\text{個の}a + 3\text{個の}b + 30\text{個の}c \rightarrow 60\text{個の}c$$

スラッファら現代古典派は一物一価を前提として、これより、

$$240P_a + 12P_b + 18P_c = 450P_a$$
$$90P_a + 6P_b + 12P_c = 21P_b$$
$$120P_a + 3P_b + 30P_c = 60P_c$$

という価格に関する連立方程式を立て、それを解く。任意の商品、例えば a をニュメレールとして、$P_a = 1$ 円とすれば、$(P_a、P_b、P_c) = (1$円、10円、5円$)$ が得られる。これは、fig.6-11aのように、三つの主体の真ん中に一物一価が成立する「市場」を仮設した上で、そこに各主体が自己の生産物を拠出し、そこから自己の生産に必要な投入物を入手する時の各自の収入と支出を等しくする価格を決定していることに等しい。いわば、一物一価で一斉に取引を行う「集中型市場」を想定しているのである。

ところが、一物一価の仮定の下では、スラッファも指摘しているように、「補填が三角取引を通じて行われる」と各部門間の取引額の「均等性は存在しない」[52]。これがfig.6-11bの場合である。例えば、AとBの取引を上で求めた価格で行うと考えると、AはBに a を90個90円で販売し、BはAに b を12個120円で販売しているので、取引額は一致せず、AはBに30円多く支払っている。同様に、BとCの間の取引では、BはCに b を3個30円で販売し、CはBに c を12個60円で販売しているので、BはCに30円多く支払う。CとAの間の取引では、CはAに c を18個80円で販売し、AはCに a を120個120円で販売しているので、CはAに30円多く支払うのである。かりに相対取引（貨幣売買）をいま述べた順番で行うとすれば、30円がA→B→C→Aと還流する結果、各主体の収支がバランスする。この場合、一物一価とはAがBとC

第 6 章　進化経済学の対象

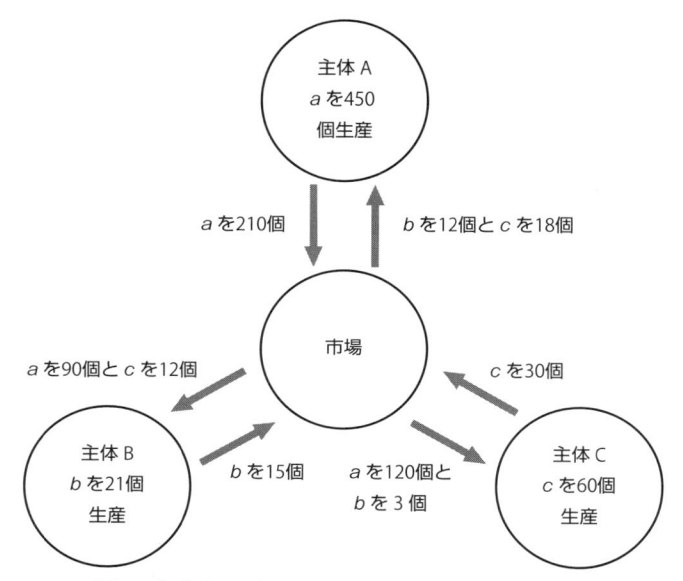

(a) 一極集中取引による集中的市場（プール制市場）

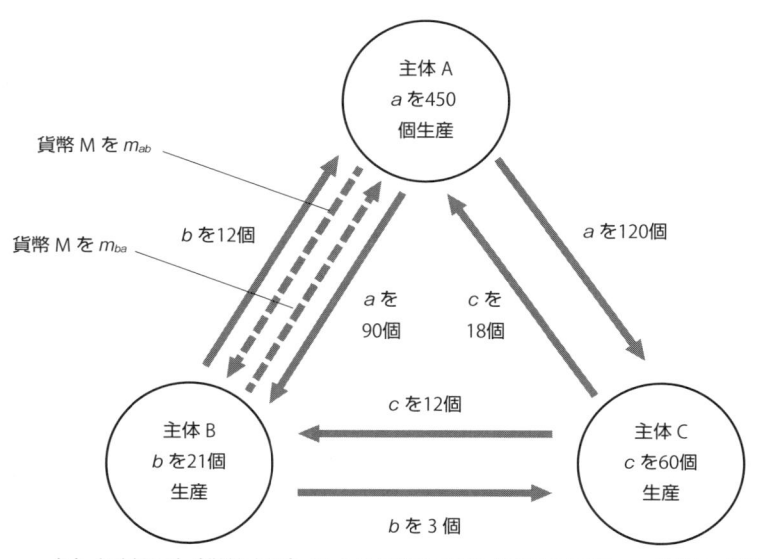

(b) 相対取引（貨幣売買）による分散的市場（商品：実線→、貨幣：点線→）

fig.6-11　再生産可能な交換体系

に、BがCとAに、CがAとBにそれぞれ同一の価格で販売する、ということを意味する。ところが、取引相手が異なれば価格が異なるといった一物多価を許容すると別の可能性が生じる[53]。

先ほどの主体間の取引を2主体間の同貨幣額による2回の売買取引と考える。ここで、主体Xが主体Yに支払う貨幣をm_{xy}とし、主体Xが主体Yに販売する商品1単位の価格をP_{xy}とする。簡単化のために、まず2回の売買取引における貨幣が等しい場合（$m_{xy} = m_{yx}$）を考える。例えば、A－B間取引をAがBにaを90個販売して貨幣180円を受取り、BがAにbを12個販売して貨幣180円を受け取るとしよう。すると、A－B間取引におけるaとbの価格は（P_{ab}, P_{ba}）=（2円，15円）となる。同様にB－C間取引でBがCにbを3個販売して貨幣180円を受け取り、CがBにcを12個販売して貨幣180円を受け取ると考えれば、B－C間取引におけるbとcの価格は（P_{bc}, P_{cb}）=（60円，15円）となる。さらに、C－A間取引をCがAにcを18個販売して貨幣180円を受け取り、AがCにaを120個販売して貨幣180円を受け取ると考えれば、C－A間取引におけるcとaの価格は（P_{ca}, P_{ac}）=（10円，1.5円）となる。ここでは、各主体の全取引後の収支だけでなく、各相対取引での収支がバランスしており、全体の自己補填系は再生産される。各主体間の二つの貨幣売買の結果だけを見れば、それは主体間の物々交換と事実上等しい。しかし、貨幣取引であるのでa、b、cの価格は取引相手ごとに異なる（$P_{ab} \neq P_{ac}$, $P_{ba} \neq P_{bc}$, $P_{cb} \neq P_{ca}$）という一物多価が生じている。注意すべきは、この一物多価は、自己が参加する取引以外の取引を観察可能な時にのみ各当事主体に知られうるという点である。例えば、AがB－C間の取引価格（P_{bc}, P_{cb}）を知りうる時、自己が購入したbやcの価格（P_{ba}, P_{ca}）と異なる価格でそれらが販売されていることを知るだろう。進化経済学は、主体の認知能力に限界があるという想定から出発する。したがって、主体の知識がその近傍に限られるという仮定はむしろ現実的である。しかも、財の数が大きくなればなるほど、この仮定はより現実的になる。こうした仮定の下では一物多価は現実で容易に起こりうる事態なのである。

逆に、すべての取引を知りうる主体がいると仮想してみよう。この場合、A

－B間取引の a と b の交換比率は $P_{ba}/P_{ab} = 15/2$ であり、B－C間、C－A間の取引における b と c、c と a の交換比率は $P_{cb}/P_{bc} = 1/4$、$P_{ac}/P_{ca} = 3/20$ である。A－B間取引で30個の a を販売して得た貨幣60円で4個の b を購入し、B－C間の取引で4個の b を販売して得た240円で16個の c を購入できる（$(P_{ba}/P_{ab})\cdot(P_{cb}/P_{bc}) = 30/16$）。他方、C－A間で30個の a を販売して得た貨幣45円では c は4.5個しか購入できない（$P_{ca}/P_{ac} = 20/3 = 30/4.5$）。つまり、$(P_{ba}/P_{ab})\cdot(P_{cb}/P_{bc}) > P_{ca}/P_{ac}$ となり、AはC－A間での2回の売買取引（一回の直接交換とみなせる）で c を入手するよりも、A－B間、B－C間の4回の売買取引（二回の直接交換の連鎖である間接交換とみなせる）を通じて c を入手する方が得になる[54]。こうなるのは、同一の貨幣を媒介する2回の売買取引を直接交換関係とみなせば、それが推移的な二項関係ではなく、整合的な交換比率を持たないからである。こうした交換関係は同値関係ではない 。これは、一物多価の別表現である。注目すべきは、一物多価が存在し、交換関係が等価関係ではないにもかかわらず、この経済が再生産可能であるという点である。一物一価を前提とする古典派や新古典派では想定外とされる、このような状況を進化経済学は許容しうるのである。

さらに、2主体間の2回の売買が異なる貨幣量で行われる一般的な場合（$m_{xy} \neq m_{yx}$）を考えてみよう。ここで、$m_{xy}/m_{yx} = q_{xy}$ とおく。A－B間取引における a と b の価格は $P_{ab} = m_{ba}/90$ と $P_{ba} = m_{ab}/12$、A－B間の2回の売買で支払われる貨幣量の比率は $m_{ab}/m_{ba} = q_{ab}$ だから、$P_{ba}/P_{ab} = (15/2)\cdot q_{ab}$ である。同様に、B－C間とC－A間取引における交換比率は、$P_{cb}/P_{bc} = (1/4)\cdot q_{bc}$、$P_{ac}/P_{ca} = (3/20)\cdot q_{ca}$ と書ける。取引全体で一物一価が成り立つのは $(P_{ba}/P_{ab})\cdot(P_{cb}/P_{bc}) = P_{ca}/P_{ac}$、すなわち $q_{ab}\cdot q_{bc}\cdot q_{ca} = 32/9$ が成立する時のみである。先に見た、2主体間の同貨幣額による2回の売買取引の場合、$q_{ab} = q_{bc} = q_{ca} = 1$ だから、一物一価にはならない。他方、取引相手に関わりなく同一商品の価格が等しい（$P_{ab} = P_{ac}$、$P_{ba} = P_{bc}$、$P_{cb} = P_{ca}$）ならば、$q_{ab}\cdot q_{bc}\cdot q_{ca} = 32/9$ となるので、一物一価は成立する。これ以外の場合、一般に一物一価は成り立たない。2主体間の2回の売買が異なる貨幣額で行われる場合、全取引後に各主体の収支が黒

字または赤字になるが、すべての主体の黒字合計と赤字合計は一致する。こうした収支のアンバランスが直ちに自己補填系の再生産を不可能にすると考える必要はないが、主体の有する累積赤字が制度上設定されている上限を超えると、その主体は財政的に破綻すると考えることができる。

　以上より、市場経済が貨幣を媒介とする売買取引（相対取引）の連鎖である自律分散系であるとすると、系全体がたとえ再生産可能でも、一般には価格体系は整合的ではなく、一物多価が生じることがわかる。進化経済学は貨幣を軸に取引と市場を考えるので、古典派や新古典派のように一物一価の状況に分析を限定する必要がなく、一物多価の状況を含むより一般的な価格体系と市場経済を対象とすることができるのである。一物多価を含む自律分散系としての市場は、中央制御装置なしに、望ましい解を試行錯誤的に発見する集合的知性を発揮するシステムであり、資源配分上の非効率性や激しいマクロ的変動といった短所を有するものの、計画経済には欠けているイノベーション（新たな発見や発明）を常に許容するという長所を持つ。

　このような価格概念を前提とする価格の決定は、各生産者による価格と数量の両面を含むより複雑な調整プロセスの一部としてのみ理解される。このように価格の概念および決定を捉えるがゆえに、価値・価格理論は古典派や新古典派ほど重要な課題とは考えない。価格理論の重要性に関してこうした根本的な相違が生じるのは、古典派や新古典派と進化経済学が根本的に異なる市場、貨幣、競争の見方をするからなのである。

44) マルサス（Malthus, 1823）は、スミスが労働を価値尺度とする場合、商品に投下された労働量に関する投下労働価値説と商品が支配する（商品価格により購える）労働力の量に関する支配労働価値説の二つの考えが混在していると主張し、これがリカードとの価値尺度論争の引き金になった。マルサスは支配労働価値説を主張したが、リカードは投下労働価値説を採用した。

45) 新古典派の価格は古典派の自然価格や労働価値のように絶対水準に意味はなく、財の相対的な希少性を表す相対価格（交換比率）である。したがって、一般に新古典派は価値という表現をあまり使わない。

46) 'industrial revolution' は日本語では普通「産業革命」と訳される。だが、実際に

はこの革命は「産業化」というよりも「工業化」をもたらしたものである。この点での誤解を生まないようにするには、「産業革命」ではなく「工業革命」と訳すべきである。同様の見地から、'industrial capital' も「産業資本」ではなく「工業資本」と呼ぶ方がよい。

47）工場内での野菜の水耕栽培など工業型農業は除く。現代における農業の工業化はすでに部分的には実現している。

48）進化経済学は工業資本主義に固有の複製子の伝播過程を資本主義の系統発生進化として分析することができる。

49）本書は、商品と労働の再生産を重視するリカードが古典派を代表しており、需要と供給の相互作用を重視する J. S. ミルは古典派から新古典派への移行過程における中間形態であると考える。

50）スラッファ（Sraffa, 1960）は『商品による商品の生産』の第1章2「三コないしそれ以上の生産物」で小麦、鉄、豚の3個の商品を生産する三産業からなる「生存のための生産」を考えている。ここでは、小麦、鉄、豚を a, b, c としたが、投入（補填）と産出（生産）の数値は同じである。

51）Sraffa（1960），p. 3

52）ibid., p. 4

53）ここでの一物多価を含む価格の考え方は、スラッファ『商品による商品の生産』（Sraffa, 1960）の「生存のための生産」と「剰余をふくむ生産」という設定において、二者間互酬的交換と多角的等価交換という二つの異なる交換方式ないし市場形態の違いを比較した西部（1997）の考察を発展させたものである。主体が必要な物資を互いに売買する（提供しあう）互酬的交換体系＝分散的市場（fig.6-11a）は推移律を満たす同値関係ではなく、等価性概念も成立しない。スラッファの価格は一物一価を前提する多角的等価交換＝集中的市場（fig.6-11b）でのみ成立する。塩沢（1983）は前者を「配給」（p. 4）、後者のような「すべての産業が一カ所に会して不要な商品を寄せ集め、あらかじめ定められた交換比率のもとに計算して希望商品を受け取るというやり方」を「プール制市場」（p. 6）と呼んでいる。前者を市場と呼ばないのは、「交換比率の体系が推移的でない」ので、そこでの交換比率は価格ではないと考えているからであろう。後者では交換比率は推移性を満たすので、交換比率は価格であり、その場所は市場であると考えたのであろう。しかし、塩沢の考えとはまったく逆に、前者こそが再生産（人間の生存を含む）に必要な物資を貨幣による相対取引が行われる分散的市場であり、後者のような、一物一価が成立していて貨幣はニュメレールでしかない集中的市場（プール制市場）こそ中央当局による「配給」ないし「計画」に近いシステムだと考えられる。

54）これはあくまで仮定上の話であり、このような裁定取引が実際に可能かどうかは別の問題である。

55) 集合 X の任意の元 a、b、c について二項関係 R が「推移律」を満たすとは、すべての元 a、b、c について、aRb かつ bRc ならば aRc が成立することである。任意の3財の交換関係が推移的であるとき、交換比率体系は「整合的」であるという。また、二項関係 R が反射率、対称率、推移率を満たす時、同値関係という。

第7章 進化経済学と政策

7.1 制度生態系

　これまでの章では、進化経済学がいかに経済社会を理解し説明するかを見てきた。その要点は、経済学の対象である経済社会はただ変化するだけではなく、進化するということである。

　進化とは、個体集団における遺伝子頻度が変化することにより起こる種分化（系統発生）のことである。そして、経済社会進化とは、経済社会の複製子である if-then ルールに関して①変異、②遺伝・伝播、③淘汰が同時に作用するとともに、複製子や相互作用子（細胞や個体のような）の創発において④自己組織化が作用することによって生じるような複雑な現象である。

　すでに見たように、制度とは、相互作用子（主体）が共有し、それに従って振る舞うとともに、他の相互作用子へと伝播する If-then ルールの束である。第4章で説明した、制度がメゾレベルに存立するミクロ・メゾ・マクロ・ループ論では、ミクロレベルの相互作用子（主体）の認識や行動が制度に基づいて決定され、その帰結としてマクロレベルの現象が生み出される。たとえば、市場、貨幣、会計、法といった制度に基づく主体の認識や行動が経済成長、景気循環、ハイパーインフレーションのようなマクロ経済的な構造やパターンの変化を生み出す。さらに、そうしたマクロ・パフォーマンスはミクロ・ビヘイビアに影響を与える。メゾレベルの制度は、ミクロレベルの主体の意図的・非意図的な振る舞いやマクロレベルの秩序形成を通じて繰り返し再生産されれば、自己保持的になる。その一方、ミクロレベルやマクロレベルの変動がポジティブ・フィードバックを形成すれば、既存の制度が変化する。

ミクロ・メゾ・マクロ・ループにおいて、①変異、②遺伝・伝播、③淘汰の三つのメカニズムが作用するのはメゾレベルにおいてだけではない。変異は主体の集団において、遺伝は時間的経過（歴史）を伴う主体の世代において、伝播は空間的広がりを伴う主体のネットワークにおいて生じるのだから、①と②はミクロレベルにも関連している。他方、淘汰は主体が位置づけられる環境において、とくに、多くの主体の認識や行動の帰結として形成される経済社会的環境において生じるので、③はマクロレベルに関係する。つまり、三つのメカニズムはミクロ・メゾ・マクロのすべてのレベルに関連している。だが、①～③の三つのメカニズムだけでは進化を定義するには十分ではない。ここには、メゾレベルの制度が創発するメカニズム自体が欠けているから、進化の定義に、④自己組織化のメカニズムを加える必要がある。ここで自己組織化が意味するのは、制度（メゾ）を媒介とするミクロ（主体）とマクロ（経済社会）の相互規定的関係が生むダイナミクスが制度の維持だけでなく、その生成や消滅を可能にする論理のことである。

　先のように定義した制度について、ここで次の点に注意する必要がある。4.2で、ルールには、内部ルールと外部ルールがあることを見た。4.2.4のfig.4-2「複製子と相互作用子の入れ子構造」で注目すべき相互作用子を個人とした時、外部ルールは、個人にとってはその外部だが、個人が帰属する集団の境界を規定する一方、内部ルールは、個人の内部にあり、外部ルールが規定する自由の範囲内で、個人の境界（内面）を規定する。このように、外部ルールと内部ルールは、複製子と相互作用子の入れ子型の階層構造における任意の階層の相互作用子に着目した場合、その相互作用子と、相互作用子の集団が形成するメタレベルの相互作用子の帰属関係を規定するものであるので、着目する相互作用子のレベルが違えば、同じルールが内部ルールにも外部ルールにもなりうるのである。

　多くの主体により共有されたルールである制度に関しても、ほぼ同様の分類ができる。制度は、一方で、多くの主体によって共有されたルールが言語（音声や文字）やシンボルなどの記号として客観的に存在し、相互作用子の認知や

行動を外部から制約ないし規定する文化・慣習・規範・法である。他方で、それは、相互作用子の内部に、意識、記憶、本能、反射などの形態で存在する価値・習慣・定型・性向・感情である。前者が「外なる制度」、後者が「内なる制度」である。相互作用子の階層性を考えれば、外なる制度と内なる制度の関係は相対的であるが、ここではとくに、個人という相互作用子に照準して、その境界を問題としている。したがって、外なる制度として代表的なものとして国家、法、貨幣、市場、会計などが、内なる制度として、そうした外なる制度を前提として成立する認知枠組み、価値や規範が考えられる。

　これら二つの制度は相互に両立して支え合う場合もあれば、相互に相反しあい、どちらかが優先することもある。両者とも常に変化しているので、制度は固定化された静的な構造やパターンとしては理解しがたい。しかも、社会には国家、法、貨幣、市場、会計といった様々な諸制度が存在するだけでなく、たとえば、貨幣という同種制度について見ても、複数の制度が共存している。現代では、ドル、ユーロ、円など国家ないし国家連合が独自の通貨名称・単位を設定する国家通貨が支配的であり、中央銀行が不換紙幣として発行する現金と、民間銀行が貸付を通じて発行する預金通貨が通貨供給量のほとんどを占めている。しかし、企業や民間団体が発行する電子マネー、マイレッジやポイントはその発行額を増やしており、また、市民や市民団体が発行する地域通貨も小規模ながら数多く試みられている。このように、種々の貨幣がそれぞれ特有のニッチを獲得しつつ共存している。

　こうした異種の外なる制度は、それに従う主体の帰属意識や価値観といった内なる制度と、それに基づく相互作用の結果として代替的・補完的関係を形成しながら、その存在範囲や規模を変化させていく。こうした競合的な諸制度は主体の認識や行動を規定するが、逆に、集合的な主体の認識や行動が諸制度を生成、維持、変化、消滅させてもいる。また、主体の行動や認識の集積はマクロレベルの社会的帰結をもたらし、それがメゾレベルの制度へ影響を与える。一般的に、外なる制度は主体（個人や組織）の内なる制度へとうまく翻訳されれば、その認識、決意、行動を規定するが、うまく翻訳されなければ、両者に

齟齬が生じ、主体の淘汰や集団からの脱落が生じる。と同時に、外なる制度は主体の内なる制度の集団的、同期的な変異を契機としてダイナミックに変化する。

つまり、相互規定的なループは制度（メゾ）と主体の行動・認識（ミクロ）の間だけでなく、制度（メゾ）と社会的帰結（マクロ）との間にも存在する。こうした双方向ループのネットワークの中で、諸制度は主体の行動・認識（ミクロ）および社会的帰結（マクロ）との間で相互作用することで生成、維持、変化、消滅し、その過程で代替・補完関係を形成するのである。生態系における生物種のように、複数の制度が共存しつつ生滅することにより、多様性が持続されるようなシステムの全体は「制度生態系」と呼びうるであろう[1]。このように、経済社会の進化を複製子である制度の変化として理解する場合、制度には相互作用子に外在する「外なる制度」と相互作用子に内属する「内なる制度」があり、両者が同時に存在しながら影響を与え合うことを考慮に入れなければならない。

7.2 四つの政策：内なる制度と外なる制度による分類

一般に、進化とは自然的、自生的な生成であり、設計（デザイン）ないし工学（エンジニアリング）は人為的、人工的な構築であって、両者は人間理性や意識の有無という点で相対立する概念であるとみなされている。そして、「政策」とは、まさに意図的な介入、意識的な働きかけであり、設計や工学をも伴う活動であると考えられている。そうであれば、進化する経済社会における政策とは矛盾した考え方であるし、また、無駄なことであり、何もしないで自然淘汰にゆだねる無為自然がもっとも望ましいということにならないだろうか。

しかし、生物進化には、自然環境による自然淘汰だけでなく、人間にとって望ましい形質を持つ個体を交配し繁殖させる育種（家畜化や品種改良）のような人為淘汰があることがダーウィンの時代から知られてきた。また、現代では、

遺伝子組み換え技術により直接的に DNA 情報を操作する遺伝子工学が生まれた。このように、われわれホモサピエンスが登場して以後の生物進化は、自然と人為を含むものである。したがって、生物進化を基盤として成立する経済社会進化もまた、これら二つの側面をあわせ持つ。このように、社会進化が自然選択と人為選択の双方を含むものであると考えるとき、「政策（policy）」に関する従来の考え方は一定の転換を迫られることになる。これまで政策とは、政治的・行政的権力を持つ国家や政府機関、あるいはそれらに属する特権的な官僚が現状より望ましい帰結や状態を創り出すことを目的にして、人為的、意図的に経済社会に働きかけることであると考えられてきた。しかし、経済社会進化を考慮する場合、政策のそのような捉え方は狭すぎる。このことを考えてみよう。

前節における制度や進化に関する議論を前提とすれば、経済社会において主体間で共通に採用された複製子である制度が変化するかしないかが政策を考える上で重要な基準となる。所与のシステムにおけるマクロ経済変数や政策パラメータがいくら変化しても、制度が変化しなければ、経済社会の状態は変化したとしても、経済社会が進化したとはいえない。たとえば、マネーサプライ、公共支出といった政策パラメータを変えれば、GDPはほぼ一定の速度で成長したり、不況から好況へと転換して景気が循環したりするであろうが、それだけでは経済は進化しないのである。このように変化はするが進化はしない経済において、中央政府がターゲット・パラメータを意図的に変更することが代表的な政策であるとこれまで考えられてきた。

経済社会の進化という複合現象を引き起こすのは、①変異、②遺伝・伝播、③淘汰、④自己組織化であった。既存の制度を変更すれば、以前の制度と新しい制度は比較されうる。しかし、制度の変更がなければ、そこに①変異はないのだから、②遺伝・伝播も③淘汰も生じず、したがって進化は起こらない。つまり、進化の必要条件はルールの変異ないし多様性にある。制度に①変異がある時、さらに②遺伝・伝播、③淘汰のメカニズムに意図的作為や計画的介入を行うならば、人為的進化は引き起こされる。そこで、進化を引き起こす制度変

化という視点から、政策を以下のように二つに分けて定義してみよう。

Ⅰ）制度不変型政策：既存の制度を変化させないか、それを変化しない与件と考え、政策的に操作可能なマクロ・パラメータを変更することで所望の帰結（たとえば、好況、経済成長、経済的平等）を直接的に実現しようとする社会工学的な政策。この政策を通じて、経済は変化するが、進化しない。あるいは、経済の振る舞いは変化するが、進化を明示的には考えない。

Ⅱ）制度変更型政策：既存の制度（ルール）の一部ないし全部を規範的により望ましい制度や、より望ましい帰結を生み出すと期待される制度へと変更する政策。この政策を通じて、経済は変化するだけでなく、進化する。

従来、経済学は政策をこのように区分して捉えず、もっぱら前者の政策だけを考える傾向にあった。この分類は、後者の制度変更的政策が経済の変化だけでなく進化を引き起こすことを理解するために有用である。

さらに、ここで制度を二つに分類しよう。制度は、（A）法律や規制など主体にとって外在的な「外なる制度」と、（B）道徳・慣習、価値・規範などの主体にとって内在的な「内なる制度」に分類される。この二つの制度を横軸と縦軸に取り、それぞれを変化させる場合をプラス、変化させない場合をマイナスとすれば、政策は四つの象限、すなわち、①（ABともにⅠ）、②（AⅠ＋BⅡ）、③（AⅡ＋BⅠ）、④（ABともにⅡ）に分類することができる（fig.7-1）。これにより、進化経済学に特有な進化主義的制度設計を含む各政策の含意を理解しやすくなる。以下、四つの場合について見ていこう。

まず、もっとも単純なケースとして、①（ABともにⅠ）について見てみよう。それは、中央政府・中央銀行や地方自治体などの行政府が、外なる制度として定義された政策手段であるマクロ・パラメータ（たとえば、金利、マネーサプライ、税率、財政支出）を調節することで、所望の経済社会状態（たとえば、好況、経済成長、経済的平等）を実現し、所定の目標（たとえば、GDP成長率やインフレ・ターゲット）を達成することを企図することである。それ

は、制度を不変に保ったまま、経済社会の望ましい状態を達成するために実行される政策である。具体例として、中央銀行による金融政策や中央政府による財政政策が挙げられる。ここで、政策パラメータの変更はルールで定められた範囲を逸脱しない限り、制度（ルール）の変更ではないことに注意する必要がある。たとえば、日本銀行は公定歩合をゼロに下げることまではルール上許容されているが、かりにそれをマイナスにしたとすれば、従前の金利政策のルールを変更したと解釈される。

こうしたマクロ経済政策は、外なる制度と内なる制度の両方が不変であると想定し、マクロ経済のターゲット変数を変更することで、景気、成長、人口、分配などのマクロ的変数を望ましい状態ないし方向へ変化させることである。政策担当者は、マクロ経済モデルのパラメータを変えることで政策効果を実現することを目的としており、モデルにより表現される制度を変化させることを企図しない。このようなマクロ経済政策が理論的に正当化されるのは、次のような場合である。すなわち、主体の学習に時間がかかることと主体の行動結果がその後の政策の前提条件とならざるをえないことを鑑みて、政府などの特権的な主体が社会経済を外部から鳥瞰し、それを操作するといった「社会工学」を期間限定であえて採用し、モデルを適宜修正していこうとする場合である。

次に、②（AⅠ＋BⅡ）の場合として、外なる制度を変えず、内なる制度を変更する、ないし、内なる制度が変化することを想定する政策が挙げられる。たとえば、国民意識を成長志向へ誘導したり、マイカーやマイホームへの夢を提供したり、国家の危急時に質素節約を促したりすることで意識改革を行い、内部ルール（価値・規範を含む）を変更しようとする政策がそれである。

また、個人や企業の内部ルール（価値・規範を含む）の変化を予想するマクロ経済政策もこれに分類される。外なる制度を変えなくとも、内なる制度が意図せざる結果として比較的短い期間に変わってしまうということも起こりうる。いずれにせよ、長期的には主体の学習により、内なる制度は変化すると考えられるので、長期的には、マクロ経済政策もこの視点に立つ必要がある。

マクロ経済のターゲット変数を変更しても、意図せざる結果として主体の価

値・嗜好・規範が変化してしまえば、意図した政策効果は得られないことがある。それは、内なる制度変化を伴う経済の進化が顕在化する結果であると考えられる。近代的価値や民主主義の普及による内なる制度変化は、いずれ外なる制度における近代化や自由化のような変化を要求する可能性が高い。

　それとは逆に、中央政府が有効需要政策を行うために公的支出を増やしたり、税率を引き下げたりしても、そうしたパラメータの変化が将来における赤字増大や増税につながると予想されれば、企業による投資や家計による消費は増大しないであろう。金融制度や税制度など「外なる制度」は変化しなくとも、主体の期待や価値規範のような「内なる制度」は自然に変化してしまう。その結果、外なる制度と内なる制度の相互作用は変化し、マクロ経済政策の有効性は失われてしまうからである。

　現代において有効需要原理がうまく働かないのは、経済成長により生活水準が大きく向上し、人々が物質的繁栄やGDPの成長を追求しなくなった結果であるか、また、人々が景気の先行きや将来の日本の経済や政治に強い不安を抱いているからかもしれない。もしそうであれば、内なる制度が変化したため、政策の有効性が失われるケースに当てはまることになる。また、人々の多くが新自由主義的な価値観へと変化すれば、従前の国有企業や規制は経済活動を阻害する障害物であり、有効需要政策は市場への無用な介入としか映じないわけであるから、内なる制度の変化の結果として外なる制度や政策の意味が大きく変化してしまうのである。

　③（AⅡ＋BⅠ）は、内なる制度を不変に維持したまま、外なる制度を変更することにより経済システムの振る舞いを変えようとする政策である。このケースとして、ミクロ経済学上の競争政策やメカニズム・デザイン（ミクロ経済学的制度設計）が挙げられる。

　競争政策とは、最適化主体と市場均衡を前提する一般均衡理論において、完全競争の下で達成される競争均衡がパレート効率的な資源配分を達成するという理論命題に基づいて、そうした理想状態を阻害するような諸要因（規制、独占、外部経済など）をできるだけ除去しようと努めることである。このような

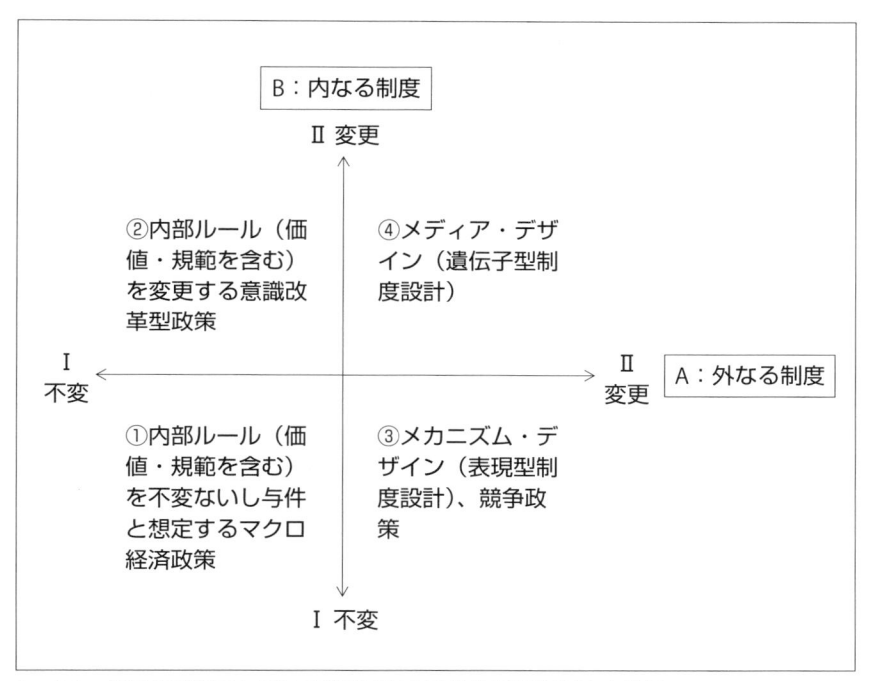

```
                    B：内なる制度
                       Ⅱ 変更

  ②内部ルール（価      ④メディア・デザ
   値・規範を含む）      イン（遺伝子型制
   を変更する意識改      度設計）
   革型政策

Ⅰ                              Ⅱ
不変 ←────────────────────→ 変更    A：外なる制度

  ①内部ルール（価      ③メカニズム・デ
   値・規範を含む）      ザイン（表現型制
   を不変ないし与件      度設計）、競争政
   と想定するマクロ      策
   経済政策

                       Ⅰ 不変
```

fig.7-1 「内なる制度」と「外なる制度」による社会経済政策の4分類

立場は政府・中央銀行によるマクロ政策に対しては批判的であるが、それは、裁量的なパラメータ変更を伴うマクロ経済政策の遂行はしばしば恣意的になりがちで、ハイパーインフレーションのような放縦な結果をもたらす恐れすらあると考えられているからである。そうした視点からの最善な方法は、完全競争市場という理想状況を意図的に実現することである。外なる制度の全般的変更を伴う「経済計画」とも言うべき政策の提案は、たとえば、資本財価格を競争均衡で決定するために市場の競り人の役割を経済計画局が代替する、いわゆる「市場社会主義論」において現れる。

　より部分的な制度変化としては、理想的なオークション市場に関するメカニズム・デザイン（ミクロ経済学的制度設計）も外なる制度を変更する政策の一種である。たとえば、それは、オークション・ルールのデザインを変更するこ

とにより、それに適応する主体の戦略的行動（損得勘定に基づく、あるいは、ゲーム理論における利得表に表現される）を変化させ、帰結として、資源配分や情報効率性、誘因両立性の観点で望ましい状態を達成しようとする。こうした政策は、主体が個人や団体である場合、その内なる制度を変えるのではなく、主体が適応する外なる制度としての人工市場制度（メカニズム）を変えることで、それにたいする主体の適応行動とその帰結としての均衡状態を変化させようと企図する。進化的視点から解釈するならば、これは遺伝子レベルの変化を伴わない表現型（phenotype）レベルの行動の変更を意味するので、「表現型制度設計」とも呼びうる。メカニズム・デザインは、合理的主体を仮定し、戦略的行動の均衡として制度を理解する点で、進化経済学の基本仕様を満たさない。それはまた、資源配分・情報伝達の「効率性」という観点からもっぱら制度を理解する点で、制度の「多様性」を重視する進化主義的制度設計の視点と異なる。

　最後の④（ABともにⅡ）は、メディア・デザイン（進化主義的制度設計）である。これは、外なる制度の中でも、とりわけ人々の認知や行動を大きく規定するため社会経済システムの機能上中心的な役割を果たすプラットフォーム制度（メディア）の設計を変更することで、それを基本的な参照枠として形成される内なる制度（主体の価値、関心、嗜好（選好関数））を広範に変化させ、そうすることによって、主体の**個別の適応行動**ではなく、**全般的な認知・行動の仕方**を変えることで、より望ましい社会経済的な帰結をもたらす傾向を生み出そうとする政策である。これは、主体が個人や団体である場合、その内部ルールを変えることを意味するので、主体の遺伝子型（genotype）レベルの行動様式の変更を帰結する。このため、これを「遺伝子型制度設計」とも呼びうる。これは、進化経済学に固有の制度変更型政策であり、進化主義的な制度設計思想に基づいている。これは、外なる制度と内なる制度の双方の変更を可能にしている点で、進化経済学の政策論が目指すべき方向を示している。

　経済社会政策の以上の4分類を踏まえた上で、次節以降、制度不変型政策と制度変更型政策の具体的な内容について論じよう。

7.3 「社会工学」：マクロ経済政策

　経済システムの仕組みや振る舞いを理解したならば、次の段階として、このシステムにどのように働きかければ望ましい結果を得ることができるか、すなわち、政策はどのように可能であるか、という興味が生まれてくると思う。しかしながら、進化経済学の基本モデルは、主流の経済学とは違って、最適化主体と市場均衡を前提としたシンプルな構造を採らないので、どのように政策、とくに経済システム全体に関わるようなマクロ政策を取り扱うことが出来るのか心配になるかもしれない。そこで本節では進化経済学が制度を不変とする政策である「社会工学」をどのように論じうるのか説明しておく。

　まず、進化経済学のモデル構築の出発点は、主体モデルを作ることである。その際、どのような社会規模の政策を論じるかに合わせて適切なレベルの主体モデルが選択されなければならない。たとえば、小規模なコミュニティの中でどのように共通ルールが形成されるか、また、共通ルールの形成にたいしてどのようなコミュニティ外部からの操作が効果を持ちうるのか、という意味での「政策」を論じようとするならば、学習ルーティンを明示的に備えた個人としての主体モデルを作成するところから作業は始まる。その上で、環境もしくは外部刺激がルールの共有過程にどのように影響するかを考察すると同時に、人々の行動様式の観察から得られるデータと対応するようにモデルのパラメータを特定し、想定したメカニズムが実際にどのように動作するのか数量的な把握を試みることになる。それにたいして、一国経済レベルでの政策効果を論じるのであれば、個々の人間の行動モデルから始めていては、システムモデルのパラメータが多すぎるし、必要なデータを揃えることが難しいので、適切な粗視化が行われなければならない。具体的には、個々人としての主体ではなく、同一種類とみなせるグループをひとまとまりとした主体のモデルから始めることになる。その上で、複数のグループからなる相互作用系がどのように振る舞うのかを考察し、この系の振る舞いにたいして政府の経済政策はどのような影

響を与えるのかを考えることになる。

じつは後者のケースのうちのもっとも単純な場合が、ケインズの乗数過程として知られてきたものである。これを例にとり、進化経済学がどのように「制度不変的政策」を扱うのか説明しよう。

7.4 進化経済学的なマクロ経済学入門

fig.7-2をみてほしい。これがこの節で説明する、進化経済学的なマクロ経済モデルのもっともシンプルな例である。まず出発点となる主体モデルは二つある。一つは給与所得家計グループの消費行動モデルであり、もう一つは消費財生産企業グループの生産調整行動モデルである。標準的な経済学では家計の消費行動を問題にするとき、予算制約下の効用最大化モデルを念頭において、生涯所得という予算制約からの各期の消費量を操作して生涯効用の最大化を考える。しかし、家計グループにとって自分たちの将来の収入がどうなっていくかについて客観的な根拠をもって、かつ、社会全体の構造モデルと整合的に予想する手立てはないので、もちろん能力の有限性と時間の不可逆性を出発点とする進化経済学ではそのようなモデル化は行えない。この観点から言えば、より適切なのは実現した今期の所得額の影響をもっとも強く受けて次期の消費額を決める、伝統的なケインズ型消費関数の方になる。ただし、同じ所得額であっても、消費支出額は景気が上向きのときと下向きのときでは異なる。これは先のことは見通せないからこそ、不安材料が多いときには消費は保守的になるからである。これは前期から今期にかけての経験された所得の伸びに依存すると考えることにする。ごく単純な経済システムモデルであるが、所得総額の振る舞いというのは、システム全体としてのマクロ的振る舞いであるから、給与所得家計は、自らへの直接的なローカル情報である所得を主たる入力情報、所得全体の振る舞いというマクロ情報を副次的入力情報としてどれだけ消費支出を行うのかを決定することになる。

一方の消費財生産企業グループの行動について、標準的な経済学では収穫逓減・費用逓増型の生産関数を前提にして製品価格と原料価格が与えられたときの利潤最大化条件をもとにして定式化するが、現実的にはたくさん売れるのであれば製品1個あたりのコストは安くなるのが一般的であるし、ある価格で製品がいくらでも販売できるとしたらいくつ生産するかなどという問いの立て方はしないだろう。資本主義経済では生産は見込みによって行われるのが一般的なので、どれだけの売上額があるかを見込んでそれに見合う生産を行うというのが妥当であろう。ここで「売上額に見合う」生産というのは、生産コストに正常マークアップ分を加えた額が売上額とつりあう、という意味であり、「正常マークアップ」というのは、生産コストにこれだけの額を上乗せした額が回収できていたら、経営者の立場として安泰であり、生産を縮小する必要も拡大する刺激も感じないという、その業界の相場となる水準のことである。消費財生産企業家グループは、ローカル情報である自ら得た売上を主たる入力情報、売上の推移およびマクロ情報である経済全体の所得の動向を副次的な入力情報として生産水準の調整を行うことになる。

　また、この二つの主体グループが相互作用するシステムの「環境」条件として、消費財以外の財、典型的には資本財生産企業の生産水準と動向、政府の支出水準と徴税水準、資金調達・資金運用条件、などが挙げられるが、もっとも簡単な思考実験は、これらが一定水準にあったとして、先ほどの主体グループはこの経済システムでどのように振る舞うかを考えることである。

　なお、このシンプルなモデルでは、各主体群は自分の所得や売上といった身近な情報だけでなく、GDP動向というマクロ情報をもとに行動調整を行っているという意味で、ミクロ・マクロ・ループが導入されている。また、上に述べた消費額調整の行動ルールと、生産額調整の行動ルールについて、思考実験の範囲内ではそれらを一定とするという意味でこれは内なる制度に関する制度不変型政策ということになる。明示的には生産者業界内部の生産者や消費者家計グループ内部の家計の行動ルールというものを考慮しないからである。内なる制度の生成は、各グループ内部の生産者や家計を主体として明示的に導入す

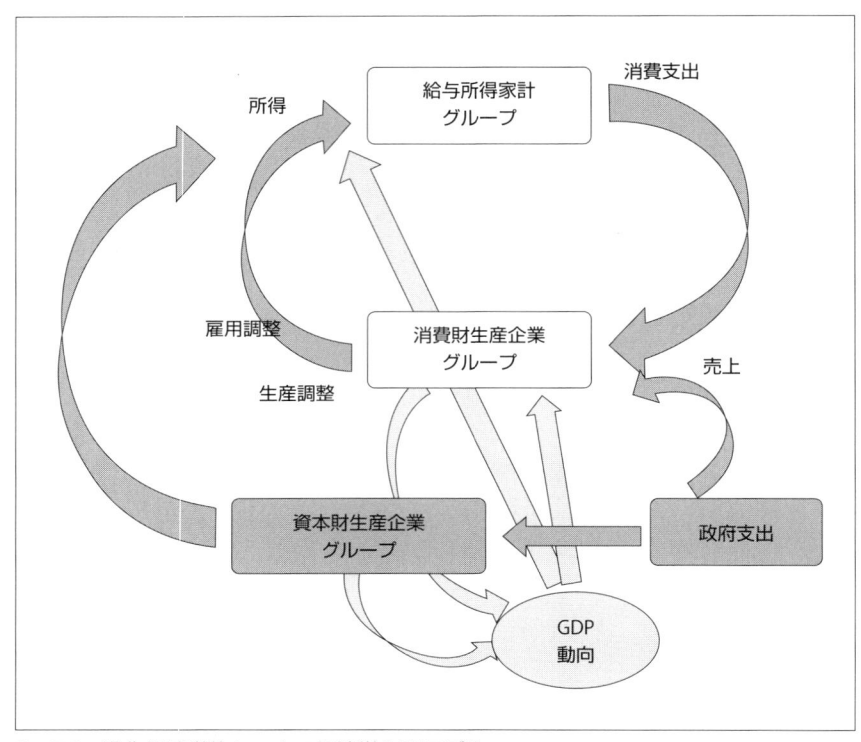

fig.7-2　進化経済学的なマクロ経済学入門モデル

ることによって考察可能になる。また、企業や家計にとって外なる制度である政府の財政支出は外生変数として取り扱われているので、外なる制度についても制度不変型政策である。理論的には、内・外両制度を明示的に取り扱う可変型に拡張することは可能である。ただそれを行わない積極的な理由は、進化経済学の出発点、人間の能力の有限性と時間の不可逆性により、学習にも長い時間がかかるし、人々の学習の結果がある一定の傾向をもつところまで収束するにも時間がかかるという点にある。つまり、数年間の期間を限定した上での政策の実用性の観点からするならば、これらはモデルとして省略しても差し支えないのである。

　話を戻そう。このシンプルなモデルで政策を考えるための第一歩は、二つの

主体グループの相互作用のかたちを与えることである。このケースでは、家計の消費支出額がそのまま消費財生産企業の売上となり、また、消費財生産企業の生産水準とその他の企業の生産水準の合計は雇用水準を媒介して給与所得家計の所得に直接的影響を与える。fig.7-2で、図の上半分に注目すれば、給与所得家計グループの行動調整と消費財生産企業グループの行動調整は、お互いにプラスの調整出力は相手のプラスの調整出力を誘引するポジティブ・フィードバックの関係になっていることがわかる。けれども追加的に生じた所得の全額が消費に回るわけではないから、それは際限なくプラスもしくはマイナスの調整を生み出すことにならず、あるところで落ち着く。それがどのような水準になるのかは、図の上半分を囲む環境条件、つまり、資本財生産企業グループがどのような水準で活動するか、および、それに影響を与える条件（政府による刺激）による。これはまさに「有効需要の原理」のメッセージそのものである。

ただここで注意して欲しいことは、有効需要の原理そのものとはいっても、単純に政府支出増分の乗数倍GDPが増加してマクロの調整が終わる、という話につきない点である。それはただ環境条件が図の上半分のループによる行動調整が収束するまで不変にとどまる場合に考えられる帰結にすぎない。モデルの中に登場する主体はすべて同じ不可逆的時間下で行動しているのであり、資本財生産企業グループの活動水準がその間一定にとどまる保証はどこにもないからである。

では、たとえば初級マクロに登場するIS-LMモデルのように、資本財生産企業グループの生産水準を決める変数を導入すれば、同じ議論になるのかといえば、これまたそうではない。資本財生産企業グループの売上を左右するものは何かといえば、いうまでもなく資本財の売上、すなわち設備投資額である。fig.7-2では省略されているが、これは二つの生産企業グループによる補填投資と拡大投資、そして新規参入企業による新規投資があり、それに加えて（図中にある）政府支出があげられる。このうち企業による設備投資は、それぞれの企業家が自らの製品の将来の売上見込みと、資金調達の容易さの程度によっ

て、その実行が左右される。通常のマクロモデルでは、将来予想はモデルの外にあるものとして一定とみなし、資金調達の手立ては実に多様であるにもかかわらず一つの利子率に一本化する一方、貨幣需要と政策変数としての貨幣供給を導入してモデルを閉じる。そして、政府支出と貨幣供給量という二つの政策パラメータに応じてGDPおよび利子率が一意に決定される、というストーリーを提示する。このようなストーリーと同じにはなりえない三つの理由がある。一つは、資産としての貨幣需要を視野に入れるためには、さらに資産家階級の行動を導入しないといけない点である。第５章では２主体の相互作用系の振る舞いを調べてみたが、それがこの段階で少なくとも |家計・消費財生産企業・資本財生産企業・設備投資企業家・資産家| の５主体モデルになるのである。二つには、先述のように、これらの主体の相互作用の中で、すべての企業家の売上予測が変わらないと想定することはもはやできないという点である。そしてなにより三つめ、これらの主体が一つの不可逆的時間下で相互作用を展開するという点である。一つの主体が調整行動を収束させるまで、他の主体がじっとしていることはなく、どのような調整もそれ以降の世界に痕跡を残してしまうため、システムの振る舞いは自ずと時間経路依存的になる。均衡条件を単に重ね合わせただけではこのようなシステムの振る舞いは把握できないのである。

　進化経済学的マクロ政策モデルの入り口はこのようなものであるが、その次の段階として、これを実用化するためには、社会の中で認知された数量データとどう対応するのか、示す作業が待っている。利用が容易な所得や生産額に関する統計は会計年度ごとの集計として与えられるために、その間、時々刻々と進行しているプロセスを直接押さえることはできない。そうであれば、この部分は業種別データやヒアリングに依拠して、別個に用意してやらねばならない。その上で期首データを初期値とするところから相互作用のシミュレーションを行い、期末データと整合性がとれるようなパラメータをあぶりだしていく作業（カリブレーション）を進めていくことによって、ようやくワンセットのマクロ経済政策モデルができ上がる。

コラム⑩　ルーカス批判

　ルーカス（1976）は、政府の政策は、個別主体の予測に影響し、それは主体行動に影響するため、その政策が行われる以前の過去のデータに基づいてマクロ変数間の関係を推計して作った経済政策モデルは、政策によってそれ自体が変わってしまうため、適切な政策効果の予測には役立たないと批判した。これ以後、ミクロ的基礎づけのないマクロ経済モデルは理論として不十分なものとみなされ、合理的期待形成を行う最適化行動主体に基礎を置く一般均衡モデルによってマクロ経済モデルは構築されるべきだという考え方が広がった。それに伴い、それまでの IS-LM モデルに基づいた計量経済学は、少なくともマクロ経済学の理論に関する専門文献の中では、急速に衰退していったのである。

　しかし、マクロ変数間の関係をブラックボックスにしておくのが理論として不満足な状態であることはよいとしても、ミクロ的基礎づけを最適化行動主体と一般均衡モデルにおかねばならない理由はないはずである。本文中では省略したが、定型行動をとるグループ行動のモデルは、定型行動をとる個人の行動モデルから導くことができる。つまり、最適化・市場均衡に依拠しないミクロ的基礎をもつことによって、進化経済学はこの批判は免れているだけでなく、有限能力の主体・不可逆時間を大前提とするために、主体が経済構造についての情報を知っており、それと整合的に予測を行うという合理的期待形成は前提できない点、また、当然ながら一般均衡も前提できない点、によって主流のマクロ経済学とはまったく別の道を歩んでいるのである。

　進化経済学も学習を主体の行動ルールを変更するルールとして明示的に取り扱うが、それによって生じる変化は、ローカルな情報に基づき、不可逆な時間の中で徐々に生じるものであり、場合によってはたとえ社会システムの振る舞いは変わっても行動パターンのレベルは大きな変化がないのではないかとさえ思えることもある。過去のデータに基づいてモデルのパラメータが推計されたモデルであっても、それらが変化するのに要する時間が経過するまでは、システムにたいする外部刺激としての政策は有効であるし、パラメータ推計と初期値推計が適切に行われていれば、ある程度の期間であれば効果の予測も十分に妥当性をもつ。

　この作業によって得られるモデルの有効性は、人々の学習速度の「遅さ」にたいする信頼に、その根拠をおいている。したがって、その学習結果が普及するまでの期間限定であることを念頭に置きながら、推奨される政策は実行され

なければならないのである。

ただし、以上はあくまでも進化経済学の政策論の入り口である。進化経済学が注目する制度の大規模な変容のダイナミクスの中で正面から政策を論じるためには、主体の学習行動、そしてミクロ・メゾ・マクロという多層的なループの振る舞いを念頭においた議論が行われなければならない。さらには政府をもシステム内部の主体として位置づけ、そのとりうる政策の意味も考えなければならないが、これは次節以降で検討しよう。

7.5 制度改革：補助金、特区、社会運動

前節では、乗数過程を進化経済学的なフレームワークから捉え直したマクロ経済政策の考え方を説明した。財政・金融政策の場合、政策主体である中央政府、中央銀行は政府支出、公定歩合といった政策パラメータを操作することで、経済のマクロ的なパフォーマンスをコントロールしようとする。それは、制度が一定という条件の下で「社会工学」を指向する試みであり、第二次世界大戦後の1960年代までは欧米日で安定的で高い経済成長を達成したのであるが、政策主体がそれによってマクロ経済をうまく統御できるわけではない。

日本におけるバブル崩壊後の1990年代は、中央政府によるマクロ経済政策がほとんど奏功しなかったこともあって、「失われた10年」と呼ばれた。民間銀行が自己資本規制の下で膨大な不良債権を抱えている限り、ゼロ金利政策のような金融緩和によっても積極的な貸付は行われなかった。また、金融システムが不安定であれば、大規模公共事業などの景気刺激策を行っても、その効果は一時的なものにすぎず、遅かれ早かれ累積した巨額の財政赤字のつけが回ってくると多くの人々は予想した。こうなると、家計は将来について悲観的なままであろうし、限界消費性向と、それによって決定される投資乗数は著しく低いままであるので、財政政策が波及的に需要を生み出す乗数効果はかなり小さなものにとどまってしまうであろう。また、中央銀行のゼロ金利政策にもかかわ

らず企業による民間投資は伸びないので、不況からの脱出は困難になろう。このような事態においては、マクロ的な制度構造を維持したまま、いくらマクロ・パラメータだけを変更しても、その効果を打ち消すように主体が新たな環境に適応してしまう結果、所望の政策効果が得られないのである。これは、制度不変型政策を意図したマクロ経済政策が意図せざる結果として内なる制度を変化させてしまい、制度変更型政策になることによって生じた政策の無効化である。

　こうしたマクロ経済政策があまり有効でない状況ではとくに、進化経済学に特徴的な、制度変更型政策が必要となると考えられる。それは、特定のルール（複製子）の束である制度を人為的に変更する制度改革であり、中央政府や地方政府による上からの改革か、民間団体や市民による下からの運動かのいずれかの形態をとるであろう。その中には、規制緩和や独占禁止を伴う競争政策等すでに実施されているものもある。ここでは、規制緩和や自由化をもその一部として含みうる、より包括的な政策概念を進化経済学の視点から考察する。以下、そうした政策の具体例として補助金、特区、社会実験を順番に取り上げて説明する。

　「補助金」とは、一般に、政府（国または地方公共団体）が公益上の必要に応じて一方的に支出する給付金を指す。ここでいう「公益上の目的」には、①市場競争により生じる経済格差の是正や景気変動の緩和を目的とする生活、雇用、産業、地域等の保護、②市場競争力拡大のための新しい産業創造や科学技術発展を目的する新規創業、新分野進出、研究開発等の国家的成長戦略、という二つの側面がある。①では、グローバル資本主義経済の競争における敗者や弱者（国家や地方に帰属する市民、企業、団体としての）を救済することによる経済的平等や公正的正義の実現が「普遍的理念」＝「公益」であるのにたいし、②では、グローバル資本主義経済における国家・地域間競争での優位性の確保が「共通利益」＝「公益」であるとされている。

　明らかに、両者は公共性をまったく異なる意味で解している。しかしながら、いずれの種類の補助金もその目的を弱者保護ないし成長戦略として設定する際、

「自由主義と市場主義を基盤とするグローバル資本主義経済」として表現されるような経済社会制度を所与としている点では同じである。①は「グローバル資本主義経済」という社会経済制度（ルール）で生じる結果としての不平等や格差の是正を求めるものであり、②は、そうした制度の下、国益や地元益のような共同利益を確保するために、技術・商品・経営・販路・産業における革新を促進しようとするものだからである。

　しかし、それらとは異なり、経済社会制度の進化を促す政策としての補助金を考えることができる。そうした補助金は、現存する社会経済制度（ルール）の変更を多少なりとも伴うような、個人、集団、組織によるプロジェクトを支援するものでなければならない。たとえば、資本主義で支配的である営利的経営による企業・銀行制度にたいするNPO（非営利組織）や協同組合、国家的運営による貨幣・金融制度にたいするマイクロファイナンス、NPOバンクおよび地域通貨といった非資本主義的な社会経済制度の創設および運営のための支援助成はそういう類の補助金である。これらは、「資本主義市場経済」の社会経済制度を作り上げている複製子にたいして人為的に変異を加えるような先駆的な運動である。それは、国家や地方自治体という相互作用子にとっての「普遍的理念」や「共通利益」というわけではく、制度の多様性の拡大とより望ましい制度の探索という、進化主義的な「普遍的理念」を希求する。ここで、制度進化を伴わない補助金である①や②を「制度不変型」、③のような制度進化を伴う補助金を「制度変更型」と呼んで区別するならば、制度変更型補助金が進化経済学に特徴的な政策になる。

　次に、「特区」とは、次のような一連の意思決定プロセスを経て行われる政策である。中央政府ないし地方政府がその管轄行政区域内の特定の地域・地区において、規制緩和や再規制を伴う部分的な制度改革を行うことを臨時に承認すると、その領域内で下位政府、民間団体、市民が新たな制度の下で試験的に革新的な活動を行う。こうした活動を行おうとする下位政府、民間団体、市民はその目的とその遂行に関する計画案を作って上位政府に特区申請を行い、上位政府は多くの発案を審査して、有望な結果が得られると予想される申請を許

可する。上位政府は、特区の有効期間中にマクロレベルで生じる経済秩序やパターン（景気動向、経済活性化、関連産業への影響）の変化が望ましいものであるかどうかを観察する。もしそこで所定の計画案に照らして良好な結果が得られていることが確認され、全体としての整合性という点でも問題がないと判断されれば、制度の改革・変化の適用領域を国家など管轄行政区域全体へ拡大する。これによって、新制度の複製子がより多くの相互作用子へ伝搬・普及することを促進しようとするものである。これまで、「特区」といえば、法律・条例で規制されている経済活動を自由に行わせるといった、規制緩和のための実験場であるとされてきたが、ここではそれをより広く、再規制をも伴う制度改革のための実験場であると捉えている。

　さらに、「社会運動」について考えてみよう。社会運動では、民間団体や市民などの相互作用子による革新的な運動や活動が生み出すミクロレベルの複製子（ルール）で生じる変異が、一定の経済社会の環境の中で淘汰されずに少しずつ多くの相互作用子へ伝播していくと、やがてメゾレベルで新たな制度が生成し、それがマクロレベルの経済秩序のパターンやパフォーマンスを変えていく。こうしたマクロレベルの経済社会の変化がさらに多くの民間団体や市民の複製子を変えていき、そうした変異を伴う複製子の束が広く共有されると新制度が確立され、それはある程度の環境変化にたいして自己保持的な性質を持つようになる。

　特区が政府による公式の承認を得てから民間団体や市民が実施する「下からの制度改革」であるとすれば、社会運動はそうした公式の承認を受けずに民間団体や市民の発意のみによって自発的に行われる「純粋に下からの制度改革」である。特区では、上位政府がすべての特区を見渡す外部観察者であり、制度全体の設計主体であるが、社会運動ではそうした政策主体は存在しない。社会運動は、相互作用子が自らの持つ複製子の中に人為的に変異を創り出す行為であり、ミクロ・メゾ・マクロ・ループのダイナミクスを通じて社会的に共有されたルールである制度が相互作用子間の相互作用の中から創発する。ここで、「相互作用子間の相互作用」とは、民間団体や市民が意識的に行う活動と、そ

れにたいする他の民間団体や市民の反応のことである。ここでは、主体の価値や意識、すなわち内なる制度を媒介するという意味で社会運動も広い意味での「政策」であると考える。

　そこでは、既存の制度を形作る複製子とは異なる新しい複製子を生み出すような創意工夫とともに、そうした新奇さを広く共有化していく実行能力が求められている。資本主義的市場経済では企業者が超過利潤を求めて新技術や新商品を革新するが、非資本主義的経済社会では社会的企業者が名声や地位の獲得のみならず、理念・理想の実現や自己の実現を目的として制度を革新しようと試みている。ここで、社会的企業者とは、企業家、政治家、活動家、市民としての個人であっても、NPO、企業、政党、団体のような組織、地域やSNSのようなコミュニティであってもよい。もちろん、「特区」や「社会運動」はそれが「実験」的な性質を持つものである限り、新しい複製子は現存する経済社会環境の中で生き残れず淘汰されてしまうことも少なくないし、たとえ、生き残ったにしても、相互に補完的な役割を果たす他の制度（人々の関心や価値などの内なる制度も含む）が未確立であるため十分普及しなかったり、その新制度がもたらすマクロレベルの秩序やパターンの変化が経済社会環境を変化させることになり、その新たな環境の中で淘汰されてしまうこともあるだろう。「特区」や「社会運動」は、社会的企業者が遂行するそうしたリスクを伴った社会的イノベーションである。

　市民、企業、地域などの相互作用子がすでに保持している複製子の中には、現行の制度の下では中立的ないし若干劣位な表現型上の形質を発現させるため、淘汰されずに保存されており、新しい制度的環境の下ではより優位な形質を発現させる「中立的な」複製子が含まれているだろう。そうした中立的な複製子に表現される市民、企業、地域の独自性や創造力を発現させるためには、特定の施策やプロジェクトを推奨するよりも、市民、企業、地域が望むプロジェクトの実行にたいして禁止・抑制機能を果たしているルールを除去して、実行可能な自由の領域を広げることの方がより有効であるかもしれない。現行の法・規制体系や制度が足かせになっていて新たな試みが実現できない場合、規制緩

和と再規制によりそれを一時的・局所的に取り払って、そうした試みを積極的に行おうとする自治体や団体等に実験させれば、それらが持つ創造性を自発的に発揮させることになろう。そして、相対的に成功事例を多く生み出す特区の拡大を漸次的に認めて行けば、法・規制体系は地域の自発性や分権性を生かす方向へ進化していくものと考えられる。中央政府による特区認定は申請する自治体や民間団体が提案する変異をイノベーション（革新）として普及させる政策だが、そうした変異が仮に顕著に有用な効果がなくてもさしたる弊害がないのであれば許可していくことにより、「中立的」複製子の多様性を生み出すことにつながる。

　特区や社会運動にたいして、先に述べた制度変更型補助金を給付することはできる。しかし、特区や社会運動といった政策は補助金を支給しなくとも実行可能であるので、政府の財政負担が軽減される点は強調されるべきであろう。もちろん、特区や社会運動が新たな複製子を生み出し、その多様性が増す確率は補助金の支給により高まるにせよ、新しい複製子が広く伝播して制度として定着する確率が高まるかどうかはわからない。補助金を得て運用される特区や社会運動が一定期間持続できたとしても、補助金がなくなって自立存続していけるかどうかは不確実であるからである。一般に、補助金に依存する特区や社会運動は脆弱であり、補助金が切れると持続できなくなることも少なくない。

7.6 メディア・デザイン

　前節では、制度変更型政策として考えられる補助金、特区、社会運動について説明した。それは、制度が進化する形態に着目して具体的施策を分類するものであった。それにたいして、本節では制度変更型政策の原理である進化主義的制度設計について説明したい。進化主義的制度設計とは、経済社会的制度の中でも、主体の認知・行動の枠組みを与えることで、社会経済システムのあり方を基本的に規定するプラットフォーム制度のルール（複製子）に人為的変異

を加えることで望ましい政策効果を発揮するよう制度をデザインすることである。プラットフォーム制度を表現媒体であるメディアと考えれば、これを「メディア・デザイン」と呼ぶこともできる。これが、進化経済学に特有な遺伝子型制度設計の基本原理である。ここでの設計（デザイン）とは、政府の直接的な介入により、ミクロの主体の行動計画を詳細に決定したり、メカニズムの機能やパフォーマンスを直接に制御したりすることではなく、ルールが設定するシステム境界をデザインすることでメカニズムの機能やパフォーマンスを間接的に制御することである。メディア・デザインは自生的な進化概念と矛盾するものではなく、それと相補的な概念であるので、このような制度設計論を「進化主義的」と呼ぶ。その理由について、もう少し詳しく説明しよう。

　制度設計にたいするアプローチは大きく構築主義、操作主義、進化主義の三つに分けられる。

　まず、構築主義とは、システム外部の視点から、経済世界を独立かつ不変の内的属性（認知・行動ルール）をもつ要素単位（個人と企業）へ分解し、その相互作用をトップダウン式に制御しうるようなモデルを設計しようとする立場である。そこでは、個人や企業などの経済主体はどれも同じで変化しないことが前提になっており、制度設計とは、こうした演繹的モデルにおけるインセンティブ・メカニズムのミクロ・パラメータを変更することであると考える。この立場を代表するものとしては、システムをミクロ主体の振る舞いから一挙に構築するミクロ理論、とくに一般均衡分析やマクロ経済学のミクロ的基礎付け、メカニズム・デザイン論が挙げられる。これはまた、現実の状態をパレート効率性のような規範基準から一元的に評価し、世界と理想モデルの一対一対応を追求する試みでもある。それは、現実の世界がミクロレベルから詳細に記述される理想状態に近接するほど「望ましい」と規範的に判断する。もしそのような理想状態をゼロから一挙に建設することができるならば、それを最善であるとみなすので、構築主義はラディカルな「計画思想」を暗黙的に内包しているのである。

　他方、操作主義とは、構築主義のようにシステムを基礎的構成要素のミクロ

的振る舞いから経済世界を詳細に記述するのではなく、経済世界のマクロ的現象のパターンを描写できるようにアドホックに粗視化したモデルを採用することで、より現実的で容易な政策立案を可能にする立場である。1部門ないし2部門モデル、産業連関分析など多くの伝統的なマクロ経済モデルはこれに属する。すでに「社会工学」で見たように、経済社会的制度を基本的に与件とみなした上で、政策主体が金利や政府支出といったマクロ・パラメータを調整することで、マクロ経済のパフォーマンスをコントロールし、不平等や不公正などのミクロ的な問題は補助金や社会保障によって是正しようという立場である。

　進化主義とは、構築主義とは異なり、要素単位の異質性や可変性を前提とする立場である。個人や企業は、各々独自な認知枠や価値・動機を持つ個性ある主体であり、経験や学習を通じてそうした価値や動機を含む認知・行動ルールも変化していくと考える。経済主体の内部ルールが変わることを認めた上で、とくに内部ルールを大きく規定するプラットフォームに焦点を絞って制度設計を考えるのが進化主義的制度設計である。すなわち、それは、外なる制度のみならず、内なる制度の政策的な変更を認める立場である。

　ひとたび、主体の内的属性の異質性と可変性を認めると、メゾレベルのプラットフォーム制度（外なる制度）の変更がマクロ・パフォーマンスを変えるだけではなくて、ミクロレベルにある主体の内部ルール（内なる制度）に影響を与えることを考慮に入れなければならなくなる。この相互作用（再帰性）の結果、望ましいマクロ・パフォーマンスを得られる方向へ試行錯誤的にプラットフォーム制度を変えていくのが進化主義的制度設計である。その実際の施策として補助金、特区、社会運動があるのはすでに見たとおりである。

　社会経済進化では、社会的制度が変われば、それに基づいて成立する経済社会のマクロ状況や人々の動機や価値観が変わるとともに、その結果として変化する人々の行為が社会的制度に影響を与える。こうした相互作用が複雑に絡み合ったミクロ・メゾ・マクロ・ループの中では、主体の戦略的行動の適応度は絶えず変化する。また、複数の制度が競合的・補完的関係を形成しながら生成・変化する「制度生態系」では、ある制度の有効性は他の制度から独立に定

義できない。したがって、社会経済進化では、政策主体がシステム効率性やマクロ経済成長率のような単一の基準に基づいて制度効果を評価し、それに基づいた制度設計案を提示することは理論的に困難である。むしろ、いかなる新たな事象やリスクが生起するか事前にはまったく知りえないという根源的な不確実性を前提とすれば、制度的多様性がそうした不確実性への保険となる。したがって、複数の制度が共存・共進化する制度生態系そのものが長期的持続可能性を保持しうるような制度変更型政策を試行錯誤的に探索することが求められる。地球生態系の進化にとって生物多様性の維持が不可欠であるように、制度生態系の進化にとって制度の人為変異（イノベーション）を通じた多様性の保持が不可欠である。それは、単にいまわれわれがその中で生きる資本主義市場経済という経済システムを前提とした上での制度的多様性に限られるものではない。たとえば、非資本主義市場経済により適合的な協同組合、NPO、家族といった制度が資本主義市場経済の中で淘汰されてしまえば、それらの制度は未来永劫失われるが、それらが中立的な複製子（ルール）としてかろうじて生きのびるならば、環境が異なる未来において繁栄する可能性を持つであろう。また、根源的な不確実性の下では、現時点では存在していないか、その萌芽すらも見えないような未知の可能性が存在することも認めなければならない。制度的多様性が意味することは、未来の経済社会が到達できる潜在可能性の幅を広く残しておくということでもある。特区や社会運動、および、それらにおける制度変更型補助金はこうした制度的多様性を創出するために有効である。

7.7 進化主義的制度設計と地域ドック

　第7章第5節では、制度変更型政策として補助金、特区、社会運動を取り上げたが、本節では、制度変更型政策のローカルレベルにおける具体的手法である「地域ドック」について簡単に議論する。地域ドックとは、地域の経済社会を総合的に診断し、住民が自己評価を通じて現状改善に導く総合的評価法であ

り、補助金、特区、社会運動で利用されうる。ここでは、その概念、特色、位置づけ、方法論を示す。

7.7.1 「地域ドック」とは何か？

「地域ドック」とは、何をもとにして発想されてきたものであるのか、そして、その目指すものは何か、地域ドックはどのようにして行うものなのか、主体者は誰であり、研究者の立ち位置はどこにあるのか。新しい概念や方法論についての疑問は尽きることがない。ここでは、これらの疑問に即して、地域ドックの内容について、説明を加えていくことにする。

「地域ドック」という言葉は、「人間ドック」のアナロジーとして着想されたものである。人間ドックは、定期的に実施される総合健康診断の一種といえる。その内容は、一人の身体的状態を評価するために、様々な診断分析により客観データを収集し、収集されたデータをもとにして、現在の健康状態の良し悪しを判定する。そして、その結果を問診において医者が本人に伝え、たとえば、肥満や高脂血症など病気の兆候について本人の自覚を促し、食事や運動など日常生活における体調維持を反省し、その改善策を講じ、実行に移すよう説得する。病気など大きな問題点を発見した場合には、治療や手術という医療上の方策を取ることもある。客観的なデータを収集し、専門家である医師の助言を参考にしながら、本人が体調を自己管理していくことを想定したシステムのことを意味している。一言でいえば、人間ドックは、自覚症状がない病気を早期発見・治療するための診療技法である反面、予防の観点から被験者が健康状態を確認して生活習慣を改善するための自己評価手法でもある。

これと同じく、地域ドックとは、調査分析者が地域経済社会の現状を診断・評価し、必要な対策を講ずるための包括的な調査分析体系であると同時に、地域の当事主体（住民、企業、団体、NPO、行政）が、地域活動のあり方を自己認識して、その問題点を自発的に修正していくための自己評価・自己修正の手法である。それは、地域生活の当事者である地域住民が自らの生活する地域社会を自らが積極的に振り返りながら、求める社会像の設定とその像に近づい

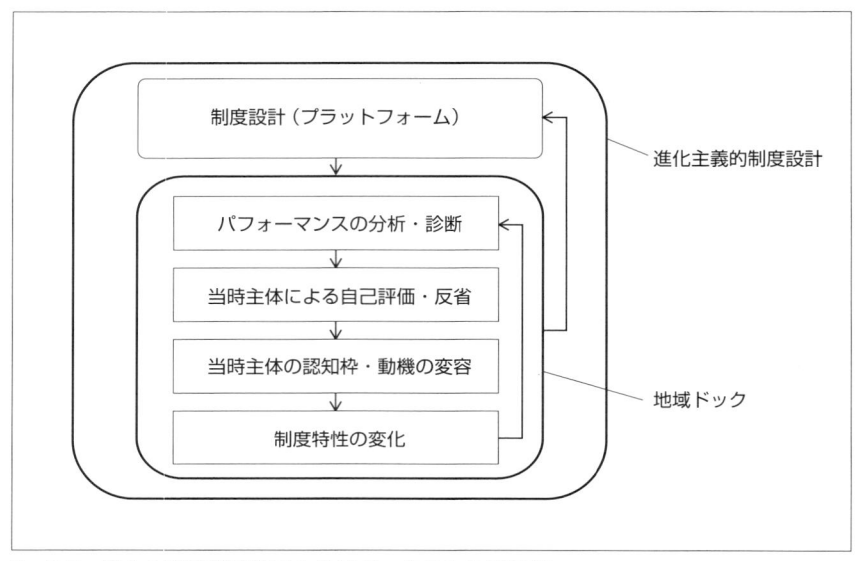

```
┌─────────────────────────────────────────────┐
│  ┌───────────────────────────────────────┐  │
│  │   ┌─────────────────────────┐         │  │
│  │   │ 制度設計（プラットフォーム）│←──┐    │  │ 進化主義的制度設計
│  │   └─────────────────────────┘    │    │  │
│  │              ↓                    │    │  │
│  │   ┌─────────────────────────┐    │    │  │
│  │   │ パフォーマンスの分析・診断│─┐  │    │  │
│  │   └─────────────────────────┘ │  │    │  │
│  │              ↓                 │  │    │  │
│  │   ┌─────────────────────────┐ │  │    │  │
│  │   │ 当時主体による自己評価・反省│ │  │    │  │
│  │   └─────────────────────────┘ │  │    │  │ 地域ドック
│  │              ↓                 │  │    │  │
│  │   ┌─────────────────────────┐ │  │    │  │
│  │   │ 当時主体の認知枠・動機の変容│ │  │    │  │
│  │   └─────────────────────────┘ │  │    │  │
│  │              ↓                 │  │    │  │
│  │   ┌─────────────────────────┐ │  │    │  │
│  │   │ 制度特性の変化           │─┘──┘    │  │
│  │   └─────────────────────────┘         │  │
│  └───────────────────────────────────────┘  │
└─────────────────────────────────────────────┘
```

fig.7-3　進化主義的制度設計と地域ドックの入れ子関係

ていけるかどうかを検討し、社会進化を是としながらの地域政策の設計と実施を行うためのツールであるわけである。

　では、進化主義的制度設計と地域ドックの関係はどうなるのか。まず、政策当事者がプラットフォームの制度設計を行い、その制度の下でのパフォーマンスの分析・診断を行い、そうした結果を基にして、地域の当事主体（住民、企業、団体、NPO、行政）が自己評価や反省を行う。そうしたプロセス評価を経て、当事主体の認知枠や動機そのものが変容する結果として、制度特性が変化を被ることになろう。同じ制度の下で再び実践が行われ、以上と同じプロセスを繰り返す。こうして地域ドックが一つのループを形成する。このループで蓄積された各種の経験や知見が地域通貨などのプラットフォームの制度設計へとフィードバックされ、制度の中の一部のルールに関する微調整が行われるか、より全般的なルールの変更を伴う再設計が行われる[2]。そして、新しい制度の下、以上のプロセスが繰り返されることになる。このように、進化主義的制度設計と地域ドックは入れ子型に組み合わされ、実行されていくのである（fig.7-3）。

7.7.2 地域ドックの必要性：地域（ローカル・コミュニティ）の重要性

なぜ、地域ドックが必要とされるのだろうか。地域生活の設計や評価にあたり、従来から行われてきている代表的な手法は、地域政策形成の専門家や行政が、地域の生活状況の良し悪しを評価、判断するため、当該地域の生活に関わるデータを定量的・客観的に収集、それらのデータを用いることによって、地域発展の度合いや問題点を浮き彫りにし、解決策の策定を行ってきた。しかし、この手法では、地域住民の主体性は十分ではなく、地域をよくしていくのは住民自身であるという内発性を担保することも難しい。

地域（ローカル・コミュニティ）を重要視することが求められている背景を探ってみると、そこには、人間のよりよき生活のあり方を追求することの必要性の高まりを見て取ることができる。

第二次世界大戦後世界において、個別の人々の効用を高めていくことが前提とされた開発経済学の理論に基づき、「開発」の旗印の下、物質的な豊かさを測ることを基盤にした豊かな社会設計を目指してきた。開発政策は、経済成長政策、貧困格差の是正を目指す経済分配政策、基本的生活充足政策、構造調整政策、貧困者への支援優先政策などが適用されてきた。これらは、経済開発中心から、徐々にではあるが、社会開発にも目を向けた政策へとシフトしてきたのであるが、根底にある個々人の効用概念を是とする制度を与件としてきた政策ツールの展開であった。開発の効果や成果をはかる尺度として、GDPに代表される経済指標が用いられてきた。そして、この指標の動向によって、政策の効果を図ってきたのである。

経済学の中においては、経済成長を高めることに目を向けることがあっても、その成長につなげるためのプロセス自体に多くの関心を払ったり、着目したりすることは少なかった。結果的に、高いGDPを達成できれば、それが政策の有効性を証明するとしてきたからである。実際、戦後の経済成長に目を向けると、経済成長を高めてきた国々の評価はきわめて高く、そこに何の疑問の余地

もないかのように考えられてきた。その典型例こそ日本であると言えよう。

　日本の経済発展は、世界銀行が「東アジアの奇跡」を出版する動機となるなど、戦後の経済開発の一つのあり方を示してきた。1948年から2005年までのGDPの推移を見てみれば、増加のペースには多寡があるものの、ほぼ一貫して、GDPの増加を達成してきたことがわかる。そして、この増加が教育や保健サービスの向上に寄与してきたことは社会全体の福利のプラスであるとともに、個々人の生活の向上と受け止めることができる。しかし、日本人の生活評価はGDPの伸びという恩恵と歩調を揃えながら、増加してきてはいない。生活への満足度を1978年度以来、3年ごとに経年で調査してきた内閣府の国民生活選好度調査のデータ結果によれば、1984年度をピークにして、以後、2008年まで一貫して低下してきているのである（草郷［2009］, 内閣府［2009］）。イースタリンの唱えた「所得のパラドクス」が日本にも当てはまっているわけで、従来の制度不変型のアプローチでは、経済学をはじめ、社会科学が目指してきている人々の幸せやより良き生活の実現につながってはいない可能性が示唆されているのである。

　このような現状の中、制度変更型政策につながる考え方が登場してきているのも事実である。その代表格は、1998年にノーベル賞を受賞したアマルティア・センの唱えてきた「潜在能力アプローチ」であり、この考え方に依拠した人間開発の考え方が幅広く支持されてきている。実際、開発政策の現場において、経済開発や社会開発にとどまらない、人々の豊かさ（well-being）を追求する「人間開発」の視点が注目を集めつつある。

　人々の生活改善を図るためには、一人ひとりの潜在的な能力を向上させ、多次元的な意味での豊かさ（well-being）を改善していく開発のあり方の追求が重要であるとの認識が国際的な広がりをみせてきている。開発問題についてセンは、単に多種多様なものやサービスを提供することだけが豊かな経済社会を保証するわけではないと考え、人が各々の持つ特性や選好を生かして、自らの判断で好ましい生き方のための行動を選択できるような自由度を高く持ちうる社会の建設が人間開発の目的であると唱えてきた。潜在可能性を高める社会の

実現こそ開発の目標である。この目標の実現にとって、人々が生活する地域社会（ローカルコミュニティ）の開発は大きな重要性を持っている。

豊かさをどのように捉えていくべきかという議論において目を引くものとして、経済面のみに限定されない、多次元における豊かさの構築という課題がある。1990年に発表後、世界中で一番活用されているといわれる人間開発指標（HDI）に始まり、その後、様々な豊かさ指標（well-being index）がカナダなどで構築されてきた。また、最近では、ブータンのように、幸福を中心に据えた国民総幸福（GNH）指標の構築がなされてきている。

また、2009年にはフランスのサルコジ大統領によって委託されスティグリッツとセンが監修した報告書（Stiglitz, Sen, Fitoussi [2009]）が公刊されたことにも見られるように、人々の生活改善を図るためには、一人ひとりの潜在的な能力を向上させ、多次元的な意味での主観的な健康や幸福（well-being）を改善していく開発のあり方が重要であるとの認識が国際的な広がりをみせてきている。

これらの指標化の試みによって、豊かさを多面的に測ることの重要性への理解が進んできているといえるが、住民が主体的に豊かな社会づくりに取り込むことの保証にはならない。地域住民と地域行政による地域社会の豊かさづくりへの取り組みそのものの成果の確認、継続的に活動を発展させうる「しかけ」が必要となっている。地域ドックとは、住民、住民組織、行政などの地域生活の当事者の手によって、よりよい生き方を求める価値意識の進化によって、より高次の well-being の達成を目指す政策ツールであり、その必要性が高まっている。

7.7.3　制度変更型政策ツールとしての地域ドック

日本における地域開発は、所得倍増以後のパイの拡大政策が全国総合開発計画の根幹とされ、制度不変型の地域政策が実践されてきた。豊かさは、上記したように、高い GDP の達成であり、教育や保健の向上につながった。しかし、生活満足度の低落が示すように、人々は、既存の経済社会開発により享受され

るようになった生活に対して、何らかの不満足を感じていったわけである。満足度を左右する要因は、個人レベルと社会レベルの要因が関係し合っているものと思われるが、高度成長期に起きた深刻な公害問題、核家族化による生活スタイルの変容など、既存の開発のもらたす負の側面と人々の価値観の変化などが影響を与えていたのではないかと考えられる。

人間ドックの結果が引き起こす人々の健康意識の変化や価値観の変容と同様に、地域ドックの導入によって、地域生活当事者である住民自身の生活意識や地域社会にたいする価値意識の変容が自意識化され、その結果、経済システムを含む社会発展のあり方に変化が生まれる可能性がある。また、地域ドックによって、人々の持つ価値意識の変化が把握される場合には、その変容をもとにして、新しい価値意識に即した社会設計・政策が必要となる。つまり、地域ドックとは、制度変更型社会の創出に有効な政策ツールとして位置づけられるのである。以下、地域の経済社会を総合的に診断し、住民が自己評価を通じて生活現状の改善に導く総合的内発的評価法として「地域ドック」を体系化することが求められているのである。

要するに、地域ドックとは、所与の制度設計の下での、a）マクロパフォーマンスの分析診断、b）当事主体による自己認識・自己反省、c）主体の認知枠・動機の変容、d）制度特性の変化という一連の過程から成り立つものであり、それは制度間相互作用、制度－主体間相互作用を通じて、制度生態系のダイナミックな変化を生成する。

地域生活の設計や評価にあたり、従来から行われてきている代表的な手法は、地域政策形成の専門家や行政が、地域の生活状況の良し悪しを評価、判断するため、当該地域の生活にかかわるデータを定量的・客観的に収集、それらのデータを用いることによって、地域発展の度合いや問題点を浮き彫りにし、解決策の策定を行ってきた。このような制度不変型政策手法では、地域住民の主体性は容易に担保されず、地域をよくしていくのは住民自身であるという住民の内発的意識の形成にもつながることは難しい。

日本においても、衰退する農村地域や地方都市の問題が深刻となっており、

どのようにしたら、主体性を持ちながら、生活地域の持つ豊かさの構築を実現できるのかという課題が関心を集めてきている。すなわち、「制度不変型政策」では通用しない地域社会が多数出てきているというのが現状である。

ここで、地域ドックの制度変更型政策特性を明確にするために、参加型社会支援プロセスについて触れておく。

制度不変型政策の考え方に基づく旧来型の社会支援プロセスは、外部専門家による調査、分析、政策提言に依拠している。専門家も依頼者側の依頼内容によって関わりを持つステージが異なることになるので、継続的なアドバイスを期待、要求されるケースはまれであり、細切れのリクエストに答えていくことになりがちである。学際的な考え方やアプローチは尊重されず、常に専門性による判断が優先することになる。アドバイスも報告書の提示と説明というかたちを取り、成果にたいする保障やその評価は確約されない。評価は経済指標による検証に委ねることになるだろう。これでは、包括的で一貫した社会支援は望めない。

他方、制度変更型政策に基づく社会支援プロセスは参加型になる。住民など生活当事者による問題発見を前提として支援がなされるため、アドバイザーも専門性だけでなく学際性が求められ、知の発現を促進するファシリテータ（facilitator）の役割を担うこととなり、社会支援のベースライン、プロセス、最終段階のすべてのステージに関与することになり、調査・評価方法も集団やチームをベースとする地域ドックアプローチとなる。客観的・主観的、定量的・定性的な調査分析手法を相互に補完させ、最終結果を経済指標で評価するだけでなく、支援プロセスにおける参加者自身による相互評価や討議の内容を考慮した総合的な評価を目指していく。

最後に地域ドックの特色をまとめてみよう。
・主体的・内発的な生活改善支援のしくみ
・地域住民による「プロセス評価」の一種
・地域行政政策形成への活用可能性
・アクション・リサーチの活用（当事者の学習：パウロ・フレーレ型の社会発

展手法。気づきと生活改良の活動と政策）

　これらの特徴を鑑みるならば、地域ドックとは「運動 action」であると同時に、「政策 policy」でもあると言えよう。

　政策（policy）というと、今日では中央政府や地方政府によるトップダウン型の施策を思い浮かべるが、元来は都市の自治的統治（police）のための方針や方策を意味するのだから、ボトムアップ型の地域ドックを「政策」と呼ぶことは可能であろう。制度変更型政策にはすでに見たように補助金、特区などの集権的政策だけでなく、社会実験、社会運動のような分権的政策もある。地域ドックのような分権的、内発的、参加型の手法は前者の集権的政策でも利用可能だが、とくに後者の分権的政策で必要とされている。

1) 制度生態系を表現する数理モデルの一つとしてルール・ダイナミクス（Hashimoto and Nishibe [2005]）が挙げられる。これは、進化ゲームの枠組みにおいて制度をゲームで表し、複数のゲームの相対頻度に関するメタルールが存在するという条件の下、複数の制度がその規模を変化させつつ共存する状況を記述しているが、ここで述べたミクロ・メゾ・マクロ・ループを内蔵する制度生態系を表現していない。
2) 地域ドックについてより詳しくは、西部・草郷・橋本・吉地（2010）を参考にしていただきたい。進化主義的制度設計と地域ドックの具体的事例としては、北海道苫前町における地域通貨流通実験を挙げておく。これについては西部（2006）を参照のこと。

参考文献

Amable, B. (2003) *The Diversity of Modern Capitalism*, Oxford University Press (アマーブル (2005), 山田鋭夫・原田祐治他訳『五つの資本主義：グローバリズム時代における社会経済システムの可能性』藤原書店)

Aoki, M. (2001) *Towards a Comparative Institutional Analysis*, The MIT Press (青木昌彦 (2001), 瀧澤弘和・谷口和弘訳『比較制度分析に向けて』NTT 出版)

Bhaskar, R. (1975) *A Realist Theory of Science*, Harvester Press, 1978 (2ed.), (バスカー (2009), 式部信行訳『科学と実在論』法政大学出版局)

Boyd, R., Richerson, P. J. (1985) *Culture and the Evolutionary Process*, The University of Chicago Press.

Brady, N. F. (1988) *Report of the Presidential Task Force on Market Mechanisms*, Government Printing Office.

Brus, W., Laski, K. (1989) *From Marx to Market*, Oxford University Press (ブルス＝ラスキ (1995), 佐藤経明・西村可明訳『マルクスから市場へ』岩波書店)

Caldwell, B. J. (1982) *Beyond Positivism*, George Allen & Unwin (コールドウェル (1989), 堀田他訳『実証主義を超えて』中央経済社)

Cheng, L. K. and Kierzkowski, H. (2001) *Grobal Production and Trade in East Asia*, Kluwer Academic Publishers.

Daly, H. E., Cobb, B. Jr. (1994) *For the Common Good: Redirecting the Economy toward Community, The Environment, and a Sustainable Future*, Beacon Press.

Dawkins, R. (1976) *The Selfish Gene*, Oxford University Press (ドーキンス (1991), 日高敏隆他訳『利己的な遺伝子』紀伊國屋書店)

Dawkins, R. (1982) *The Extended Phenotype*, Oxford University Press. (ドーキンス (1987), 日高敏隆他訳『延長された表現型』紀伊國屋書店)

Deardorff, A. V. (2001) 'Fragmentation in Simple Trade Models', *North American Journal of Economics and Finance*, Vol. 12, pp. 121-137.

Dopfer, K. (ed.) (2005) *The Evolutionary Foundations of Economics*, Cambridge University Press.

Dopfer, K., Potts, J. (2008) *The General Theory of Evolutionary Economics*, Routledge.

Dunning, J. H. (1981) *International Production and the Multinational Enterprise*, George Allen & Unwin.

Florida, R. (2002) *The Rise of the Creative Class*, Basic Books (フロリダ (2008), 井口典夫訳『クリエイティブ資本論──新たな経済階級の対等』ダイヤモンド社)

Friedman, M. (1970) 'The Social Responsibility of Business is to Increase its Profits', *The New York Times Magazine*, September 13.

Giddens, A. (1976→1993) *New Rules of Sociological Method*, Hutchinson (ギデンズ (1987→2000), 松尾精文・藤井達也・小幡正敏訳『社会学の新しい方法規準：理解社会学の共感的批判』而立書房)

Gould, S. (1989) *Wonderful Life*, W W Norton & Co Inc (グールド (1993), 渡辺政隆訳『ワンダフル・ライフ──バージェス頁岩と生物進化の物語』早川書房)

Gould, S. (1996) *Full House: The Spread of Excellence from Plate to Darwin*, Harmony Books (グールド (1998), 渡辺政隆訳『フルハウス──生命の全容：四割打者の絶滅と進化の逆説』早川書房)

Hashimoto, T., Nishibe, M. (2005) 'Rule Ecology Dynamics for Studying Dynamical and Interactional Nature of Social Institutions', M. Sugisaka & H. Tanaka (eds.), *Proceedings of the Tenth International Symposium on Artificial Life and Robotics* (*AROB05*), CD-ROM.

Hall, P. A., Soskice, D.W. (2001) *Varieties of Capitalism: Institutional Foundations of Comparative Advantage*, Oxford Press (P. A. ホール, D. ソスキス (2007), 遠山弘徳他訳『資本主義の多様性：比較優位の制度的基礎』ナカニシヤ出版)

Hayek, F. A. (1948) *Individualism and Economic Order*, University of Chicago Press. (ハイエク, 嘉治元郎, 嘉治佐代訳『個人主義と経済秩序』春秋社, 2008年)

Hayek, F. A. (1973(I), 1976(II), 1979(III)) *Law, Legislation, and Liberty : A New Statement of the Liberal Principles of Justice and Political Economy*, The University of Chicago Press (ハイエク (1998), 矢島釣次他訳『法と立法と自由 I, II, III (ハイエク全集 8 -10)』春秋社)

Helpman, E., Krugman, P. R. (1989) *Trade Policy and Market Structure*, The MIT Press (ヘルプマン, クルーグマン (1992), 大山道広訳『現代の貿易政策――国際不完全競争の理論』東洋経済新報社)

Hodgson, G. M. (1993) *Economics and Evolution: Bringing Life Back into Economics*, Blackwell Publishers (ホジソン (2003), 西部忠監訳, 森岡真史・江頭進他訳『進化と経済学』東洋経済新報社)

Hodgson, G. M. (1999) *Economics and Utopia: Why the Learning Economy Is Not the End of History*, Routledge (ホジソン (2004), 若森章孝・小池渺・森岡孝二訳『経済学とユートピア：経済社会システムの制度主義的分析』ミネルヴァ書房)

Huxley, T. H. (1862=1886) *On the Origin of Species: or the Causes of the Phenomena of Organic Nature*, R. Hardvick (1862), Appleton (1886) (ハックスレー (1889), 伊澤修二訳『進化原論』丸善商社)

Jones, R. and Kierzkowski, H. (1990) 'The role of services in production and international trade: A theoretical framework', in Jones, R. and Krueger, A., *The political economy of international trade: Festschrift in honor of Robert Baldwin*, Basil Blackwell, Oxford.

Kauffman, S. (1995) *At Home in the Universe: The Search for Laws of Self-Organization and Complexity*, Oxford University Press (カウフマン (1999), 米沢富美子訳『自己組織化と進化の論理――宇宙を貫く複雑系の法則』日本経済新聞社)

Kauffman, S. (2000) *Investigations*, Oxford University Press (カウフマン (2002), 河野至恩訳『カウフマン, 生命と宇宙を語る――複雑系からみた進化の仕組み』日本経済新聞社)

Keynes, J. M. (1936) *The General Theory of Employment, Interest and Money*, Macmillan. (ケインズ (1995) 塩野谷祐一訳『雇用, 利子および貨幣の一般理論』東洋経済新報社)

Kimura, S. (2007) *The Challenges of Late Industrialization: The Grobal Economy and the Japanese Commercial Aircraft Industry*, Palgrave Macmillan.

Kornai, J. (1971) *Anti-Equilibrium*, North-Holland Publishing (コルナイ (1975), 岩城博司・岩城淳子訳『反均衡の経済学』日本経済新聞社)

Krugman, P. R. (1991) 'Increasing Returns and Economic Geography', *Journal of Political Economy*, Vol. 99, pp. 183-199.

Krugman, P. R. (1995) *Development, Geography, and Economic Theory*, The MIT Press (クルーグマン (1999), 高中公男訳『経済発展と産業立地の理論』文眞堂)

Kusago, T. (2007) 'Rethinking of Economic Growth and Life Satisfaction in Post-WWII Japan? A Fresh Approach', *Social Indicators Research*, Vol. 81, No. 1, pp. 79-102.

Kuznets, S. (1941) *National Income and Its Composition, 1919-1938*, National Bureau of Economic Research.

Lakatos, I. (eds. Worrall, J., Currie, G.) (1978) *The Methodology of Scientific Research Programmes*, Cambridge University Press, 1978（ラカトシュ（1986），村上陽一郎・井山弘幸・小林傳司・横山輝雄共訳『方法の擁護——科学的研究プログラムの方法論』新曜社）

Lawson, T. (1998) *Economics and Reality*, Routledge（ローソン（2003），八木紀一郎監訳，江頭進・葛城政明訳『経済学と実在』日本評論社）

Lenin, V. (1917) *Империализм как высшая стадия капитализма*, Zhizn'i znanie（レーニン（1956），宇高訳基輔訳『帝国主義——資本主義の最高の段階としての』岩波文庫）

Lewis, W. A. (1954) 'Economic Development with Unlimited Supplies of Labor', *Manchester School of Economic and Social Studies*, Vol. 22, pp. 139–91.

Lucas R. (1976) 'Econometric Policy Evaluation: A Critique', in Brunner, K., Meltzer, A., *The Phillips Curve and Labor Markets*, Carnegie-Rochester Conference Series on Public Policy, Vol. 1, pp. 19–46, American Elsevier.

Luhmann, N. (1984) *Soziale Systeme: Grundriß einer allgemeinen Theorie*, Suhrkamp Verlag, Frankfurt am Main（ルーマン（1993）『社会システム理論』上下巻，佐藤勉（監訳），恒星社厚生閣）

Malinowski, B. K. (1922) *Argonauts of the Western Pacific*（マリノフスキー（2010），増田義郎訳『西太平洋の遠洋航海者』講談社学術文庫）

Malthus, T.R., (1823) *The Measure of Value stated and illustrated, with an application of it to the alternation in the value of the English currency since 1790*,（マルサス（1949），玉野井芳郎訳『価値尺度論』岩波文庫）

Mauss, M. (1925) *Essai sur le don par Marcel Mauss*（モース（2009），吉田禎吾・江川純一訳『贈与論』ちくま学芸文庫）

Marx, K. (1859) *Zur Kritik der politischen Ökonomie*, in Marx-Engels-Werke, Bd. 13, Dietz Verlag（マルクス（1956），武田隆夫他訳『経済学批判』岩波文庫）

Marx, K. (1867) *Das Kapital, I, II, III in Marx-Engels-Werke*, Bd. 23, 24, 25, Dietz Verlag（マルクス（1972），岡崎次郎訳『資本論』(1)〜(8)，国民文庫）

McCloskey, D. N. (1985) *The Rhetoric of Economics*, University of Wisconsin Press,（マクロスキー（1992），長尾史郎訳『レトリカル・エコノミクス：経済学のポストモダン』ハーベスト社）

Nelson, R. R., Winter, S. (1982) *An Evolutionary Theory of Economic Change*, Belknap Press of Harvard University Press（ネルソン，ウィンター（2007），後藤晃・角南篤・田中辰雄訳『経済変動の進化理論』慶應義塾大学出版会）

Onuf, N. G. (1989) *A World of Our Making: Rules and Rule in Social Theory and International Relations*, University of South Carolina Press Papava 2005.

Papava, V. (2005) *Necroeconomics: The Political Economy of Post-Communist Capitalism*, iUniverse.

Polanyi, K. (1944) *The Great Transformation: The economic and Political Origins of Our Time*, Beacon Press（K. ポランニー（2009），野口建彦・栖原学訳『大転換——市場社会の形成と崩壊』東洋経済新報社）

Polanyi, M. (1958) *Personal Knowledge*, The University of Chicago Press（M. ポラニー（1985），長尾史郎訳『個人的知識：脱批判哲学をめざして』ハーベスト社，1985年）

Popper, K. (1959) *The Logic of Scientific Discovery*, Basic Books（ポパー（1971，1972，大内義一・森博訳『科学的発見の論理』上下，現代思想社）

Posner, R. A. (2003) *Law, Pragmatism and Democracy*, Harvard University Press.

Posner, E. (ed.) (2007) *Social Norms, Nonlegal Sanctions, and the Law*, Edward Elgar.

Putnam, R. D. (1994) *Making Democracy Work: Civic Traditions in Modern Italy*, Princeton University Press（パットナム（2001），河田潤一訳『哲学する民主主義――伝統と改革の市民構造』NTT 出版）

Ricardo, D. (1817) *On the Principles of Political Economy and Taxation*, John Murray（リカード（1987），羽鳥卓也，吉沢芳樹訳『経済学および課税の原理』岩波文庫）

Rostow, W. W. (1960) *The Stages of Economic Growth: A Non-Communist Manifesto*, Cambridge University Press（ロストウ（1961），木村健康・久保まち子・村上泰亮訳『経済成長の諸段階――一つの非共産主義宣言』ダイヤモンド社）

Schor, J. B. (1998) *The Overspent American : Upscaling, Downshifting, and The New Consumer*, Basic Books（ショアー（2000），森岡孝二監訳『浪費するアメリカ人』岩波書店）

Sen, A. K. (1985) *Commodities and Capabilities*, North-Holland（セン（1988），鈴村興太郎訳『福祉の経済学――財と潜在能力』岩波書店）

Simon, H. A. (1969, 1981 (2ed), 1996 (3ed)) *The Sciences of the Artificial*（サイモン（1977, 1987(2), 1999(3)），稲葉元吉・吉原英樹訳『システムの科学』パーソナルメディア）

Smith, A. (1776) *An Inquiry into the Nature and Causes of the Wealth of Nations*, W. Strahan and T. Cadell.（スミス（1965），大内兵衛訳『諸国民の富』岩波文庫）

Soros, G. (2008) *The New Paradigm for Financial Markets: The Crash of 2008 and What It Means*, PublicAffairs（ソロス（2008），徳川家広訳『ソロスは警告する』講談社）

Sraffa, P. (1960) *Production of Commodities by means of Commodities*, Cambridge Univ. Press.（スラッファ（1962），菱山泉訳『商品による商品の生産』有斐閣）

Stiglitz, J. E., Sen, A., Fitoussi, J. (2009) *Report by the Commission on the Measurement of Economic Performance and Social Progress*（CMEPSP）

Tönnies, F. (1887) *Gemeinschaft und Gesellschaft*, Fues（テンニエス（1957），杉之原寿一訳『ゲマインシャフトとゲゼルシャフト』岩波文庫）

Veblen, T. (1898) 'Why Is Economics Not an Evolutionary Science?', *The Quarterly Journal of Economics*, Vol. 12.

Veblen, T. (1919) *The place of science in modern civilization and other essays*, Russel & Russel.

Vernon, R. (1966) 'International Investment and International Trade in the Product Cycle', *Quarterly Journal of Economics*, Vol. 80, pp. 190-207.

Wallerstein, I. (1983) *Historical Capitalism*, Verso（ウォーラースティン（1985），川北稔訳『史的システムとしての資本主義』岩波書店）

Walras, L. (1874) *Éléments d'économie politique pure, ou théorie de la richesse sociale*, L. Corbaz.（ワルラス（1983），久米雅夫訳『純粋経済学要論――社会的富の理論――』岩波書店）

Yamauchi, K. T., Templer, D. L. (1982) 'The development of a money attitude scale', *Journal of Personality Assessment*, 46（May）, pp. 522-528.

青木昌彦（1995）『経済システムの進化と多元性――比較制度分析序説』東洋経済新報社
磯谷明徳（2006）「ミクロ・マクロ・ループ」，進化経済学会編『進化経済学ハンドブック』pp. 536-538，共立出版
磯谷明徳（2004）『制度経済学のフロンティア』ミネルヴァ書房
井上哲次郎他編（1881）『哲学学彙』東京大学三學部
今井賢一・金子郁容（1988）『ネットワーク組織論』岩波書店
「新・古代学」編集委員会（1996）『新・古代学』第2集，新泉社

上城誠（1996）「進化という用語の成立について」『新・古代学』第2集，新泉社
植村博恭・磯谷明徳・海老塚明（1998）『社会経済システムの制度分析』名古屋大学出版会
大崎貞和（1998）「米国におけるサーキット・ブレーカーの見直し」『資本市場クォータリー』1998年冬号，野村資本市場研究所
加藤敏春・SVMフォーラム（1995）『シリコンバレー・モデル』NTT出版
北原貞輔（1986）『システム科学入門』有斐閣
草郷孝好（2009）「開発学にとっての繁栄，幸福と希望の意味」『希望学4』東京大学出版会
郷原信郎（2004）『独占禁止法の日本的構造：制裁・措置の座標軸的分析』東京：清文社
小林重人・西部忠・栗田健一・橋本敬（2008）「社会活動による貨幣意識の差異――地域通貨関係者と金融関係者の比較から――」，北海道大学社会科学実験研究センター（CERSS）ワーキングペーパーシリーズ，No. 85
小林重人・栗田健一・西部忠・橋本敬（2011）「地域通貨流通実験にみるミクロ・メゾ・マクロ・ループの流れ――メゾレベルの貨幣意識を中心にして――」北海道大学大学院経済学研究科 Discussion Paper Series B, No. 2011-96. http://cc.fm.senshu-u.ac.jp/system/files/DPB96.pdf
小林重人・橋本敬・西部忠（2012）「制度生態系としてのコミュニティバンクと住民組織――ブラジル・フォルタレザにおけるパルマス銀行を事例として――」進化経済学論集，vol. 16, pp. 529-544 http://cc.fm.senshu-u.ac.jp/system/files/kobayashi_hashimoto_nishibe_2012.pdf
佐々木隆生（1993）「現代世界経済論の課題と方法」『構造変化と世界経済』藤原書店
塩沢由典（1983）『数理経済学の基礎』朝倉書店
塩沢由典（1991）『市場の秩序学』筑摩書房
塩沢由典（1999）「ミクロ・マクロ・ループについて」『経済論叢』京都大学経済学会，Vol. 164, No. 5, pp. 463-535
塩沢由典（2006）「概説」，進化経済学会編『進化経済学ハンドブック』pp. 4-134，共立出版
武田晴人（1994）『談合の経済学：日本的調整システムの歴史と論理』集英社
内閣府（2009）『平成20年版国民生活白書』社団法人時事画報社
中兼和津次（2002）『経済発展と体制移行（シリーズ現代中国経済1）』名古屋大学出版会
西部忠（1997）「互酬的交換と等価交換――再生産経済体系における価格の必要性」『経済学研究』（北海道大学）47(1): 25-42
西部忠編（2004）『進化経済学のフロンティア』日本評論社
西部忠（1996）「補論　自己組織的な市場像」『市場像の系譜学』東洋経済新報社
西部忠（1997）「労働力の外部商品化・内部商品化・一般商品化――「市場の内部化」による資本主義の進化」『経済理論学会年報』Vol. 34, 青木書店　pp. 143-164
西部忠（2006）「地域通貨を活用する地域ドック――苫前町地域通貨の流通実験報告から――」『地域政策研究』Vol. 34, 地方自治研究機構
西部忠（2007）「市場の内部化と知識経済化」，小幡道昭他編『マルクス理論研究』御茶の水書房，pp. 91-108
西部忠・草郷孝好・橋本敬・吉地望（2010）「進化主義的政策手法としての地域ドック」『進化経済学論集』Vol. 14, 進化経済学会，CD-ROM
日本国語大辞典第二版編集委員会（2000-2002）『日本国語大辞典』小学館
長谷川眞理子・河田雅圭・辻和希他編（2006）『行動・生態の進化（シリーズ進化学6）』岩波書店
藤本隆宏（1997）『生産システムの進化論――トヨタ自動車における組織能力と創発システム』有斐閣
町田実（1976）「国際貿易の体系的研究の根底にあるもの」『早稲田商学』257号

松尾睦（2006）『経験からの学習』同文舘出版
村岡俊三・佐々木隆生編（1993）『構造変化と世界経済』藤原書店
本山美彦（1987）『貿易論のパラダイム』同文舘
森岡真史（2005）『数量調整の経済理論』日本経済評論社
守屋毅編（1988）『モースと日本』小学館
安冨歩（2000）『貨幣の複雑性』創文社
山中優（2007）『ハイエクの政治思想：市場秩序に潜む人間の苦境』勁草書房
吉川洋（1997）『高度成長』読売新聞社
ウェーバー（1975）厚東洋輔訳「経済と社会集団」尾高邦雄編『マックス・ウェーバー』世界の名著，中央公論社

索引

事項

【ア行】

相性問題 …………………………… 20-24,33
アクション・リサーチ ……………………… 297
アグロメレーション ………………………… 224
アブダクション ………………… 18,23,31,35
暗黙の知識 …………………………… 83-85
移行経済 …………………………… 230-235
一物一価 ……………… 159,163-164,241-264
一般均衡理論 …… 17,28,32,163-164,245-246, 272,281
一般商品化 …………………………… 182-183
意図的適応 …………………………………… 88
イノベーション …… 87,187-188,212-216,251, 253,262
内なる制度 …………………… 270-274,283,289
HDI ………………………………… 218,221,295
SNS …………………………………… 148,151

【カ行】

会計 …………………………………… 190-205
開発計画 ……………………………… 216-217
外部商品化 …………………………… 181-183
外部ルール …… 59-60,77,80,169-170,174,227-228,230,234-235,266
価格（価値と） ……………………… 241-264
科学的研究プログラム ………………… 27-28
革新的行動 …………………………………… 87
価値尺度 ……………………………… 158-160,172
価値保蔵手段 ………………………… 160-161,173
貨幣の生成 …………………………… 151-156
貨幣の中立性 ………………………… 159,162
緩衝装置（バッファ）… 98-104,109,116-117, 125-126,164-166,241,256
間接交換 ……………………………… 154,166
間接の互酬 …………………………… 143-146
企業の社会的責任 …………………… 209-210

帰納主義 ……………………………… 25-26
基本属性 ……………………………… 13,21-23
基本モデル …………………………… 18-19,22-24
基本モデル仕様 …………… 18-20,23-25,27,111
基本了解 ………… 18-20,22-25,27,30,108-111
急進的改革 …………………………… 231-232
共進化 …… 11,37,45-46,50,228-230,290,298
切り離し ……………………………… 100,165,241
偶然の適応 …………………………………… 88
経験的実在論 ………………………… 34-35
経済生物学 …………………………… 68-69
ゲゼルシャフト ……………………… 149-150
ゲマインシャフト …………………… 149-150
限界利益 ……………………………… 200-205
現金主義 ……………………………… 193,197
交換 ……………………………… 141-143,149,171
公正価値主義 ………………………… 195-199
構造の二重性 ………………………………… 89
構築主義 …………………………………… 288
互酬 …………………………… 141-146,149,171-173
個人学習 ……………………………… 118,134
国家 ……… 32,141-143,147,149-150,169,171, 173,177-178,180,206,216,222-228,241,267
コミュニティ ……… 139-151,173-175,177,182-186,241,250,252,293
コモンズ ……………………………… 145-147

【サ行】

サーキットブレイカー ………………… 37-45
再帰性 …………………………………… 55-59
在庫 ……… 100-101,103,168,188,192,194,196-197,241,256
再生産論 ……………………………… 18,32
再分配 …………………………… 141-143,149,171,173
財務会計 ……………………………… 45-46
GNH …………………………………… 220-221,295
GNP …………………………………… 217,220-221

305

COI	148
GDP	220-221, 247, 269, 279-280, 293-294
GPI	218, 221
時価主義	48-50
自生的秩序	176-177, 211
実在性（リアリティ）	24-25, 29
資本主義	177-190, 241, 247-252
社会的ルール	89
取得原価主義	46-47, 49-50, 193-195, 197-198, 200
条件充足基準	114, 115-119, 124-127, 133-135
進化	8-11, 27, 37, 44, 50, 69-75, 109, 120, 132-133, 206, 265-266, 269, 272
進化主義	288-289, 292
進化論的認識論	84
信用	102-103
斉一性	26
静態的技術能力	214
制度	7-8, 11-12, 36-37, 43, 45, 53, 88-98, 107, 109, 132-133, 170-171, 186-187, 234, 241-242, 247, 253, 265-272, 282, 284-286, 290, 292
制度不変型政策	270, 276, 283-284, 295-297
制度変更型政策	270, 283-284, 287, 290-291, 294-295, 297-298
漸進的な改革	232-233
選択的な教育	118, 121
相互作用系	121-136, 275, 280
相互作用子	6-8, 10-12, 27, 36-38, 43, 45-47, 51-52, 54, 59-60, 69, 75-76, 79-81, 88-90, 92, 94-95, 104, 107-108, 113, 124, 132, 170-171, 174, 178, 181, 199-200, 205-208, 210-211, 213-214, 226-227, 230, 234, 265-268, 285
操作主義	288-289
組織	142, 169-171, 191-192, 267
外なる制度	270-274, 289

【タ行】

多様な進化	120-121
地域通貨	140, 267, 292
地域ドック	290-298
知識	81-88, 112, 171, 176-177, 180, 212
知識の伝達	85-88
中立的平衡帯	128, 132
超越的実在論	33

直接交換可能性	152-156, 158, 235
直接的互酬	143-146
道具主義	29
動態的技術能力	214-216
特区	284-287, 290, 298

【ナ行】

内部商品化	182-183
内部ルール	59-60, 77, 80, 169-170, 174, 227, 229-230, 234-235, 266, 271
ニューラルネットワーク	130-131
認知枠組み	82

【ハ行】

ハード・コア	27-29, 33
パラダイム	27
反証可能性	26-27, 31, 33
批判的実在論	31, 33-36
不可逆的時間	3, 7, 11-12, 21, 63-69, 93, 107-108, 110-111, 113, 132, 241-242, 278-280
複製子	6-8, 10-12, 21, 27, 36-39, 41, 43, 45-47, 51-52, 54, 59-61, 69, 75-76, 79, 81, 85, 88-90, 92, 94-95, 100, 104, 107-108, 113-114, 132, 145, 169, 170-171, 173-174, 178, 181, 185-186, 199-200, 205-208, 210-215, 226-227, 230, 234, 241, 265-268, 283-287, 290
プロダクト・サイクル仮説	225
分散的市場	163-169, 259
分散的ネットワーク	157-158
法	205-212, 267
防備帯	27-28, 33
ボトムアップ	12, 110-111

【マ行】

ミクロ・マクロ・ループ	89-90, 92-95, 98, 110
ミクロ・メゾ・マクロ・ループ	55, 59-61, 96, 98, 175, 253, 265-267, 282, 285, 289, 298
明示的知識	83-85
メディア・デザイン	287-290
模倣（観察学習）	118-120

【ヤ行】

有限能力	2, 7, 11-12, 21, 63, 67, 108, 111, 241, 278

有効需要の原理 ·················· 272, 279
緩やかな結合系 ·················· 103-104
欲望の二重の一致 ········ 152-153, 165, 172

【ラ行】

流通形式 ························· 178

流通手段 ·················· 156-157, 172
流通速度 ····················· 161-162
ルーカス批判 ························· 281
レオンチェフの逆説 ················· 224
歴史学派 ····························· 62

人　名

【ア行】

アインシュタイン ····················· 35
アリストテレス ······················· 25
アンダーソン ······················· 150
イリイチ ·························· 217
ヴァーノン ···················· 225, 236
ウィンター ···················· 239-240
ウェーバー ······················ 62, 145
ヴェブレン ············ 38, 62, 88-89, 97
ウォーラーステイン ············ 226, 228
オナフ ··························· 89, 96
オリーン ·························· 224

【カ行】

カウフマン ························ 73-74
ガリレオ ··························· 25
キエルツコフスキ ···················· 237
ギデンズ ···························· 89
グールド ···························· 73
クーン ······························ 27
クズネッツ ························· 217
クルーグマン ······················· 224
ケインズ ······················ 252, 276
ケネー ······························ 18
コールドウェル ····················· 33
コブ ······························· 218
コペルニクス ······················· 35
コルナイ ·························· 237

【サ行】

サイモン ··························· 240
サルコジ ··························· 295
ジェボンズ ························· 201
シュモラー ·························· 62

【サ行】（続）

ジョーンズ ························· 237
スティグリッツ ············ 233, 238, 295
スペンサー ·························· 68
スミス（アダム） ············· 223, 243-244
スラッファ ··········· 18, 243, 248, 263
セン ························ 218, 294-295
ソロー ···························· 240
ソロス ···························· 55-59

【タ行】

ダーウィン（エラスムス） ············· 10
ダーウィン（チャールズ） ····· 10, 62, 68, 268
ダニング ······················ 223, 225
チャン ···························· 237
ディアドルフ ······················· 237
ディキンソン ······················· 245
デイリー ·························· 218
デムゼッツ ························· 240
デランティ ························· 150
テンニエス ····················· 145, 149
ドーキンス ·············· 72, 75-76, 210
ドッファー ··························· 96

【ナ行】

ニュートン ···················· 10, 19, 25
ネルソン ························ 239-240

【ハ行】

パース ······························ 31
ハーディン ························· 145
バーナード ························ 240
ハイエク ······· 62, 88-89, 176-177, 206, 236, 252
バジョット ·························· 46
バスカー ···························· 33
ハックスレー ························ 44

パットナム ……………………………… 219
パパーヴァ ……………………………… 237
ヒューム ……………………………… 34-35
ビュフォン ……………………………… 9-10
フリードマン …………………………… 211
ブルス …………………………………… 238
ブレイディ ……………………………… 39
ブローデル ……………………………… 226
フロリダ ………………………………… 219
ベーコン ………………………………… 25
ヘクシャー ……………………………… 224
ヘルプマン ……………………………… 224
ボイド …………………………………… 74
ポズナー ………………………… 206, 236
ポパー ……………………………… 26, 33
ポラニー（カール）…………………… 182
ポラニー（マイケル）………………… 83

【マ行】

マーシャル ………………… 68-69, 97-98
マクロスキー …………………………… 33
マリノフスキー ………………………… 144
マルクス ……………… 18, 144, 186, 235, 250
マルサス ………………………………… 262
メンガー …………………………… 62, 201
モース …………………………………… 44

【ラ行】

ライプニッツ …………………………… 10
ラカトシュ ………………………… 27, 33, 36
ラスキ …………………………………… 238
ランゲ ……………………………… 231, 245
リカード ………… 18, 68, 223, 242-245, 262
リチャーソン …………………………… 74
ルイス …………………………………… 216
ルーカス …………………………… 33, 281
レヴィン ………………………………… 70
レオンティエフ ………………………… 224
レーニン ………………………………… 251
ローソン ……………………………… 33, 35
ロストウ ………………………………… 186
ロッシャー ……………………………… 62

【ワ行】

ワルラス ………………… 201, 242, 245, 254

【あ行】

青木昌彦 ………………………………… 94
伊澤修二 ………………………………… 44
磯谷明徳 ………………………………… 96
磯野直秀 ………………………………… 44
井上哲次 ………………………………… 44
今井賢一 ………………………………… 90
植村博恭 ………………………………… 96
海老塚明 ………………………………… 96
大崎貞和 ………………………………… 39

【か行】

加藤弘之 ………………………………… 44
金子郁容 ………………………………… 90
河田雅圭 ………………………………… 210
吉地望 …………………………………… 298
木村資生 ………………………………… 73
草郷孝好 ………………………… 219, 294, 298
郷原信郎 ………………………………… 209

【さ行】

佐々木隆生 ……………………………… 226
塩沢由典 ………………………… 90, 95, 105, 238

【た行】

武田晴人 ………………………………… 208
辻和希 …………………………………… 210

【な行】

中兼和津次 ……………………………… 237
西部忠 …………………………… 96, 235, 298
野中郁次郎 ……………………………… 240

【は行】

橋本敬 …………………………………… 298
長谷川眞理子 …………………………… 210
藤本隆宏 ………………………………… 215

【ま行】

町田実 …………………………………… 237

【や行】

安冨歩 …………………………………… 189
山中優 …………………………………… 236

【執筆者紹介・執筆担当】〔重複箇所は共著〕

吉地　望（きちじ・のぞみ）〔第6章10担当〕
　　1970年生まれ
　　北海道大学大学院経済学研究科博士課程修了，博士（経済学）
　　現在，北海道武蔵女子短期大学教授
　　主要業績：『方法としての進化』（共著，シュプリンガー・フェアラーク，2000），『進化経済学のフロンティア』（共著，日本評論社，2004）

木村誠志（きむら・せいし）〔第3章3担当〕
　　1969年生まれ，2007年没
　　The University of Cambridge, Ph.D.
　　主要業績：The Challenge of Late Industrialization: The Global Economy and the Japanese Commercial Aircraft Industry, (Palgrave Macmillan, 2007)

草郷孝好（くさごう・たかよし）〔第6章9，第7章7担当〕
　　1962年生まれ
　　ウィスコンシン大学マディソン校大学院博士課程修了，開発学 Ph. D.
　　現在，関西大学社会学部教授
　　主要業績：『希望学4　希望のはじまり』（共著，東京大学出版会，2009），『実践的研究のすすめ』（共著，有斐閣，2007），'Rethinking of Economic Growth ahd Life Satisfaction in Post-WWII Japan: A Fresh Approach', *Social Indicators Research*', vol. 81 (1), pp. 79-102（2007）

楠　茂樹（くすのき・しげき）〔第6章7担当〕
　　1971年生まれ
　　京都大学大学院法学研究科博士後期課程単位取得退学，LL. M.（東京大学）
　　現在，上智大学法学部教授
　　主要業績：『ハイエク主義の「企業の社会的責任」論』（勁草書房，2010刊行予定），'Japan's Government Procurement Regimes for Public Works: A Comparative Introduction', *Brooklyn Journal of International Law*, Vol. 32（2007）

小林重人（こばやし・しげと）〔第3章1担当〕
　　1979年生まれ
　　北陸先端科学技術大学院大学知識科学研究科博士後期課程修了，博士（知識科学）
　　現在，北陸先端科学技術大学院大学助教
　　主要業績："Analysis of Institutional Evolution in Circuit Breakers Using the Concepts of Replicator and Interactor"（共著，*Evolutionary and Institutional Economics Review*, Vol. 7, No. 1, 2010），「社会活動による貨幣意識の差異――地域通貨関係者と金融関係者の比較から――」『企業研究』Vol. 17，（共著，2010）

佐藤　尚（さとう・たかし）〔第4章4担当〕
　　1974年生まれ
　　北陸先端科学技術大学院大学知識科学研究科博士後期課程修了，博士（知識科学）
　　現在，沖縄工業高等専門学校メディア情報工学科准教授
　　主要業績：「社会構造のダイナミクスに対する内部ダイナミクスとミクロマクロ・ループの効果」『情報処理学会論文誌（トランザクション）数理モデル化と応用』Vol. 46, No. SIG 10, pp. 81-92, 社団法人情報処理学会（共著，2005），'Dynamic social simulation

with multi-agents having internal dynamics', *New Frontiers in Artificial Intelligence JSAI 2003 and JSAI 2004 Conferences and Workshops, Niigata, Japan, June 23-27, 2003, Kanazawa, Japan, May 31-June 4, 2004, Revised Selected Papers*, pp. 237-251（共著，Springer-Verlag, 2007）．'Learning how, what, and whether to communicate: emergence of protocommunication in reinforcement learning agents', *Journal of Artificial Life and Robotics*, Vol. 12, Number1-2, pp. 70-74（共著，Springer Japan, 2008）

徳丸宜穂（とくまる・のりお）〔第6章8担当〕
1971年生まれ
京都大学大学院経済学研究科博士後期課程修了，博士（経済学）
現在，名古屋工業大学大学院工学研究科准教授
主要業績：'Technology accumulation in East Asia: A statistical analysis of the "uneven" accumulation of technological competence', *Économies et Sociétés*（Série W）11（2009）．'The organizational evolution of innovative activity in the US semiconductor industry: technological specialization and diversification', *Economics of Innovation and New Technology* 15（6），（2006）．'Codification of technological knowledge, technological complexity and division of innovative labour: A case from the semiconductor industry in the 1990s', *Complexity and the Economy: Implication for Economic Policy*（共著，Routledge, 2005）

舛田佳弘（ますだ・よしひろ）〔第6章11担当〕
1973年生まれ
北海道大学大学院経済学研究科博士課程修了，博士（経済学）
現在，日本文理大学経営経済学部准教授
主要業績：「改革期中国に見る多様な所有の可能性―名目上の社会主義か第3の道か―」経済社会学会年報 No 29, pp. 113-122（2007年）'Norm Formation and Ethics in Transition Economies ― The styles of capital accumulation through the diverse privatization processes ―' in *Applied Ethics: Perspectives from Asia and Beyond*, pp. 66-75（2008）

森岡真史（もりおか・まさし）〔第4章5，第6章5担当〕
1967年生まれ
京都大学大学院経済学研究科博士後期課程中退，経済学博士
現在，立命館大学国際関係学部教授
主要業績：『数量調整の経済理論』（日本経済評論社，2005），「資本主義の多様性と経済理論」（『季刊経済理論』第42巻3号，2005），「置塩経済学の理論と方法」（『季刊経済理論』第47巻第2号，2010）

山本堅一（やまもと・けんいち）〔コラム⑤担当〕
1977年生まれ
現在，北海道大学高等教育推進機構専門職員
主要業績：'Marshall's Theory of Organic Growth', *European Journal of the History of Economic Thought*, Vol. 19: 1, February,（forthcoming）．

【編集者紹介・執筆担当】

江頭　進（えがしら・すすむ）〔第1章，第3章3，第4章1・3，コラム④⑥⑧⑨担当〕

　　1966年生まれ
　　京都大学大学院経済学研究科博士課程修了，博士（経済学）
　　現在，小樽商科大学商学部教授
　　主要業績：'Two-Countries Negotiation Game by Players Presuming the Opponent's Payoff Structure', *Evolutionary and Institutional Economic Review*, vol. 6, no. 2, pp. 245-276 (2010)
　　『イギリス経済学における方法論の展開』（共著，昭和堂，2010）'The knowledge management strategy and the formation of innovative networks in emerging industries', *Journal of Evolutionary Economics*, vol. 17, no. 3, pp. 277-298（共著，2007）

澤邉紀生（さわべ・のりお）〔第1章，第3章2，第6章6担当〕

　　1966年生まれ
　　京都大学大学院経済学研究科博士課程修了，博士（経済学）
　　現在，京都大学大学院経済学研究科教授・経営管理大学院教授
　　主要業績：'Co-evolution of Accounting Rules and Creative Accounting Instruments: The Case of a Rules-based Approach to Accounting Standard Setting', *Evolutionary and Institutional Economics Review*, Vol. 1, No. 2, pp. 177-195 (2005).
　　'Studying the dialectics between and within management philosophy and management accounting', *Kyoto Economic Review*, Vol. 78, No. 2, pp. 127-156（共著，2009）. 'The knowledge management strategy and the formation of innovative networks in emerging industries', *Journal of Evolutionary Economics*, vol. 17, no. 3, pp. 277-298（共著，2007）

橋本　敬（はしもと・たかし）〔第1章，第3章1，第4章4・5担当〕

　　1967年生まれ
　　東京大学大学院総合文化研究科博士課程修了，博士（学術）
　　現在，北陸先端科学技術大学院大学 知識科学研究科教授
　　主要業績：'Evolutionary linguistic and evolutionary economics', *Evolutionary and Institutional Economics Review*, Vol. 3, No. 1, pp. 27-46 (2006). *Evolutionary constructive approach for dynamic systems*, *Recent Advances in Modelling and Simulation*, pp. 111-136, I-Tech Books（共著，2008）.『境界知のダイナミズム』シリーズ共通知（共著，岩波書店，2006）

【編集代表者紹介・執筆担当】

西部　忠（にしべ・まこと）〔第1章，第2章補論，第3章4，第4章2・4，第6章1・2・3・4，第6章補論，第7章1・2・5・6・7，コラム①②③担当〕
1962年生まれ
東京大学大学院経済学研究科博士課程修了，博士（経済学）
現在，専修大学経済学部教授
主要業績：『進化経済学のフロンティア』（編著，日本評論社，2004），『資本主義はどこへ向かうのか』（NHK出版，2011），『地域通貨』（編著，ミネルヴァ書房，2013），『貨幣という謎』（NHK新書，2014）

吉田　雅明（よしだ・まさあき）〔第1章，第2章，第2章補論，第4章1，第5章，第7章3・4，コラム⑦⑩，イラスト担当〕
1962年生まれ
京都大学大学院経済学研究科博士課程修了，博士（経済学）
現在，専修大学経済学部教授
主要業績：『ケインズ　歴史的時間から複雑系へ』（日本経済評論社，1997），『複雑系社会理論の新地平』（編著，専修大学出版局，2003），『経済学の現在1』（共著，日本経済評論社，2005）

進化経済学　基礎

2010年9月15日	第1刷発行	定価（本体2500円＋税）
2018年9月5日	第3刷発行	

編集代表　　西　　部　　　　忠
　　　　　　吉　　田　　雅　明
発　行　者　柿　﨑　　　　　均

発行所　㈱日本経済評論社
〒101-0062　東京都千代田区神田駿河台1-7-7
電話 03-5577-7286　FAX 03-5577-2803
E-mail info8188@nikkeihyo.co.jp
URL : http://www.nikkeihyo.co.jp

装幀＊吉田雅明　　　　　　印刷＊文昇堂・製本＊根本製本

乱丁本落丁本はお取替えいたします。　　　　Printed in Japan
Ⓒ NISHIBE Makoto & YOSHIDA Masaaki etc., 2010
ISBN978-4-8188-2118-7

・本書の複製権・翻訳権・上映権・譲渡権・公衆送信権（送信可能化権を含む）は，㈱日本経済評論社が保有します。
・JCOPY〈㈳出版者著作権管理機構　委託出版物〉
本書の無断複写は著作権法上での例外を除き禁じられています。複写される場合は，そのつど事前に，㈳出版者著作権管理機構（電話03-3513-6969，FAX03-3513-6979，e-mail: info@jcopy.or.jp）の許諾を得てください。

ケインズ 歴史的時間から複雑系へ	吉田雅明著	本体三二〇〇円
経済学の現在(1)	塩沢由典編	本体二八〇〇円
経済学の現在(2)	吉田雅明編	本体二八〇〇円
オーストリア学派の経済学	尾近裕幸・橋本努編著	本体三二〇〇円
F・A・ハイエクの研究	江頭進著	本体四八〇〇円
ハイエクの社会理論	森田雅憲著	本体四八〇〇円
シュンペーターの未来	H・D・クルツ／中山智香子訳	本体二八〇〇円
シュンペーターのウィーン	E・メルツ／杉山忠平監訳／中山智香子訳	本体二八〇〇円
パレート・ファームズ	青山秀明他著	本体二五〇〇円
市場社会論のケンブリッジ的展開	平井俊顕編著	本体四五〇〇円

(税別)